高速铁路预应力轨道板流水线生产技术研究

王保群　李晓荣　刘文江　著

中国水利水电出版社
www.waterpub.com.cn
·北京·

内容提要

本书针对高速铁路CRTSⅢ型轨道板自动化流水线生产工艺进行了系统的研究，包括厂房布置、建筑设施、安全生产等问题，重点阐述了流水线工序与工艺参数、关键设备及其控制系统、蒸汽养护工艺、信息化管理等内容，将传统的台座法生产提升为工业化流水线生产，为实现轨道板的先进制造提供了新的思路与方案。本书的成果也可以推广应用于房屋建筑、桥梁、隧道等装配式预应力混凝土构件的流水线生产，为我国“装配式建筑行动”提供技术支撑。

本书可作为轨道工程制品工程技术人员的参考书，也可作为道路与铁路工程、铁道工程技术、城市轨道交通工程、机电一体化等相关专业的研究生、高年级本科生的教材与教学参考书。

图书在版编目（CIP）数据

高速铁路预应力轨道板流水线生产技术研究/王保群，李晓荣，刘文江著. —北京：中国水利水电出版社，2020.8（2024.1重印）

ISBN 978-7-5170-8752-6

Ⅰ. ①高… Ⅱ. ①王…②李…③刘… Ⅲ. ①高速铁路—板式轨道—制造 Ⅳ. ①U213.2

中国版本图书馆CIP数据核字（2020）第154224号

书　　名	高速铁路预应力轨道板流水线生产技术研究 GAOSU TIELU YU YINGLI GUIDAOBAN LIUSHUIXIAN SHENGCHAN JISHU YANJIU
作　　者	王保群　李晓荣　刘文江　著
出版发行	中国水利水电出版社 （北京市海淀区玉渊潭南路1号D座　100038） 网址：www.waterpub.com.cn E-mail：sales@waterpub.com.cn 电话：（010）68367658（营销中心）
经　　售	北京科水图书销售中心（零售） 电话：（010）88383994、63202643、68545874 全国各地新华书店和相关出版物销售网点
排　　版	北京智博尚书文化传媒有限公司
印　　刷	三河市元兴印装有限公司
规　　格	185mm×260mm　16开本　10印张　257千字
版　　次	2020年9月第1版　2024年1月第2次印刷
印　　数	0001—2000册
定　　价	59.00元

前　言

轨道板作为高速铁路轨道工程的重要组成部件，是保障列车高速、安全、平稳运行的关键，要求其达到高强度、无裂缝、耐疲劳、板面平整且一次制作成型等技术要求。CRTSⅢ型轨道板是我国自主知识产权产品，设计为先张法双向预应力混凝土构件，具有结构整体刚度大，抗裂性和抗挠曲变形能力强，耐久性好的特点，已成为我国高速铁路首选的轨道板结构型式。

目前国内外CRTSⅢ型轨道板主要采用台座法（又称为矩阵法）生产工艺，具有台座周转时间长、生产效率低，模具周转次数少、维护费用高，机械化程度低、劳动强度大，临时占地多、土地恢复难度大，建厂成本高，投资回收残值低等缺点，已无法更好地适应轨道板的生产。这就急需先进的工业化制造来改进轨道板生产行业的发展。

先进的工业化流水线生产，需要先进装备制造、智能控制和新一代信息技术的支撑。本书针对大吨位（200t）双向预应力混凝土轨道板流水线生产新技术，重点开展了流水线型模台架、张拉与放松设备及其控制系统、混凝土浇筑与振捣设备、蒸汽养护设备及其监控系统、脱模设备及其控制系统、型模台架在线检测设备及流水线信息管理系统等方面的研究，研制出流水线生产关键设备及其控制系统，建立了流水线生产蒸汽养护新技术，并将流水线工艺设计、工序控制集成于信息管理系统，实现了轨道板全寿命周期的信息化管理。

依托本书的研究成果已建成国际上首条大吨位预应力混凝土轨道板生产流水线，书中的部分数据和图片均来源于该生产线实际的运行数据与图像资料。

本书由山东交通学院王保群、刘文江，山东高速轨道交通集团有限公司李晓荣共同完成。从撰写到完稿，本书得到了山东高速铁建装备有限公司樊文波总经理、黄兴启总工程师，中铁二十三局林晓波高级工程师，山东交通学院张爱勤教授、张鹏教授的指正，特此感谢！

本书的出版得到了“山东省智能感知材料与高端装备技术创新中心”、山东省交通厅“高速铁路轨道板智能制造工程研发中心”和“高速铁路轨道板（CRTSⅢ型）智能流水机组生产成套设备与工艺研发”项目的经费资助，在此表示衷心的感谢！

限于作者的水平，书中难免有不足之处，敬请批评指正。

作者

2020年1月

前言

目　　录

第 1 章　绪论 …… 1
1.1　高速铁路概述 …… 2
1.2　高速铁路轨道板 …… 3
第 2 章　CRTSⅢ轨道板 …… 6
2.1　概述 …… 6
2.2　技术标准 …… 8
2.3　生产制造 …… 11
第 3 章　流水线总体设计 …… 19
3.1　工艺流程设计 …… 19
3.2　工艺参数设计 …… 22
3.3　流水线设备与设施 …… 26
3.4　建筑设施建设 …… 27
3.5　环境保护与安全生产 …… 32
第 4 章　流水线关键设备 …… 34
4.1　牵引与传输设备 …… 34
4.2　型模台架 …… 35
4.2.1　结构设计 …… 36
4.2.2　结构建模分析 …… 37
4.2.3　模型脱模修正 …… 49
4.2.4　型模加工 …… 51
4.2.5　型模振动疲劳试验 …… 52
4.2.6　型模优化改进 …… 52
4.3　张拉与放松设备 …… 54
4.3.1　设计参数 …… 54
4.3.2　总体设计 …… 55
4.3.3　张拉设备 …… 57
4.3.4　放松设备 …… 64
4.3.5　张拉与放松作业要点 …… 68
4.4　浇筑与振捣设备 …… 68
4.4.1　布料机 …… 68
4.4.2　振动台 …… 69
4.5　蒸汽养护设备 …… 73

4.5.1 高压循环风机 …… 73
4.5.2 喷淋设备 …… 74
4.5.3 温控系统 …… 74
4.6 自动脱模系统 …… 75
4.6.1 脱模工艺 …… 75
4.6.2 脱模设备 …… 75
4.6.3 压紧平衡装置 …… 76
4.7 在线检测设备 …… 77
4.7.1 系统技术参数 …… 77
4.7.2 系统检测项目 …… 78
4.7.3 系统构成 …… 78
4.7.4 检测系统测量单元 …… 80
4.7.5 双轴直线滑台 …… 83
4.7.6 检测采集系统 …… 87
4.7.7 检测分析系统 …… 91
第5章 流水线控制系统 …… 100
5.1 中央控制系统 …… 100
5.2 平板台车牵引与定位控制系统 …… 105
5.2.1 牵引设备结构设计 …… 105
5.2.2 牵引定位设计 …… 107
5.3 智能张拉控制系统 …… 109
5.4 养护控制系统 …… 115
5.5 蒸养窑自动码垛控制系统 …… 122
5.5.1 蒸养窑码垛车运动分析 …… 122
5.5.2 蒸养窑码垛车控制系统设计 …… 124
第6章 蒸汽养护工艺 …… 129
6.1 混凝土配合比设计 …… 129
6.2 蒸养参数 …… 134
6.3 混凝土性能评价 …… 138
第7章 流水线信息管理系统 …… 147
7.1 模型识别系统 …… 147
7.2 信息管理系统 …… 148
参考文献 …… 152

第 *1* 章 绪论

1964 年，日本建成世界上第一条高速铁路——东海新干线铁路，该干线从东京起始，途经名古屋、京都等地终至（新）大阪，全长515.4 km，运营速度为210 km/h。20 世纪 90 年代，法国、德国、意大利、英国等欧洲大部分发达国家，大规模修建国内或跨国界高速铁路，逐步形成了欧洲高速铁路网络。20 世纪 90 年代中期，包括亚洲、北美洲、大洋洲在内的世界范围内掀起了建设高速铁路的热潮。

高速铁路的建设，能够有效节约能源和土地，减少环境污染，促进沿线地区经济发展和加快产业结构调整；高速铁路运输具有速度快、安全舒适、客运量大、环境影响小、经济效益高等特点，已成为世界各国优先发展的交通基础设施。

我国 1978 年开始高速铁路修建技术的研发，2008 年建成第一条京津高速铁路，最高营运速度达到 350 km/h，标志着我国高速铁路建设新起点。截至 2018 年年底，我国高速铁路运营里程突破 2.9 万 km，占世界总里程的 2/3 以上，成为世界上高速铁路系统技术最全、集成能力最强、营运里程最长、在建规模最大的国家，引领世界高铁发展的新潮流。

国家《中长期铁路网规划（2008 年调整)》提出：打造以沿海、京沪等“八纵”通道和陆桥、沿江等“八横”通道为主干，城际铁路为补充的高速铁路网，实现相邻大中城市间 1~4 h交通圈、城市群内 0.5~2 h 交通圈。其中，“八纵”通道——沿海通道、京沪通道、京港（台）通道、京哈—京港澳通道、呼南通道、京昆通道、包（银）海通道、兰（西）广通道；“八横”通道——绥满通道、京兰通道、青银通道、陆桥通道、沿江通道、沪昆通道、厦渝通道、广昆通道。预计到 2030 年，我国高速铁路总里程将达到 4.5 万 km。

《山东省国民经济和社会发展第十三个五年规划纲要》提出：加快推进济青高铁、石济客专、鲁南高铁、济郑高铁、潍莱高铁、京九高铁山东段、济南—莱芜—泰安—曲阜—枣庄—徐州城际铁路、京沪高铁二线（鲁冀界—滨州—东营—潍坊—临沂—鲁苏界）、济南—滨州—东营、沿海高速铁路（滨州—东营—潍坊—烟台—威海—青岛—日照—连云港）等高铁项目，到 2030 年，建成覆盖全省 17 个地市的“三纵五横”高速铁路网。

随着“一带一路”倡议的提出，我国高速铁路修建技术将进一步向世界范围扩展，呈现出良好的国际化发展势态。为此，高质量、高水平的高速铁路修建技术，已成为行业热点。

1.1 高速铁路概述

1. 高速铁路的分类

1985 年，联合国欧洲经济委员会将高速铁路列车最高运行速度规定为客运专线 300 km/h，客货混线 250 km/h；1996 年，欧盟将高速铁路定义为：在新建高速专用线上运行速度至少达到 250 km/h 的铁路可称为高速铁路；国际铁路联盟（UIC）将高速铁路定义为：新建铁路设计速度达到 250 km/h 以上或者经省级改造（直线化、规矩标准化）的铁路，其设计速度达到 200 km/h 以上，甚至达到 220 km/h 的铁路。

我国 2009 年整合形成了《高速铁路设计规范（试行）》规定：新建铁路旅客列车设计最高行车速度达到 250 km/h 及以上的铁路称为高速铁路。2014 年 1 月 1 日起实施的《铁路安全管理条例》规定：高速铁路是指设计开行时速 250 km 以上（含预留），并且初期运营时速 200 km 以上的客运列车专线铁路（简称客运专线或客专）。2015 年 2 月 1 日起实施的《高速铁路设计规范》规定高铁为客专。

从学术研究角度出发，又将行车速度分为 8 挡：时速 140 km 以下称为常速；时速 140~160 km称为快速；时速 160~200 km 称为准高速；时速 200~400 km 称为高速；时速 400 km 以上称为更高速；时速 600 km 以上称为特高速；时速 1 000 km 以上称为音速；时速 1 260 km 以上称为超音速。

2. 高速铁路的性能要求

为保证高速列车安全、平稳运行，高速铁路轨道应满足高平顺性、高可靠性、高稳定性等性能要求。

高速铁路轨道高平顺性是指钢轨的平直性、轨面的平顺性和钢轨焊接接头的平直性，避免由于轨道结构的连续性、均一性遭到破坏而引起中长波不平顺，影响高速列车运行的稳定性；同时保证轨道弹性的均匀性，防止由于路基、道床、轨下胶垫弹性不均匀而引起长波的不平顺。

高速铁路轨道高可靠性是指轨道结构应保持平顺性，维持线路正常运营；同时保证具有较长的维修和大修周期，减少后期养护维修费用。

高速铁路轨道高稳定性是指轨道在高速运营条件下保持高平顺性与均衡弹性、维持部件有效性与完善性的能力，以实现少维护或免维护。

3. 高速铁路的轨道分类

高速铁路轨道结构分为有砟轨道与无砟轨道，主要由钢轨、轨枕（轨道板）、扣件、道床、道砟等部分组成（图 1.1）。钢轨直接承受由机车车辆传来的巨大动力，并传向轨枕；轨枕承受钢轨传来的竖向垂直力、横向水平力和纵向水平力并将其分布于道床，同时保证钢轨正常的几何位置；轨轮间的各种作用力通过轨枕和扣件的隔震、减震和衰减后传递给道床，并通过道床将各种作用力传递给路基。

（1）有砟轨道。高速铁路有砟轨道［图 1.1（a）］是铁路传统结构形式，具有弹性好、

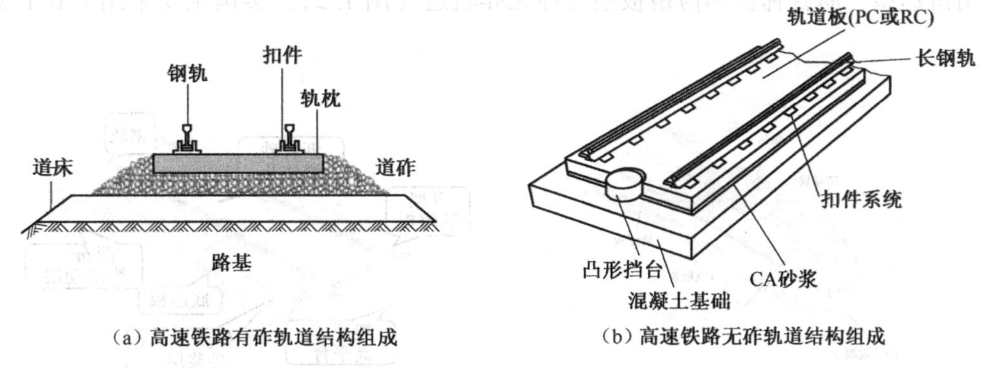

（a）高速铁路有砟轨道结构组成

（b）高速铁路无砟轨道结构组成

图 1.1 高速铁路轨道结构

价格低、更换与维修方便、吸噪性能好等特点。日本东海道新干线大部分线路为有砟轨道结构，采用50 kg/m焊接长钢轨，预应力混凝土轨枕 1720 根/km，120 双弹性扣件、扣压力 6 kN，轨下胶垫层刚度 60~90 kN/mm，道床碎石及底渣层总厚 50 cm，碎石道床肩宽 50 mm。德国 ICE（城际快车）线路采用 UTC60、900 A 自然硬度钢轨，跨区间无缝线路。B70 混凝土轨枕，长度 2.6 m，轨枕 1667 根/km，w 型弹条扣件、扣压力 11 kN，轨下胶垫层刚度 50~70 kN/mm，道床碎石及底渣层总厚 60 cm，碎石道床肩宽 50 mm。

随着行车速度和列车轴重的不断提高，导致有砟轨道不均匀沉降增加，使得轨道破损和变形加剧，增加后期养护维修费用。从经济角度和维修管理角度看，高速铁路应采用无砟轨道，特别是在桥隧结构上，由于无砟轨道减少了二期恒载和建筑高度，采用无砟轨道更为有利。

（2）无砟轨道。高速铁路无砟轨道采用自身稳定性较好的混凝土或沥青道床代替有砟道床来传递行车时的动荷载和静荷载，行车时需要的弹性变形主要由设置在钢轨或扣件下的单元材料提供。无砟轨道主要由长钢轨、扣件系统、轨道板、CA 砂浆、混凝土基础和凸形挡台等组成［图 1.1（b）］，要求其具有高平顺性、高稳定性、高精度和少变形等特点。

根据下部结构的类型，无砟轨道可分为路基上无砟轨道、隧道内无砟轨道和桥上无砟轨道三大类。按钢轨支承方式可分为点式和连续式，按支承扣件方式可分为有轨枕和无轨枕，按轨枕支承方式可分为埋入式、嵌入式和支承式，按道床板材料可分为混凝土和沥青，按道床板施工方式可分为预制和现浇。

1.2 高速铁路轨道板

轨道板作为高速铁路轨道工程的重要组成部件，是保障列车高速、安全、平稳运行的关键，要求其应具有高强度（C60）、无裂缝、耐疲劳、耐高寒、板面平整（平整度小于 2 mm）和一次制作成型等特点。

目前，世界各国对无砟轨道板的选型各有不同，其中日本主要采用板式无砟轨道，德国主要采用雷达型、旭普林型和博格板型三种无砟轨道（图 1.2），英国主要采用 PACT 型无砟轨道。

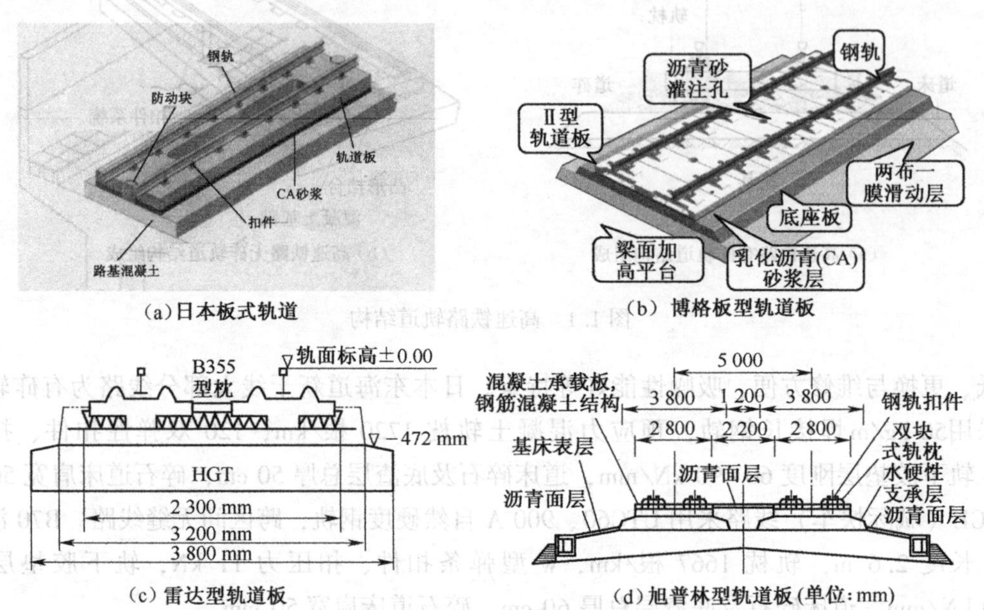

图 1.2　几种常见无砟轨道板

日本于 1968 年开展无砟轨道板式结构的研究，20 世纪 70 年代作为日本铁路建设的国家标准推广应用。早期的轨道板主要采用普通钢筋混凝土结构，后期为适应东北 · 上越新干线寒冷地区，研制出双向预应力混凝土结构轨道板，以上板式轨道板均采用工厂预制。

德国于 1959 年开始研究并铺设无砟轨道，经过几十年的发展，目前普遍选用博格板型、雷达型、旭普林型三种无砟轨道结构形式。其中，博格板型轨道板可采用普通混凝土或钢纤维混凝土，横向设置预应力筋，纵向为普通钢筋，采用工厂制作；雷达型轨道板为现浇钢筋混凝土结构；旭普林型轨道板将轨枕和混凝土承载板浇筑在一起，双块式轨枕由两个普通配筋的混凝土块通过桁架钢筋连接而成。

英国于 1969 年开始研究并试铺 PACT 型无砟轨道，1973 年正式推广应用，其轨道为就地浇筑的钢筋混凝土道床，钢轨直接与道床相连接，轨底与混凝土道床之间设置连续带状橡胶垫板，钢轨为连续支承结构。

我国于 20 世纪 70 年代开始开展无砟轨道技术研究，先后进行了长枕埋入式、弹性支承块式和板式三种无砟轨道结构形式的试验研究和铺设验证；并先后引进德国雷达 2000 型、旭普林型、博格板型及日本的板式无砟轨道，选取不同高速铁路建设项目进行深入研究。2003 年引进德国博格板式无砟轨道技术建设了京津城际高速铁路，并完成了 CRTS Ⅰ型、CRTS Ⅱ型板式及双块式无砟轨道结构的系统研究，形成了无砟轨道设计、制造、施工、检测等成套技术；2011 年开始对高速铁路 CRTS Ⅲ型板式无砟轨道系统进行深化试验研究，形成了 CRTS Ⅲ型板式无砟轨道完整的技术体系，并制定了《高速铁路 CRTS Ⅲ型板式无砟轨道先张法预应力混凝土轨道板暂行技术条件》，形成了具有自主知识产权的高速铁路无砟轨道修建技术。

CRTSⅢ型轨道板为先张法双向预应力混凝土结构，有效地改善了轨道板的整体刚度，提高了其抗裂性和抗挠曲变形能力，保证了结构耐久性；同时可节省原材料用量，简化施工工序，降低生产成本，已成为我国高速铁路建设首选结构形式。

▪ 第2章 ▪

CRTSⅢ型轨道板

2.1 概　　述

CRTSⅢ型轨道板是在总结吸收CRTSⅠ型轨道板、CRTSⅡ型轨道板各自特点的基础上发展起来的新型结构形式，其结构设计遵循“路基纵向连接、桥上单元式结构”设计原则。路基地段轨道板纵向连接，具有结构整体性好、线路平顺及刚度均匀等优点；桥梁隧道地段采用单元式结构，具有受力简单、施工方便、可维修性好及投资低等特点。

1. 结构组成

CRTSⅢ型无砟轨道主要由钢轨、弹性有挡肩扣件、轨道板、自密实混凝土填充、钢筋混凝土底座或支承层等部分组成（图2.1）。其中，轨道板为双向预应力混凝土结构，通过预埋钢

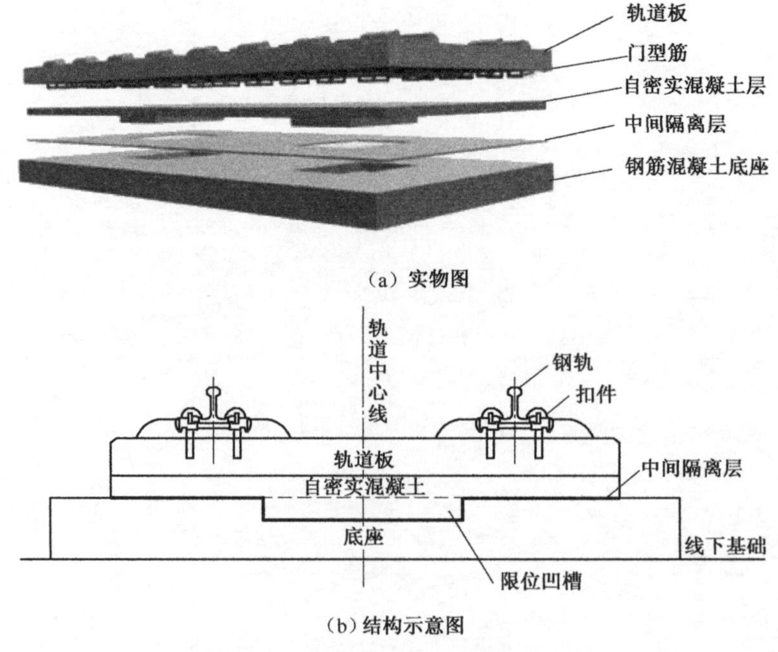

（a）实物图

（b）结构示意图

图2.1　CRTSⅢ型无砟轨道结构图

钢筋将板下自密实混凝土与轨道板可靠连接成复合结构，结构整体性好，可有效控制轨道板下缘开裂及轨道板翘曲变形，满足结构稳定性和耐久性要求。

(1) 路基路段轨道结构。路基上轨道结构组成是在路基面上铺设一层水硬性支承层，支承层上架设轨道板，在轨道板和支承层间预留 100 mm 间隙，用于填充自密实混凝土；自密实混凝土通过板下预埋的两列门式钢筋与预制轨道板形成复合结构（图 2.2）（注：本书图中未注单位者均为 mm）。轨道板纵向通过连接器连接，板间灌注树脂砂浆，可有效避免由于过大温差导致混凝土开裂；自密实混凝土层设置细钢筋网，使自密实混凝土层与预制轨道板有效黏结。

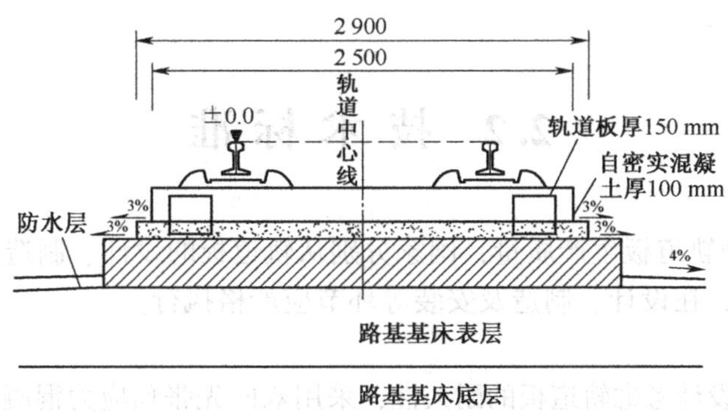

图 2.2 路基路段轨道结构图

(2) 桥梁与隧道路段轨道结构。桥梁上轨道板采用单元式轨道结构形式，采用与路基外形尺寸相同的轨道板。桥面上设置钢筋混凝土底座，底座通过梁面预埋钢筋与梁连接在一起，底座上设置两个限位凹槽，用于限制轨道的纵、横向位移。底座上铺设隔离层，其上安装双向预应力轨道板，通过自密实混凝土形成复合单元结构（图 2.3）。隧道路段基础刚度与桥梁路段相近，其轨道板结构形式采用与桥梁路段相同的结构形式。

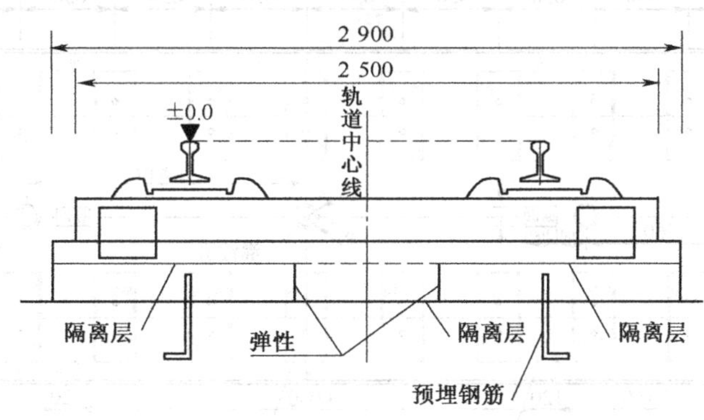

图 2.3 桥梁与隧道路段轨道结构图

2. 结构特点

(1) 轨道结构整体性、稳定性好，线路平顺，刚度均匀；轨道结构构造简单、通用性好，实现了轨道板设计、制造、施工与养护维修一体化。

(2) 轨道板配套设置有挡肩扣件、双向预应力设计、制造和施工，配套扣件具有较好的施工性和轨距保持能力，外形美观；通过调整模型实现了曲线段轨道板承轨槽的空间调整，实现了轨道板承轨槽与平竖曲线的匹配。

(3) 轨道板制造精度高，通过自密实混凝土实现了结构层间的有效连接，克服了其层间连接可靠性差、不宜维修等缺点。

(4) 地基路段轨道板两端设置连接器，施工现场纵向连接，有效地解决了轨道板纵向定位、传力等问题；采用干硬性混合料或水泥混凝土作为支承层，降低了工程造价。

(5) 桥梁上单元式轨道板构造简单，施工方便，可维修性好。

(6) CRTSⅢ型轨道结构实现了“机械化、工厂化、专业化、信息化”生产，提高了施工管理水平。

2.2 技术标准

为保证CRTSⅢ型轨道板生产质量，国家分别从轨道板的设计、制造、安装等方面制定了相关技术标准和要求，在设计、制造及安装等环节应严格执行。

1. 设计

CRTSⅢ型轨道板设计考虑轨道板的耐久性，采用双向先张预应力混凝土结构，纵横向预应力筋按截面中心对称布置，轨道板内预埋扣件绝缘套管和起吊套管；配套采用有挡肩扣件系统，轨道板底面预留与自密实混凝土层连接钢筋；轨道电路及客运专线综合接地系统的相关要求。

轨道板混凝土强度等级为C60；预应力筋采用螺旋肋钢丝，锚固板采用优质碳素钢；普通钢筋采用MPB300、HRB400、CRB550，螺旋筋采用低碳钢冷拔钢丝。

图2.4所示为济青高速铁路CRTSⅢ型轨道板设计图，轨道板分为P5600型、P4925型

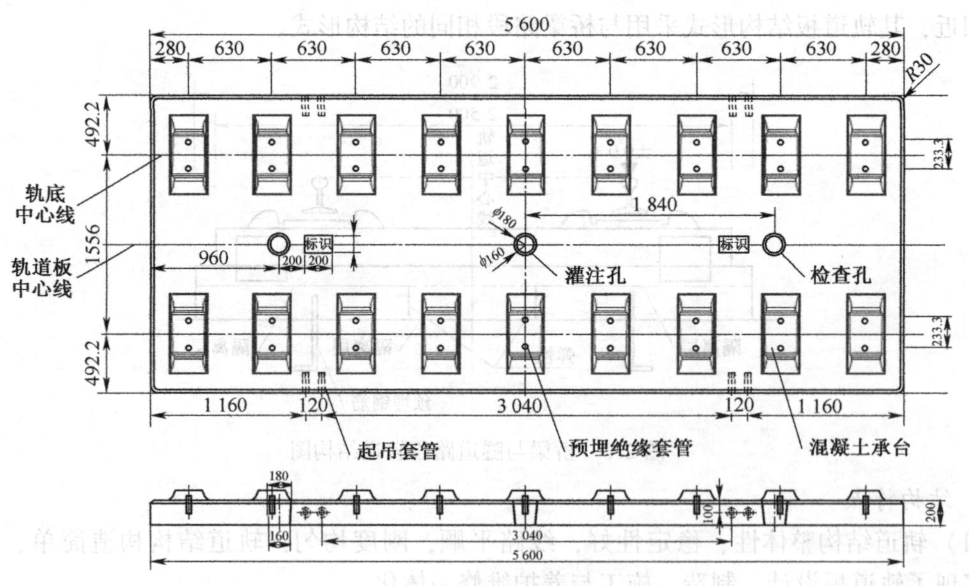

(a) P4925型轨道板形式尺寸图

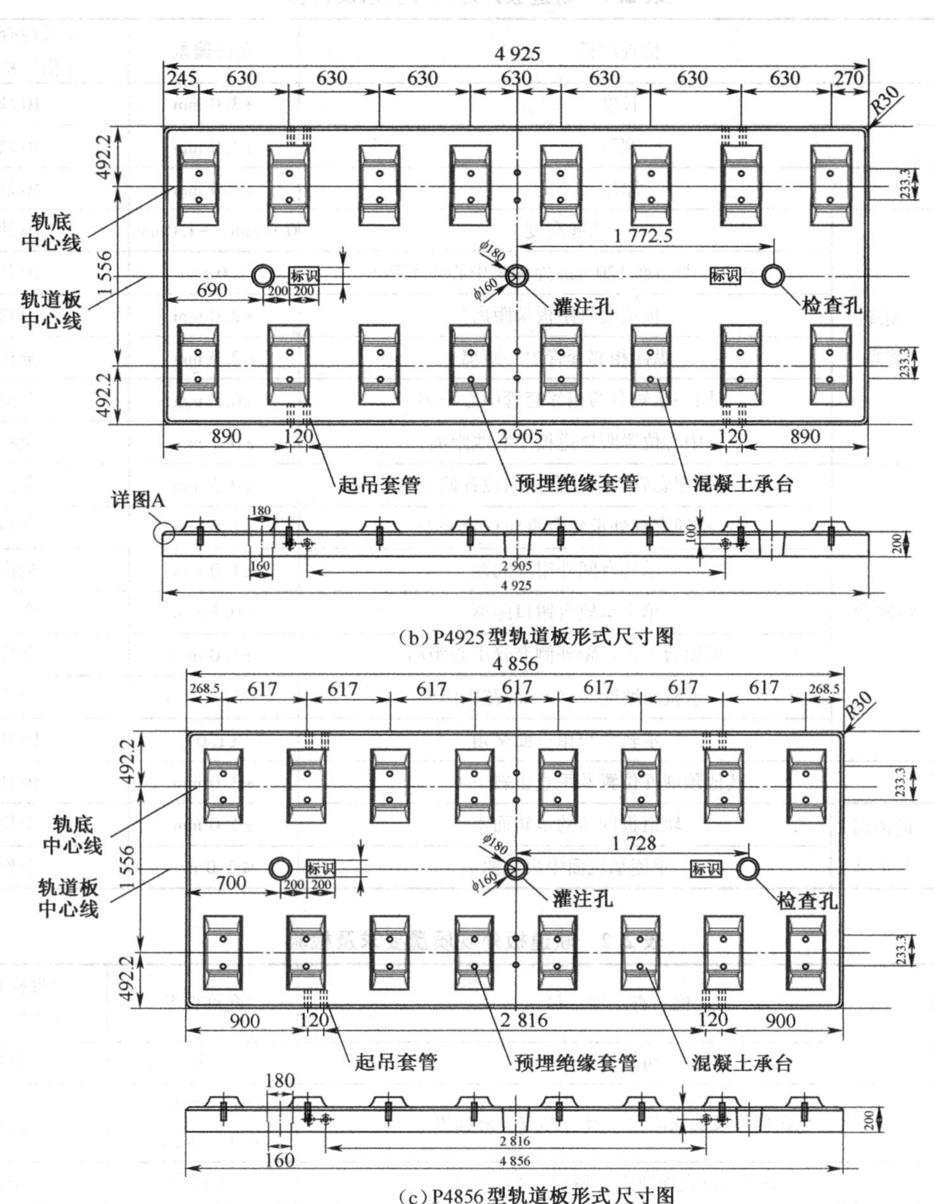

(b) P4925型轨道板形式尺寸图

(c) P4856型轨道板形式尺寸图

图 2.4　济青高速铁路 CRTSⅢ型轨道板设计图

和P4856型三种规格。其中，32 m简支梁梁端采用P4925型，中部采用P5600型；24 m简支梁采用P4856型；路基、大跨连续梁和隧道区段以P5600型为主。

2. 产品质量标准

CRTSⅢ型轨道板产品质量应满足设计规定的强度和外观质量要求。其中，轨道板外形尺寸要求及检验应符合表2.1的规定，轨道板外观质量要求及检查应符合表2.2的规定。

表 2.1 轨道板外形尺寸要求及检验

序号	检查项目		允许偏差	每批检查数量（出厂检验）
1	长度		±3.0 mm	10块
2	宽度		±3.0 mm	10块
3	厚度		±3.0 mm	10块
4	预埋套管	凸起高度	0.0 mm，−1.0 mm	10块
		歪斜（距顶面 120 mm 处偏离中心线距离）	2.0 mm	10块
		板端套管距板端距离	±2.0 mm	10块
		纵向相邻套管中心距离	±2.0 mm	全检
		同一承轨台两相邻套管中心距离	±0.5 mm	全检
		中心位置距轨道板中心线距离	±0.1 mm	全检
5	承轨台	预埋套管处承轨台横向位置偏差	±0.5 mm	全检
		预埋套管处承轨台垂向位置偏差	±1.0 mm	全检
		承轨台间外钳口间距	±1.0 mm	全检
		单个承轨台钳口距离	±0.5 mm	全检
		承轨台外钳口距外侧套管中心距离	±1.0 mm	全检
		承轨面坡度（150 mm 范围内）	1∶37~1∶43	全检
		承轨台与钳口面交角	±1.0°	10块
6	其他预埋件位置及垂直歪斜		±3.0 mm	10块
7	板顶面平整度	轨道板四角的承轨面水平	±1.0 mm	全检
8		单侧承轨面中央翘曲量	≤2.0 mm	全检

表 2.2 轨道板外观质量要求及检验

序号	检 查 项 目	允许偏差	每批检查数量（出厂检验）
1	可见裂纹	不允许	全检
2	承轨部位表面缺陷（气孔、黏皮、麻面等）	长度：≤10 mm 深度：≤2 mm	全检
3	锚穴部位表面缺陷（脱皮、起壳等）	不允许	全检
4	其他部位表面缺陷（气孔、黏皮、麻面）	长度：≤30 mm 深度：≤3 mm	全检
5	轨道板四周棱角破损和掉角	长度：≤50 mm 深度：≤15 mm	全检
6	预埋套管内混凝土淤块	不允许	全检
7	轨道板露筋	不允许	全检
8	承轨台外缘低于轨道板面	不允许	全检
9	轨道板底浮浆	不允许	全检

轨道板扣件预埋套管抗拔力不应小于 60 kN，试验后其周围无可见裂纹，允许少量砂浆剥离。单块轨道板钢轨阻抗的电感偏差为±3%，交流有效电阻偏差不应大于 15%。轨道板静载抗裂性能检验时不应出现裂缝。

3. 安装质量标准

轨道板粗铺时的位置偏差：纵向不应大于 10 mm，横向不应大于精调支架横向调程的 1/2；轨道板铺设精调定位允许偏差见表 2. 3，轨道板位置允许偏差见表 2. 4。

表 2. 3 轨道板铺设精调定位允许偏差

序号	检查项目		允许偏差/mm
1	高程		±0. 5
2	中线		0. 5
3	相邻轨道板接缝处承轨台顶面相对高差		0. 5
4	相邻轨道板接缝处承轨台顶面平面位置		0. 5
5	轨道板纵向位置	曲线地段	2
		直线地段	5

表 2. 4 轨道板位置允许偏差

序号	检查项目		允许偏差/mm	备注
1	高程		±2	
2	中线		2	
3	相邻轨道板接缝处承轨台顶面相对高差		1	不允许连续 3 块以上轨道板出现同向偏差
4	相邻轨道板接缝处承轨台顶面平面位置		1	
5	轨道板纵向位置	曲线地段	5	
		直线地段	10	

2. 3 生产制造

1. 台座法生产

目前国内 CRTSⅢ型轨道板普遍采用矩阵法工厂制作，即传统的先张法预应力混凝土构件台座预制法（图 2. 5）。矩阵法先制作条形张拉台座，在张拉台座内将轨道板的钢模板按纵横向矩阵排列（一般 4×2 布置），钢模板端面预留预应力筋连接孔；安装非预应力钢筋骨架和纵横向预应力筋，相邻钢模板间预应力筋采用连接杆同轴固定连接，外侧预应力筋采用连接杆与张拉系统同轴固定连接；分别对纵横向预应力筋进行单根初张拉，然后纵横向同步整体张拉至设计控制应力并临时锚固；浇筑混凝土并进行蒸汽养护，待强度达到规定强度后整体同步放松纵横向预应力筋；最后拆除连接杆，构件脱模并封锚，移运至水养池进行水中养护。

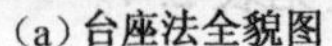

(a) 台座法全貌图

(b) 张拉端连接杆

(c) 板间连接杆

图 2.5　先张法预应力混凝土构件台座

《高速铁路 CRTSⅢ型板式无砟轨道先张法预应力混凝土轨道板》（Q/CR 567—2017）针对 CRTSⅢ型轨道板台座法生产提出了具体的要求。

（1）一般规定。轨道板应按规定程序批准的设计图纸和本标准制造。轨道板应工厂化生产，工厂应具有必要的工装设备和成熟的施工工艺，实现生产信息化管理。

（2）原材料。水泥：水泥应选用硅酸盐水泥或普通硅酸盐水泥，强度等级不应低于 42.5 级，不应使用早强水泥。水泥碱含量不应大于 0.06%，三氧化硫含量不应大于 3.0%，氯离子含量不应大于 0.02%，熟料中的 C_3A 含量不应大于 8.0%，其他技术指标应符合 TB/T 3275 的规定。

粗骨料：粗骨料应采用质地坚硬、表面洁净的二级或多级单粒级配碎石，最大粒径为 20 mm，含泥量按质量计不大于 0.02%，其他技术指标应符合 TB/T 3275 的规定。

细骨料：细骨料应采用质地坚硬、表面洁净、级配合理的天然中粗河砂，细度模数宜为 2.3~3.0，含泥量按质量计不大于 1.5%，其他技术指标应符合 TB/T 3275 的规定。

不应使用具有碱-碳酸盐反应活性或砂浆棒膨胀率（快速法）大于或等于 0.20%的碱-硅酸反应活性的骨料。当骨料的砂浆棒膨胀率大于或等于 0.10%且小于 0.20%时，应采用抑制碱-骨料反应技术措施，并按 TB/T 3275 规定的方法对抑制措施的有效性进行评价。

掺和料：矿物掺和料采用复合掺和料时，其性能应满足表 2.5 的要求；采用粉煤灰、细磨矿渣粉时，其性能应符合 TB/T 3275 的规定。拌和用水、减水剂、引气剂等应符合 TB/T 3275 的规定。

表 2.5　复合掺和料性能技术要求

序号	项　目		技术要求/%
1	氯离子含量		≤0.06
2	三氧化硫含量		≤3.5
3	细度（45μm 筛余）		≤12
4	需水量比		≤105
5	含水量		≤1
6	游离氧化钙含量		≤1
7	氧化镁含量		≤14
8	活性指数	1 d	≥120
		28 d	≥100
9	安定性	沸煮法	合格
		压蒸法	压蒸膨胀率不大于 0.5

预应力钢材：预应力筋应采用消除应力螺旋肋钢丝，其主要力学性能应满足表 2.6 的要求，主要外形尺寸应满足表 2.7 的要求，其他性能应符合 GB/T 5223 的规定。

表 2.6 预应力筋主要力学性能

序号	项目		技术指标
1	抗拉强度（R_m）		≥1570 MPa
2	屈服强度（$R_{p0.2}$）		≥1420 MPa
3	断后伸长率（A_{100}）		≥6.0%
4	最大力总伸长率（A_{gt}）		≥3.5%
5	反复弯曲次数（弯曲半径，R=25 mm）		≥4 次
6	应力松弛性能（初始应力相当于 70%R_m）		1 000 h 应力松弛≤2.5%
7	疲劳性能(上限载荷 0.7F_h，应力幅 180 MPa)		2×10^6 次脉动负荷后不断裂
8	应力腐蚀性能（断裂时间，试验应力为 70%R_m）	最小	≥2.0 h
		中值平均	≥5.0 h
9	弹性模量		(205±10)GPa

表 2.7 预应力筋主要外形尺寸 （单位：mm）

公称直径	允许偏差	基圆尺寸		外轮廓尺寸		单肋尺寸		导程
		基圆尺寸	允许偏差	外轮廓尺寸	允许偏差	肋宽	肋高	
10.00	±0.05	9.75	±0.05	10.60	±0.10	1.6~2.0	0.42~0.45	42~51

螺旋肋钢丝应机械切断，长度应满足设计要求，允许偏差为±2.0 mm；钢丝端部螺纹应冷滚轧成型，尺寸满足设计要求，长度允许偏差为±1.5 mm；配套设置锚垫板，公差带采用 6H/6g 组合，公差及配合应满足 GB/T 196 和 GB/T 197 的相关要求。螺旋肋钢丝-锚固板组装件的静载锚固性能试验应符合 TB/T 3193 的规定。

锚固板：锚固板尺寸应满足设计要求，允许偏差为±0.5 mm；材质应为 45#优质碳素钢，性能应符合 GB/T 699 的规定。锚固板应进行调质热处理，不应产生裂纹、过烧和脱碳，表面硬度不应小于 HRC20，热处理工艺应使工作面硬度均匀。

非预应力筋：非预应力筋应满足设计要求。其中，热轧光圆钢筋性能应符合 GB 1499.1 的规定；热轧带肋钢筋性能应符合 GB 1499.2 的规定；冷轧带肋钢筋性能应符合 GB 13788 或 YB/T 4260 的规定；环氧树脂涂层钢筋应符合 JG 3042 的规定；螺旋筋采用低碳钢冷拔钢丝，其性能应符合 YB/T 5294 的规定

绝缘材料：采用绝缘热缩管进行钢筋骨架绝缘时，材质为聚乙烯且受热不应产生卤素气体，介电强度不应小于 30 kV/mm，绝缘电阻应大于 $1.0\times10^{12}\Omega$，线膨胀系数不应大于 1.5×10^{-4}，热缩后耐压不应低于 31.5 kV。

预埋件：扣件预埋套管和起吊套管、接地端子性能等应满足相关技术要求，封锚砂浆性能应满足表 2.8 的要求。

表 2.8 封锚砂浆性能要求

序号	项 目		性能要求
1	抗压强度	1 d	≥40MPa
		7 d	≥50MPa
		28 d	≥60MPa
2	抗折强度	1 d	≥5MPa
		7 d	≥7MPa
		28 d	≥9MPa
3	抗渗性能		≥P20
4	收缩率		≤0.02%
5	氯离子含量		不应大于胶凝材料的 0.06%

(3) 制造。张拉台座：张拉台座和张拉梁应具有足够的强度与刚度，预应力筋张拉至控制值时，其变形量不应大于 1.0 mm。

张拉连接器：张拉杆和连接器应具有足够的强度与抗拉刚度，力学性能满足表 2.9 的要求；应采用合金钢并进行调质热处理，硬度不应低于 HRC35，弹性模量不应低于 200 GPa；张拉杆和预应力筋连接端应设置锥度，与预应力筋端部螺纹公差带（6H/6g）相配套。正式使用前，应进行张拉杆和连接器组装试验，至张拉控制值时，其伸长量不应大于 2.0 mm。

表 2.9 张拉杆力学性能要求

序号	项 目	技 术 指 标
1	抗拉强度（R_m）	≥1420 MPa
2	规定非比例延伸强度（$R_{p0.2}$）	≥1280 MPa
3	断后伸长率（$L_0=8d$）	≥7.0%

模板：模板应采用具有足够强度、刚度和稳定性的钢模，模板支承基础应平整坚实；模板应采用柔性支座，进场后在台座内组装，模板尺寸与设计偏差应符合表 2.10 的要求。正式投产后，模板应实行日常检查和定期检查。日常检查应在每次使用前使用，检查内容包括模板外观质量和密封性能；定期检查每 30 d 进行一次，检查内容包括底板、承轨槽尺寸、预埋套管位置等。

表 2.10 模板尺寸检验偏差要求

序号	检 验 项 目		允许偏差
1	整套模板	长度	±1.5 mm
2		宽度	±1.5 mm
3		厚度	±1.5 mm
4	框架	四边翘曲	±0.5 mm
5		四边旁弯	±1.0 mm
6		整体扭曲	±1.0 mm

续表

序号	检验项目		允许偏差
7	底板	平面度	±0.5 mm
8		承轨槽平整度	纵向：±0.30 mm 横向：±0.15 mm
9	承轨槽	承轨槽与底板高差	0.0 mm，−1.0 mm
10		预埋套管处承轨槽横向位置偏差	±0.3 mm
11		预埋套管处承轨槽垂向位置偏差	±0.5 mm
12		承轨槽间外钳口距离	±0.5 mm
13		小钳口距离	±0.3 mm
14		承轨槽外钳口距外侧套管中心距离	±0.5 mm
15		承轨面坡度（轨底坡）	1∶38~1∶42
16		承轨面与钳口面夹角	±0.5°
17	预埋套管	板端螺栓孔距板端距离	±1.0 mm
18		纵向相邻套管中心距离	±1.0 mm
19		同一承轨槽两相邻套管中心距离	±0.3 mm
20		中心位置距模板中心线距离	±0.5 mm

钢筋安装：钢筋编组及预埋件安装时，钢筋应采用不损害其材质的方法加工，端部弯折应利用机具一次成型；钢筋骨架应在专用台架上进行制作，台架应每月检查一次；轨道板内钢筋位置允许偏差应满足表2.11的要求。轨道板内预埋件安装位置应准确，与模板连接应牢固；张拉杆安装前，应先紧固锚固板至预应力筋螺纹根部。

表2.11 轨道板内钢筋位置允许偏差要求

序号	项目	允许偏差/mm
1	预应力筋	±2
2	非预应力筋	±5
3	门型筋外露部分	垂向：$^{+5}_{0}$ 横向：±10
4	扣件预埋套管及起吊套管螺旋筋	±5
5	钢筋净保护层厚度	$^{+5}_{0}$

张拉设备：预应力筋张拉应采用自动张拉设备，张拉记录由系统自动生成。张拉分两个阶段：初张拉单根预应力筋张拉至张拉控制值的30%，偏差不应大于3.0 kN；终张拉采用张拉梁整体张拉至张拉控制值，并保持张拉力稳定。预应力筋张拉应采用双控，以张拉力为主，张拉梁位移值校核。终张拉过程预应力筋张拉应均匀，单根预应力筋名义张拉速率不应大于4.0 kN/s，并保持同一张拉梁两个千斤顶活塞伸长值之间偏差不应大于2 mm，至张拉控制值时持荷1 min。实测总张拉力与控制值偏差不应大于3.0%，实测单根预应力筋张拉力与控制值偏差不应大于10.0%，张拉梁实测位移值与基准位移值偏差不应大于10.0%。

张拉设备示值允许偏差为±1.0 kN，系统测力传感器示值允许偏差为±0.5%F.S，位移传感器示值允许偏差为±0.1 mm。张拉设备和终张拉系统应整体标定，有效期不应大于1年，自校有效期不应大于1个月。轨道板正式生产前，应进行预应力筋与模板摩阻、张拉梁和台座变形等引起的预应力损失测试；正式投产后，每生产1 500块轨道板，应再次进行预应力损失试验。

混凝土配合比设计：混凝土配合比应通过试验确定，混凝土胶凝材料用量不应大于500 kg/m³，水胶比不应大于0.35。试生产前应采用所选原材料制作56 d收缩率、抗冻性、电通量试件各一组，进行耐久性试验，由不同原材料带入混凝土内的碱含量、氯离子含量和三氧化硫含量应符合有关规定。混凝土搅拌应采用强制搅拌机，原材料计量偏差应符合TB/T 3275的规定。混凝土浇筑前应确认钢筋及预埋件的位置和间距，并检测钢筋骨架的绝缘性能电阻值不应小于2 MΩ。混凝土浇筑时，模板温度宜为5~35 ℃，混凝土拌和物入模温度应为5~30 ℃；混凝土应采用附着式振捣器进行振捣，并根据试验确定振动频率、振幅和振动时间等工艺参数；混凝土浇筑完成后，应采取增加底板粗糙度的措施，轨道板底面不应有浮浆。

混凝土浇筑与振捣：混凝土浇筑过程中，应每个台座为一批，每批以最后一块轨道板浇筑成型过程中制取两组混凝土抗压强度试件，用于预应力筋放张时抗压强度试验；每工作班制作一组混凝土抗压强度试件，用于28 d抗压强度检测；每个7 d取样制作两组混凝土弹性模量试件，用于预应力筋放张和28 d混凝土弹性模量检测。试件应与轨道板相同条件下振动成型和养护，28 d试件应在脱模后进行标准养护。

混凝土采用附着式振动成型方式时，混凝土拌和物坍落度不应大于120 mm；采用振动台成型方式时，混凝土拌和物坍落度不应大于100 mm；含气量应为2.0 %~4.0 %。

混凝土养护：轨道板蒸汽养护时，应采用自动温控设备进行温度调节。蒸汽养护分为静置、升温、恒温、降温4个阶段，混凝土浇筑后在5~30 ℃的环境中静置3 h以上方可升温，升温速度不应大于15 ℃/h，恒温时蒸汽养护温度不宜大于45 ℃，降温速度不应大于10 ℃/h。

轨道板自然养护期间，板内芯部混凝土温度不应大于55 ℃；轨道板芯部混凝土与表面混凝土之间、表面混凝土与环境之间的温差均不应大于15 ℃。

预应力筋放张：预应力筋放张时混凝土强度不低于45 MPa，弹性模量不低于3.35×10^4 MPa；纵横向预应力筋应采用张拉梁双向同步放张，不应进行超张拉；预应力筋放张应均匀缓慢，单根预应力筋名义放张速率不应大于2.0 kN/s，并保持同一张拉梁两个千斤顶活塞伸长值之间偏差不大于2.0 mm。

轨道板脱模：轨道板脱模应水平缓慢起吊，使轨道板不受冲击、各起吊点受力均匀。轨道板封锚前，应对锚穴进行清理，不应有油污、浮沉、杂物和积水等；均匀喷涂能够提高黏结强度的界面剂，封锚作业处于湿润状态；封锚作业环境温度应为5~35 ℃，不应在阳光直射、雨、雪和大风环境下进行封锚作业。

轨道板后续养护：轨道板脱模后应进行水中养护不少于3 d，保湿总时间不少于10 d。养护期间水温不应低于10 ℃，轨道板表面温度与养护水温之差不应大于10 ℃。冬季施工水养完成且表面干燥后，轨道板表面温度与室外环境温度差不大于15 ℃时方可室外存放，且宜覆盖养护至28 d。

台座法生产需修建大量的钢筋混凝土框架作为预应力筋张拉和锚固台座，占地面积大，土地恢复利用难度大；构件预制作业工序复杂，台座周转时间长（约20 h），大批量生产效率低；钢筋安装及预应力筋张拉以人工作业为主，机械化程度低；施工作业劳动力需求大，工人劳动强度高；作业工序与产品质量控制自动化、信息化水平低；建厂一次性投资成本大，投资回收期长。基于以上原因，传统矩阵法生产工艺已无法更好地适应我国高速铁路快速发展的需要，需进一步改进生产工艺，提高工业化生产水平。

2. 流水线生产

CRTSⅢ型轨道板流水线生产将轨道板的各生产工序集于“移动台架模型”，该台架模型在流水线不同部位依次完成普通钢筋与预应力筋安装与定位、预应力筋双向同步张拉与锚固、混凝土浇筑与振捣、构件快速蒸汽养护、预应力筋双向同步放松、构件自动脱模及产品检验等工序；同时对关键工序、关键技术参数进行智能化控制和流水线生产信息化管理，实现工业化流水线生产。流水线布置图如图2.6所示。

(a) 流水线全貌

(b) 张拉工位

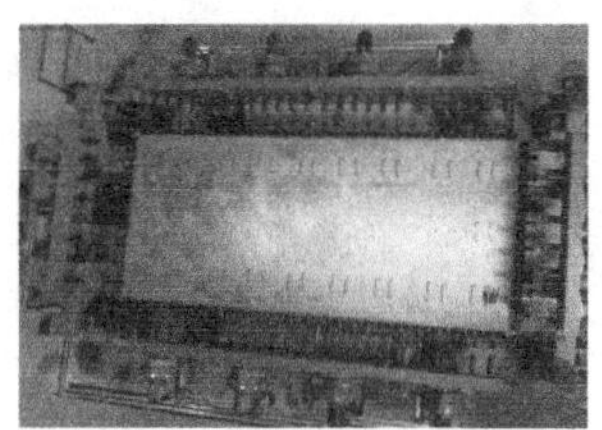
(c) 放松工位

图2.6 流水线布置图

CRTSⅢ型轨道板流水线生产除满足台座法生产相关技术标准外，《高速铁路CRTSⅢ型板式无砟轨道先张法预应力混凝土轨道板暂行技术要求（流水机组法）》（TJ/GW 156—2017）针对CRTSⅢ型轨道板流水线生产提出了特殊要求。

（1）一般要求。流水生产线宜采用自动控制方式，并具备特殊情况下手动控制条件；轨道板模具应能根据需要及时撤离生产线。

（2）制造。原材料：混凝土胶凝材料用量不应大于450 kg/m^3，水胶比不应大于0.35，混凝土含气量应为2.0%~4.0%，碱含量不应大于3.0 kg/m^3，氯离子含量不应大于胶凝材料的0.06%，三氧化硫含量不应大于胶凝材料的4.0%。混凝土抗冻等级不应小于F300，电通量应小于1 000 C；56 d收缩率不应大于400×10^{-6}；氯盐环境下使用的轨道板，其混凝土56 d氯离子扩散系数不应大于5×10^{-12} m^2/s。

模板：模板应采用具有足够强度、刚度和稳定性的预应力组合式钢模或抗弯型整体式钢模，模板应能保证轨道板各部形状、尺寸及预埋件的位置准确。

模板尺寸与设计偏差应符合表2.10的要求。正式投产后，模板应进行日常检查和定期检查。日常检查应在每次使用前进行，定期检查每10 d进行一次。

预应力筋张拉：预应力筋张拉应采用自动张拉设备，张拉记录应由系统自动生成。纵横向预应力筋应采用单端单根同时张拉方式，并以单根张拉力值进行控制；张拉力控制的传感器精度不应低于0.5级，自校有效期不应大于30 d。预应力筋张拉应均匀，加载速率不应大于4 kN/s，至张拉力时应持荷1 min，单根张拉力与设计张拉力偏差不应大于±3.0%，并锁紧。

产品检验：轨道板正式生产前，应进行张拉完成并锁紧后的预应力筋有效张拉力及均匀性试验。正式投产后，每生产15 000块轨道板或半年，应再次进行有效张拉力及均匀性试验，实测单根张拉力与设计张拉力偏差不应大于±5.0%，总张拉力与设计张拉力偏差不应大于±3.0%。

第3章

流水线总体设计

流水线生产是指劳动对象按一定工艺路线和一定生产速度，连续不断地通过各道工序，按顺序进行加工并生产出产品的一种生产组织形式。亨利·福特（Henry Ford）于1913年在密歇根州 Highland Park 建立起世界上第一条汽车生产流水线，目前流水线生产已在工业、电子、医药、储运等多个领域得到广泛应用。

在建筑工程制品方面，目前已经实现了普通钢筋混凝土构件流水线生产，如房屋楼板、楼梯、地铁衬砌管片等。但是，对于较大吨位的预应力混凝土构件尚未实现流水线生产，制约了大断面预制构件的工业化生产程度。CRTSⅢ型轨道板生产流水线将先进装备制造、智能控制和新一代信息技术集成，将传统的台座法生产提升为流水线生产，提高了产品的工业化生产水平。

3.1 工艺流程设计

CRTSⅢ型轨道板与普通钢筋混凝土构件相比，轨道板设计为后张法双向预应力混凝土结构，要求在流水线不同工位完成预应力混凝土构件的各施工工序，需对流水线进行详细的工艺流程设计。

1. 流水线工序设置

CRTSⅢ型轨道板流水线包括模型（构件）检测与整形、钢筋与预应力筋安装、预应力筋张拉与锁定、混凝土浇筑与振捣成型、混凝土蒸汽养护、预应力放松及轨道板脱模等工序，其平面布置如图3.1所示。

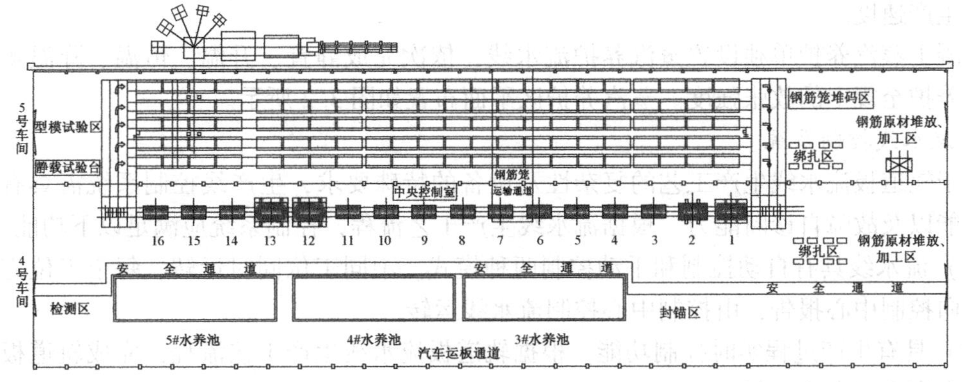

图3.1 流水线平面布置

考虑混凝土养护时间较长，为满足流水线连续运行，将流水线分为作业线和蒸养线两部分。除钢筋加工、混凝土蒸汽养护外，轨道板其他制作工序全部在一条作业线上完成；在蒸汽养护区设置多条蒸养线完成轨道板养护。

作业线用于轨道板的快速制作成型，设置16个流水作业工位，依次为预应力筋放松（工位1、2）、张拉杆拆卸（工位3）、成品脱模（工位4、5）、型模清理（工位6）、钢筋及预埋件安装（工位7）、连接杆安装（工位8、9、10）、钢筋绝缘检测（工位11）、预应力筋张拉与锁定（工位12、13）、型模在线检测（工位14）、混凝土浇筑（工位15）与振捣（工位16）。

工位1、2：预应力筋放松工序，成型轨道板经蒸汽养护达到规定强度后，模型与张拉台架准确就位，完成两种不同规格轨道板双向预应力筋同步放松。

工位3：张拉杆拆卸工序，预应力筋放松后拆除预应力筋与千斤顶连接张拉杆。

工位4、5：成品脱模工序，型模台架准确定位后，利用脱模装置锁定模型，通过顶升装置顶升轨道板实现其脱模。

工位6：型模台架清理工序，对脱模后型模内部混凝土残渣等附着物进行清理，并向模板内表面喷涂脱模，保证后续产品的外观质量。

工位7：预埋件安装、钢筋入模工序，安装导管、脱模插件等预埋件，将制作好的钢筋骨架（包括预应力筋）整体吊装就位。

工位8、9、10：连接杆安装工序，型模台架准确就位后，将预应力筋与连接杆连接并张拉预紧。

工位11：钢筋绝缘检测工序，检测每根纵向钢筋与相连的横向钢筋间的电阻，满足绝缘要求。

工位12、13：预应力筋张拉与锁定工序，完成两种不同规格轨道板预应力筋双向同步单根张拉并锁定于模型端面。

工位14：型模检测工序，流水线初次使用和正常生产期间，对模型和轨道板的大小钳口距、轨底坡、钳口面夹角、承轨面平整度、轨道板面平整度、外观质量等进行快速检测。

工位15、16：混凝土浇筑与振捣工序，将型模台架移至振动台并锁定，混凝土布料机向模型内均匀布料，同时启动振动台完成混凝土振捣作业。

钢筋加工作业单独设置作业区域，为流水线提供预埋件、钢筋骨架、预应力筋等半成品，以加快生产速度。

混凝土蒸汽养护单独设置蒸汽养护流水线，依次完成静置、升温、恒温、降温4个养护阶段，养护至规定的放张强度。蒸汽养护区平面布置如图3.2所示。

2. 流水线控制系统

基于轨道板流水线生产工艺的复杂性及设备的特殊要求，生产线控制系统需具有较高的可靠性能以及故障自诊断能力。根据流水线生产工艺流程，控制系统应满足以下功能。

（1）流水线具有自动控制和手动控制两种模式。不同工位同时运转，每个工位完成相应作业后向控制中心报告，由控制中心控制流水线运转。

（2）具有生产过程实时控制功能。根据轨道板流水线生产工艺流程，完成轨道板生产线的自动有序及安全地运行。

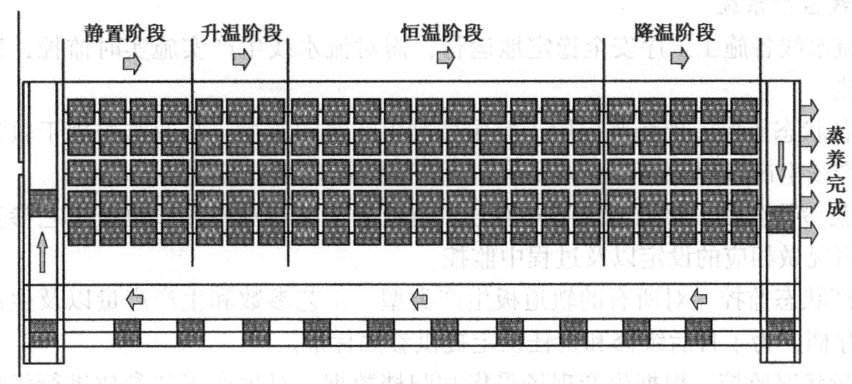

图3.2 蒸汽养护区平面布置

(3) 具有生产过程数据采集与处理功能。自动实时采集生产线各个重要生产参数状态，上报上位机显示，便于及时调整参数，确保产品质量。

(4) 具有设备运行状态数据采集与处理功能。实时采集各个设备运行状态，自动检测生产过程中设备是否按照要求安全生产。

(5) 具有报警与紧急事件处理功能。当生产过程中出现误操作或参数设置错误，或设备出现故障，能够作出相应的报警处理及紧急自动停机。

(6) 具有实时通信功能。能够实时把采集的数据信息上传给上位机，在生产监控机上显示各个设备状态，便于对整条流水生产线的监控和处理。

流水线控制系统主要由中央控制系统、行走控制系统、智能张拉控制系统和蒸汽养护控制系统等组成。

(1) 中央控制系统。将流水线中央控制系统分为过程控制和工序模块。过程控制具有设备状态监控及限位显示、流水节拍参数设置及运行监控、各工序信息的传输、误操作报警与故障处理、历史数据收集与归档等功能；工序控制应具有各工序设备控制、工艺参数设定与运行、数据的采集与分析评定等功能。

(2) 行走控制系统。流水线行走控制系统采用PLC（可编程逻辑控制器）控制结合编码识别技术和变频控制技术，构建自动定位的半闭环控制系统，实现了平板台车按照预定目标自动行走控制和准确定位。

(3) 智能张拉控制系统。智能张拉控制系统通过设置在张拉端的测力传感器和位移传感器、由张拉泵控系统和分析软件实现对预应力筋单根同步张拉的智能控制。张拉泵控系统采用以液压缸流量控制实现压力间接控制的“变频液压泵控系统”，通过“自抗扰控制算法”实现步进式压力输出，使预应力筋缓慢而均匀受力张拉，有效地保证了各根预应力筋张拉速率保持同步。测量数据采集系统由传感器通过电信号采集至各对应控制柜，各控制柜内的控制模块通过以太网相连，将数据集中采集至服务器统一处理；利用专用设计软件，将张拉工况的数据采集显示和命令通过人机界面显示并下达操作指令。

(4) 蒸汽养护控制系统。蒸汽养护蒸养窑温度控制通过控制蒸汽阀门的开合度来实现，控制系统通过设置在不同养护区域的温度传感器实时接收养护参数，根据采集温度对蒸养窑实施控制。

3. 流水线监控系统

为确保流水线各施工工序安全稳定地运行，需对流水线生产实施实时监控，监控系统应满足以下功能。

(1) 设备状态监控。现场监控用于操作员对生产线的监控，企业监控用于轨道板生产厂对于整个生产线生产过程的监控，方便生产企业对生产现场进行控制。

(2) 工艺参数监控。根据生产不同型号轨道板要求，以及各种轨道板工艺参数要求，能够根据实际情况做相应的设定以及过程中监控。

(3) 生产状态监控。对所有的轨道板生产类型、工艺参数和生产产量以及生产过程中设备状态信息存档，为了日后维修和责任认定提供参照标准。

(4) 质量状况监控。根据生产现场采集和归档数据，对生产工艺参数进行优化，提高轨道板的生产效率和质量。

(5) 信息集成服务。控制系统提供远程故障诊断模块的通信接口，实现远程故障诊断维护模块与控制系统的信息集成。

流水线监控系统主要由信息管理系统、在线检测系统和蒸汽养护监控系统等组成。

(1) 信息管理系统。信息管理系统结合流水线信息化和智能控制需求，通过物联网技术对流水线生产原材料、型模型号、生产设备、关键工艺参数等信息进行自动采集和处理，实现生产管理要素动态控制和生产管理过程系统化信息集成，保证轨道板生产工序协同工作和有序管控。

(2) 在线检测系统。为保证型模台架形态和尺寸满足产品生产质量要求，在型模台架每次使用前通过检测系统进行在线检测，重点检测模型和轨道板大小钳口距、轨底坡、钳口面夹角、承轨面平整度、轨道板面平整度等指标；同时将检测原始数据和分析数据保存于本地数据库，生成相应的变形曲线、图表，便于报表和查阅。

(3) 蒸汽养护监控系统。蒸养线运行时将养护参数和开机命令发送给温度采集控制器，实时采集蒸养线不同养护区域的温度数据，并实时显示、存储，便于控制系统进行调控。

3.2 工艺参数设计

1. 流水线作业参数

(1) 流水作业区域划分。根据 CRTSⅢ型轨道板生产特点、各工序劳动量大小和技术要求，将轨道板生产分成4个主要作业区域，即混凝土拌和区域、钢筋加工区域、生产作业线和蒸养线。

混凝土拌和区域设置混凝土搅拌站和运输设备，为流水线提供拌和好的成品混凝土，根据流水线混凝土需求量确定拌和站规模。钢筋加工区域用于钢筋的调直、弯制、绑扎成型等作业，可根据生产作业线的作业时间要求调整工作班组人数和作业时间。混凝土蒸汽养护时间较长，蒸养线可根据生产作业线和养护技术要求确定养护作业面积与养护时间。

由此可见，生产流水线作业时间是确定流水作业参数的基础。

(2) 流水节拍计算。按照轨道板生产作业线 12 道作业工序计算流水节拍。各工序流水节拍按照经验估计法确定，根据各工序完成的最乐观时间（a）、最悲观时间（b）和最可能时间（m），由式（3.1）计算各工序流水节拍（t）。工序流水节拍的计算参数见表3.1。

$$t = \frac{a + b + 4m}{6} \tag{3.1}$$

表3.1　工序流水节拍计算

序号	工序名称	a/min	b/min	m/min	t/min	工位数
1	预应力筋放松	14.8	16.6	15.2	15.4	2
2	张拉杆拆卸	7.2	8.1	7.6	7.6	1
3	成品脱模	17.5	18.9	18.3	18.3	1
4	模型清理	9.4	10.4	10.1	10.0	1
5	喷涂脱模剂	6.1	8.0	7.1	7.1	1
6	钢筋笼入模	8.2	10.0	9.2	9.2	1
7	张拉杆连接	17.1	19.2	18.6	18.5	2
8	绝缘检测	7.8	9.2	8.6	8.6	1
9	预应力筋张拉与锚固	16.5	18.8	17.8	17.8	2
10	模型变形检测	6.5	9.0	7.8	7.8	1
11	混凝土浇筑及振捣	6.8	8.9	8.0	8.0	1
12	混凝土面修饰	7.8	9.8	9.2	9.1	1

（3）空间参数确定。由表3.1可知，流水线各工序流水节拍为7.1~18.5 min，按照一条生产流水线计算，根据计算结果和流水机组法工艺需要，为保证各工序能够连续施工，确定各工序工位数为：放张工位2个、张拉杆拆卸工位1个、脱模工位2个、清模工位1个、喷涂脱模剂工位1个、预埋件安装与钢筋笼入模工位1个；张拉杆连接与预紧工位2个、绝缘测试工位1个、张拉工位2个、模型检测工位1个、混凝土浇筑工位1个、混凝土振捣与外观清理工位1个。由此各工位持续时间控制在7~10 min，生产作业线线上合计配置16套模架，分别运转P5600、P4925、P4856三种型号模型。

（4）台架模型配置。台架模型流水进入蒸养线，在蒸汽养护室利用风幕阻隔循环工艺实现分区养护。混凝土养护包括静置（3~4 h）、升温（2~4 h）、恒温（6~10 h）、降温（2~4 h）4个阶段，养护时间合计为13~22 h。各工位流水节拍为7~10 min，则所需模型最少数量为13×60÷10=78（套），最多数量为22×60÷7≈188（套）。

根据轨道板需求量供应计划并综合考虑生产实际情况，将流水线按“1+5”模式设置，即1条生产作业线、5条蒸养线，需配置126套移动模架，模架运转最快时间为8.5 min。

2. 流水线牵引动力

流水线牵引设备主要包括平板台车和驱动装置。平板台车设计为框架式钢结构（图3.3），主梁采用箱形截面，结构自重约18 kN。主梁设置不同定位孔以适应P5600、P4925、P4856三种模型的运输。

根据摩擦静力学原理，由图3.4的滚轮受力示意图，建立平板台车车轮滚动摩擦力和滑动摩擦力计算公式：

$$F_{滚} = \frac{M_{max}}{R} = \frac{\delta F_N}{R} = \frac{\delta}{R}P$$
$$F_{滑} = F_{max} = f_s F_N = f_s P \tag{3.2}$$

式中：$F_{滚}$为滚动摩擦力；$F_{滑}$为滑动摩擦力；δ 为滚动摩阻系数；R 为车轮半径；f_s 为静摩擦系数；P 为车轮及轮上所有压力荷载。

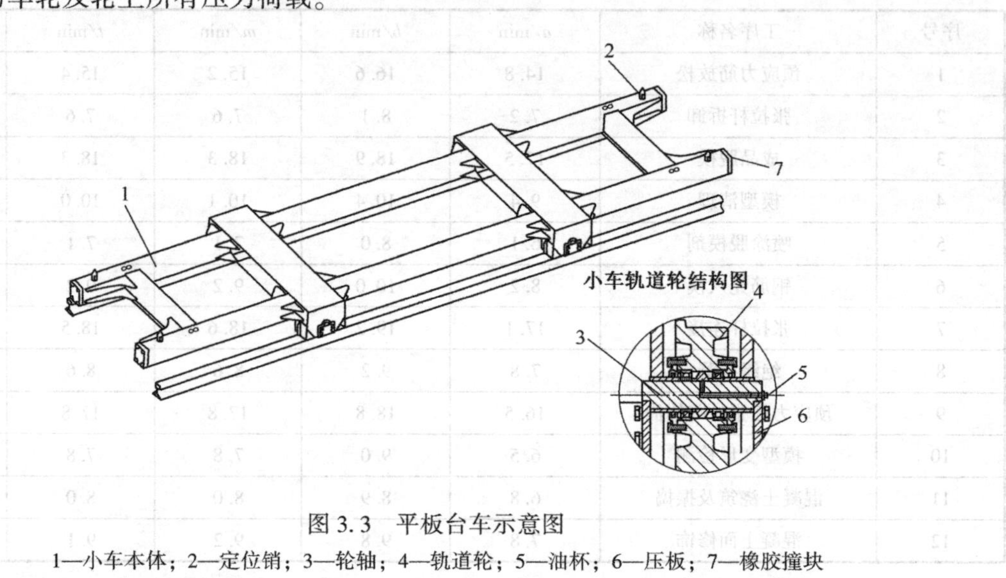

图 3.3　平板台车示意图

1—小车本体；2—定位销；3—轮轴；4—轨道轮；5—油杯；6—压板；7—橡胶撞块

牵引动力主要考虑平板台车、台架模型及其他附件重量，其中平板台车重量取 18 kN、台架模型重量取 125 kN、轨道板重量取 80 kN、其他附件重量取 15 kN，按照总重量 240 kN 考虑。钢质车轮与钢轨之间滚动摩阻系数为 0.05，钢与钢之间的静摩擦系数是 0.15，车轮半径 R 为 125 mm。

$$F_{滚} = \frac{0.05}{125} \times 240 = 0.096(\text{kN})$$

$$F_{滑} = 0.15 \times 240 = 36(\text{kN})$$

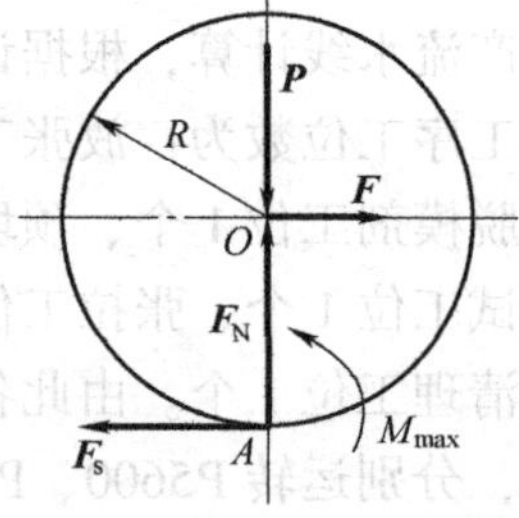

图 3.4　滚轮受力示意图

经计算：牵引单个平板台车需克服滚动摩擦力为 0.096 kN、滑动摩擦力为 36 kN。作业流水线共设置 16 个平板台车，则总牵引力为 576 kN。

3. 型模台架张拉力

考虑轨道板三种结构形式，按照最大设计预应力值确定型模台架所承受的张拉力。P5600 规格轨道板设计为设置双向预应力筋（图 3.5），纵向预应力筋（顺铁轨方向）设置 16 根、双层布置，单根设计张拉力为 80 kN、总张拉力为 1280 kN；横向预应力筋（垂直铁轨方向）设置 24 根、单层布置，单根设计张拉力为 80 kN、总张拉力为 1920 kN。

预应力筋张拉采用单根张拉方式，千斤顶施加于模型单点集中力为 80 kN。预应力筋张拉和锁定通过台架模型完成，台架模型受力按照沿四周承受均布集中荷载考虑，其中纵向集中力为 160 kN，横向集中力为 80 kN。台架模型受力简图如图 3.6 所示。

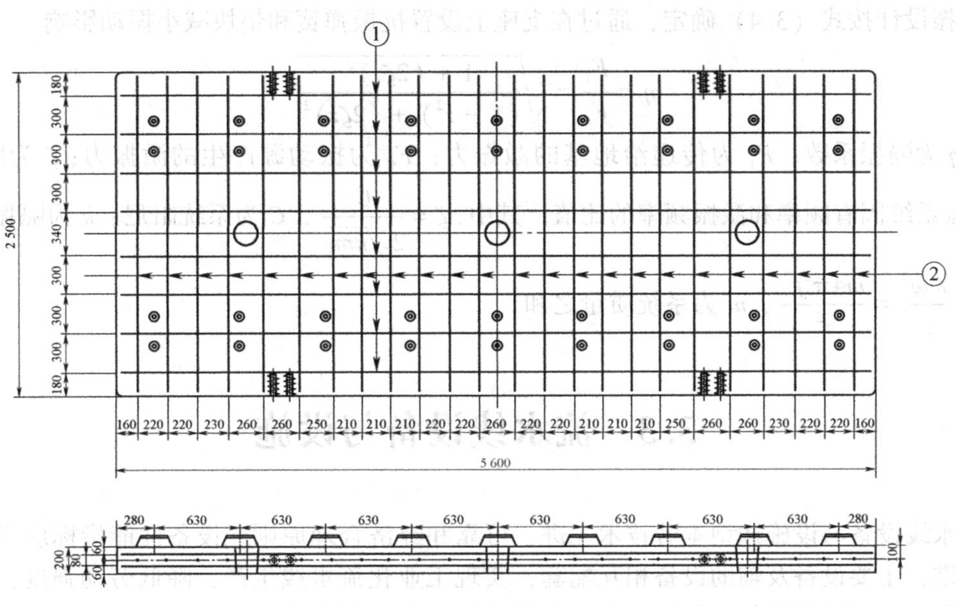

图 3.5　轨道板预应力筋布置图

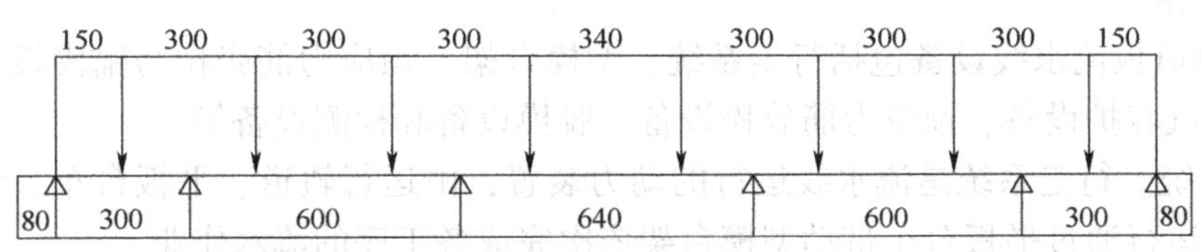

(a) 纵向加载示意图

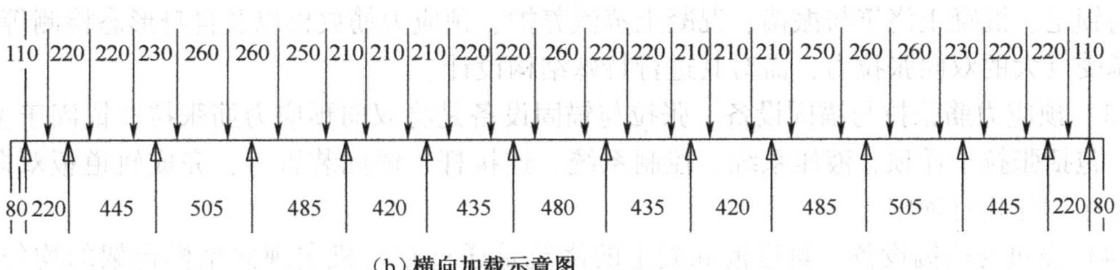

(b) 横向加载示意图

图 3.6　台架模型受力简图

4. 振动台振动力

混凝土振捣时将台架模型置于振动台上，通过振动台施加激振力胁迫型模共振实现混凝土的受迫振捣密实。振动台设计在保证提供足够振动力的同时，需采取有效隔振措施，减小对地基和建筑物的有害振动及对作业环境的噪声污染。

振动台采用电磁振动技术，激振力按式 (3.3) 计算，确定激振力取值为 80 kN。

$$F = \frac{m_i A_c}{A_h - A_c} A_h (2\pi f_h)^2 \times 10^{-6} \tag{3.3}$$

式中：F 为激振力，kN；m_i 为振动台运动部分有效质量，kg；A_h 为无附加荷载的振幅，mm；A_c 为有附加荷载的振幅，mm；f_h 为无附加荷载的频率，Hz。

隔振设计按式（3.4）确定，通过在支座上设置抗振弹簧和垫块减小振动影响。

$$\eta = \frac{F_1}{F_0} = \sqrt{\frac{1 + (2\zeta z)^2}{(1 - z^2) + (2\zeta z)^2}} \tag{3.4}$$

式中：η 为隔振系数；F_1 为传递给地基的激振力；F_0 为振动源产生的激振力；ζ 为阻尼比；z 为隔振系统固有频率和激振频率的比值。其中，$\zeta = \dfrac{C}{2\sqrt{km_i}}$，$C$ 为系统阻尼；k 为隔振系统刚度，$k = \dfrac{m\omega^2}{z^2} = \dfrac{m4\pi^2 f^2}{z^2}$，$m$ 为系统质量之和。

3.3 流水线设备与设施

流水线设备与设施选型本着技术先进、可靠和经济合理原则。设备性能指标应满足产品质量标准，主要设备及辅助设备相互配套，实现工业化流水线生产，降低劳动强度，提高劳动生产率；生产过程降低原材料、水、电等消耗，满足环境保护要求。

1. 流水线设备

CRTSⅢ型轨道板流水线设备包括行走系统、型模台架、预应力筋张拉与锚固设备、浇筑与振捣设备、蒸汽养护设备、预应力筋放松设备、脱模设备和检测设备等。

（1）行走系统。行走系统是流水线运行的动力装置，由运行轨道、平板台车、牵引装置等组成。流水线运行通过平板台车带动型模台架依次完成各工序的流水作业。

（2）型模台架。型模台架是轨道板生产的载体，需在其上依次完成钢筋安装、预应力筋张拉与锁定、混凝土浇筑与振捣、混凝土蒸汽养护、预应力筋放松以及自身形态检测等工序；同时承受巨大的双向张拉力，需对其进行特殊结构设计。

（3）预应力筋张拉与锚固设备。张拉与锚固设备是将双向预应力筋张拉并锚固于型模台架上，包括张拉千斤顶、液压系统、控制系统、连接杆、锚固装置等，完成轨道板双向预应力筋的张拉与临时锁定。

（4）浇筑与振捣设备。轨道板混凝土的浇筑是通过布料机实现向型模台架的均匀布料，振动台是通过对型模台架的振动实现混凝土的振捣密实。

（5）蒸汽养护设备。流水线生产要求轨道板早强以尽早放松预应力筋，为此需采取蒸汽养护方式缩短养护时间。蒸汽养护设备由蒸汽养护窑、风幕、温控系统等组成，实现混凝土在蒸汽养护阶段对升温、恒温和降温的养护要求。

（6）预应力筋放松设备。放松设备用于将临时锁定在型模台架上的预应力筋放松，包括两侧放张机构、泵站、电控制柜、定位机构等。

（7）脱模设备。脱模设备将完成预应力筋放松后的轨道板从型模台架中脱离出来，包括压紧装置、定位装置、脱模油缸、泵站及控制系统等。

（8）检测设备。为保证型模台架多次使用后形态满足产品质量要求，需对流水线上型模台架在每次使用前进行形态检测。检测设备包括3D扫描传感器、双目立体视觉系统、控制与分析软件等。

2. 流水线生产厂区配套设施

配合流水线生产的厂区其他配套设施（工区）包括生产车间、混凝土拌和站、产品存放场、办公与生活设施、环保设施和水电供应等。流水线生产厂区布置示意图如图3.7所示。

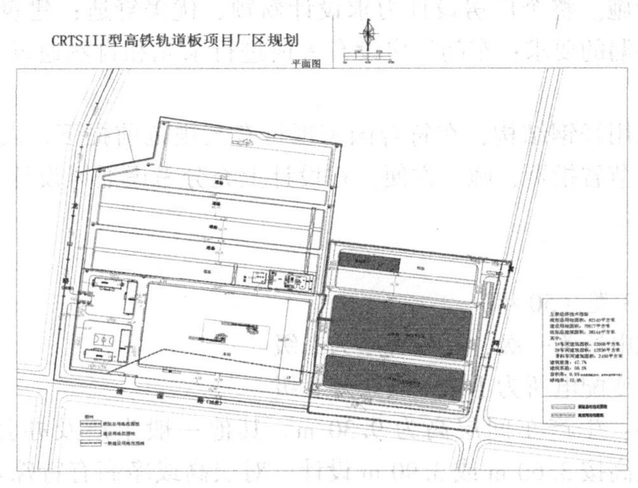

图3.7　流水线生产厂区布置示意图

（1）生产车间：用于布设生产线、蒸养线及钢筋加工、混凝土运输、产品冷却及水中养护等工位，车间内设置起吊行车用于调运台架模型、钢筋骨架、成品构件等，行车起吊能力按照型模台架最大重量设计确定。

（2）混凝土拌和站：包括拌和机、储料仓、运料斗等，完成混凝土拌和及运输作业。拌和站生产能力按照满足流水线混凝土需求量配备。

（3）产品存放场：用于成型产品的临时存放，满足临时存放3万块板的需要。

（4）办公与生活设施：包括办公室、实验室、食堂、宿舍等。

（5）环保设施：生活污水用化粪池、油污水生化处理设备等。

（6）水电供应：生产用水包括混凝土制备、蒸汽养护、养生池用水和生活用水等；用电包括搅拌站、钢筋加工、混凝土振捣、调运行车、锅炉及生活用电等。

3.4　建筑设施建设

CRTSⅢ型轨道板流水线生产厂房总平面布置本着合理布局、节约用地并适当预留发展空间原则，场区布置工艺物料流向顺畅，道路、管网连接顺畅；建筑物布局按建筑设计防火规范进行，满足生产、交通及防火的各种要求。

厂区按功能分为办公生活区、生产区和存放区，既满足生产工艺要求，又能美化环境。厂区设计两个出入口，场区道路为环形，主干道宽度为10 m，次干道宽度为8 m，生活办公区内道路宽度为4 m，联系各出入口形成顺畅的运输和消防通道。场区内道路两旁，建（构）筑物周围充分进行绿化，并在场区空地及入口处重点绿化，种植适宜生长的树木和花卉，创造文明生产环境。

1. 土建工程

厂区建筑物、构筑物按照现代化企业建设要求进行设计，采用轻钢结构、框架结构建设，并采取必要的抗震措施。整个厂房设计力求设计新颖、优美舒适；建筑物围护结构及屋面，符合建筑节能和防渗漏的要求；车间厂房设有天窗进行采光和自然通风，选用气密性和防水性良好的产品。

生产车间建筑采用轻钢结构，在符合国家现行有关规范前提下，做到结构整体性能好，有利于抗震防腐，并节省投资，施工方便。在设计上充分考虑通风设计，避免火灾、爆炸的危险性。

（1）建筑标准。

设计使用年限：3 类（50 年）。

耐火等级：变配电所为一级，其他房屋为二级。

屋面防水等级：变配电所为Ⅰ级，其余为Ⅱ级。

建筑层高或净高：生产车间层高为 9. 30 m。其他一般生产及办公房屋，平房层高按 3. 30 m设计，楼房层高按 3. 60 m 或 3. 90 m 设计。对层高或净高有特殊要求的房屋按各专业的要求设计。

建筑防火、疏散：根据《建筑设计防火规范》（GB 50016—2014）（2018 年版）、《铁路工程设计防火规范》（TB 10063—2016）（2012 年版）的要求进行设计。

（2）结构类型。

房屋结构形式：办公楼、食堂、浴室、单身宿舍、变配电所、锅炉房等采用框架结构，制板车间、原材料存放库、物资库等采用门式刚架轻钢结构，其他房屋采用砌体结构。

基础形式及材料：框架结构及门式刚架轻钢结构采用柱下交叉地基梁式基础或钢筋混凝土独基，砌体结构采用钢筋混凝土条形基础。建筑物基础宜置于原状土中，基础混凝土等级应满足与不同环境等级相对应的耐久性要求。

（3）结构材料。框架结构受力构件和基础混凝土等级不低于 C30，受力钢筋采用 HRB400 级钢筋，箍筋采用 HPB300 级钢筋。抗震等级为一、二、三级的框架和斜撑构件，钢筋的梁柱墙及楼梯受力钢筋抗拉强度实测值与屈服强度实测值比值不应小于 1. 25，钢筋的屈服强度实测值与强度标准值的比值不应大于 1. 3，且钢筋在最大拉力下的总伸长率实测值不应小于 9%。构造柱、圈梁等非结构构件混凝土等级采用 C25。门式刚架主钢构件采用钢材 Q345-B 级钢。

（4）装修。

门窗：生产车间采用彩钢板推拉大门、电动卷帘门等，其余外门采用成品保温防盗门等；内门一般采用成品木门，重要房间设成品防盗门；配电间等房间根据相关防火要求设置成品防火门。外窗采用断桥铝合金中空玻璃门窗，首层外窗设防盗铁栅栏，根据生产作业需要设置门窗纱扇。

屋面：采用挤塑聚苯板保温平屋面，车间、仓库采用彩钢夹芯板坡屋面。

外墙装修：一般为水泥砂浆抹面刷外墙涂料，车间、仓库采用彩钢夹芯板墙体，同一站区房屋外墙装修标准应协调、统一。

内墙装修：内墙为混合砂浆抹面外刷涂料，淋浴、卫生间、厨房等为面砖墙面。

楼地面：生产办公房间为地面砖楼地面，淋浴、卫生间、厨房等有水房间为防滑地砖楼地面，有工艺要求的房屋采用细石混凝土地面、防静电活动地板楼地面等。

顶棚：房屋为刮腻子外刷涂料，有特殊要求的房间按使用功能增加吊顶。

2. 供排水

（1）供水标准。轨道板生产厂区设计用水主要为生活和消防用水。设计采用分质、分系统供水方式，水质标准执行《生活饮用水卫生标准》（GB 5749—2006）的规定。其中，生活用水定额：180 L/(人·d)；绿化和道路浇洒用水量标准按《室外给水设计规范》（GB 50013—2006）的规定取用；消防用水量标准按《建筑设计防火规范》（GB 50016—2014）（2018年版）、《铁路工程设计防火规范》（TB 10063—2016）的规定取用。

生活污水的排放执行《污水综合排放标准》（GB 8978—1996）中的一级排放标准。新增生活污水统一处理达标后集中排放。

（2）给排水设计。场区设计最高日新增用水量280 m^3/d，其中生活最高日用水量42 m^3/d，考虑接引城镇自来水距离较远（约5.2 km），采用自建水源方案。新设直径D为300 mm，深200 m的管井1座，设$Q=20\ m^3/h$，扬程63 m井用潜水泵1台，400 m^3蓄水池（与消防水池合建，并考虑确保消防水不被动用），变频恒压供水机组供应场区生活用水。采用紫外线消毒器对原水进行消毒。

场区给水主管路为DN100，新建办公、浴室、厂房等生产生活房屋给水就近从给水管网上开口接管，设水表井计量。室外给水管道采用球墨铸铁管，胶圈连接。

原料区洒水设置给水栓井，50 m一组，每栓配置$L=25$ m，DN25给水胶管一支，供水由室外消防水池及变频供水水泵供应。

设计生活污水量为32 m^3/d。新增生活污水分别经化粪池、地埋式生化处理设备处理后达到《污水综合排放标准》一级标准后排入附近沟渠。室外排水管道采用HDPE（高密度聚乙烯）双壁波纹管，胶圈接口。

给水水源井用潜水泵型号为150QJ20-60/7.5（$Q=20\ m^3/h$，$H=63$ m，$N=7.5$ kW），HLS（$Q=30\ m^3/h$，$H=40$ m，$N=7.5$ kW）变频供水机组一套，DN100紫外线消毒设备一台，煤场洒水给水栓井5组。

（3）消防。消防设计按最不利情况计算，按场区发生一次火灾最大设计用水量计算，采用单身宿舍室内外消防用水量计算（室内15 L/s，室外20 L/s，计35 L/s），火灾延续时间为2 h，采用临时高压消防给水系统，在场区西南角新建一座400 m^3的消防水池，其中消防储水量为300 m^3，生活生产用水量为80 m^3。消防泵房各一座，泵房内布置XBD4.5/35-KDL（$Q=35$ L/s，$H=50$ m，$N=37$ kW）型消防泵两台，一用一备。水泵自灌运行，设XMB液位显示装置，显示水池水位。沿厂区消防道路设置室外消火栓，间距120 m一组，管网环状布置。

单身宿舍、厂房、物资仓库室内设置消火栓系统，由室外临时高压供水系统接入，单身宿舍屋顶设置消防水箱及消防稳压装置。

在厂房、原料区、仓库位置设消防器材箱（DN65×25 m消防水龙带4条，ϕ19 mm直流水枪2支）1套。消防给水管采用球墨给水铸铁管，胶圈连接。

3. 供电与照明

(1) 供电。办公生活负荷约315 kW，生产场所室内照明负荷约110 kW，场区室外照明负荷约22 kW，主要生产系统动力负荷约1 030 kW，辅助生产系统动力负荷约1 480 kW，消防泵房动力负荷约66 kW。全部用电设备总安装功率为3023 kW。消防负荷为二级负荷，其他均为三级负荷。

供电电源接自当地供电局电网，采用一路10 kV电缆线路引入场区变配电室向全场生产、生活用电负荷供电。

安装三台电力变压器（400 kVA、800 kVA、800 kVA），其中一台400 kVA安装在办公区变电室，两台800 kVA安装在生产区变配电室。

变电室低压配电间内安装低压电力电容器进行无功功率补偿，低压电容器集中补偿自动切换。变配电室设变压器计量柜、受电柜、变压器馈出柜。负荷控制系统、高压系统保护按当地供电部门要求。

根据建筑及负荷分布情况，采用干线式与放射式相结合方式。室外电力电缆采用埋地敷设。室外龙门吊滑触线采用架空敷设方式，室内行车滑触线采用安全型滑触线。

(2) 照明。车间配电采用干线式配电及放射式配电相结合的配电方式。分支线路敷设采用塑料绝缘线穿管沿墙或埋地敷设；厂房照明采用照明配电箱配电。车间照度：车间工作区照度为200 lx；事故照明采用应急灯，保证供电30 min；车间照明灯具采用金卤灯；场区在人员通行较集中的大门、办公生活区及主要生产区道路设高杆路灯照明，灯具采用金卤灯。

车间低压配电室的低压进线柜装设电流表、电压表和有功、无功电度表，各电器产品选用最新型、节能型。车间供电尽量缩短线路长度，减少电能损耗。提高功率因数、降低无功损耗。

为防止绝缘破坏时的危险电压，在正常情况下，凡不带电的用电设备金属外壳，配电装置的金属构架、电缆外皮、母线外壳、电力线路的金属保护管等均采取接地保护。厂房屋面设有避雷带，防雷和接地共用接地装置，接地电阻不大于3 Ω。

办公区域照明灯具主要以荧光灯为主，结合场所功能需要，适当布置一些功能效应灯。办公区各出口部位、变配电室、重要场所设置应急照明及诱导灯。楼梯间照明采用声光感应控制，走廊等照明采用分层集中控制。室外道路照明采用自动与手动控制结合开启关闭。

建筑物屋顶避雷采用避雷网防雷系统。严格按《民用建筑电气设计规范》（JGJ16—2008）防雷建筑防雷措施进行。避雷接地、电气保护接地，共用接地极组，该接地极利用钢筋混凝土基础中结构钢筋。所有管道均做等电位联结。

4. 暖通

新建厂房、存放棚、实验室、办公楼、食堂、浴室、单身宿舍室内设热水集中采暖系统，室内设计按《工业建筑供暖通风与空气调节设计规范》（GB 50019—2015）执行，室内管道采用焊接钢管，散热器采用TZY铸铁柱翼型。

厂房、存放棚、实验室、办公楼、食堂、浴室、单身宿舍等集中采暖，采暖面积约29 780 m^2，供热负荷约2.9 MW；生产用蒸汽量为4 t/h；生活（洗澡、食堂）用热估算2 t/h，考虑同时系数和管网损失，锅炉房设计容量10 t/h。

新建锅炉房1座，负责场内生产及生活用热。根据锅炉房规范，锅炉房采用锅炉的台数，根据热负荷的调度，锅炉的检修和扩建的可能等因素确定，一般不少于2台。当选用1台锅炉能满足热负荷和锅炉检修的需要时宜安装1台锅炉，当锅炉检修，锅炉房减少供热将引起重大的生产事故或重大的损失时应设置1台备用锅炉。经分析本项目以生产用蒸汽为主，生产时应不间断供热，所以采用2台6 t/h蒸汽锅炉供热介质蒸汽，锅炉房总吨位12t/h。

锅炉房建筑结构预留扩大生产所需锅炉空间和备用锅炉位及配套设备安装空间，总建筑面积400 m^2，其中锅炉间260 m^2，水泵间、除氧间、控制室、换热间等140 m^2。锅炉房主要设备有2台6 t/h燃气蒸汽锅炉及其配套省煤器、锅炉给水泵、控制柜、烟囱以及软化、除氧、排污设备各1套。另外，锅炉房设一套4.2 MW汽水换热机组供冬季采暖需要。

新建供热管道原则直埋敷设，热水管道采用聚氨酯预制直埋保温管，蒸汽管道钢套钢直埋保温管。

办公、会议室、宿舍、餐厅等房屋设冷暖分体空调，为工作人员提供较舒适的工作环境。通风与防排烟采用自然通风，自然通风达不到要求时设机械通风（全机械通风或局部机械通风）。室内空气环境条件应满足《工业企业设计卫生标准》（GBZ 1—2010）和《工业建筑供暖通风与空气调节设计规范》（GB 50019—2015）。通风空调系统应采用安全运行、技术先进、可靠性高、节省空间、便于安装和维护、高效节能且自身自动控制高的设备，同时设备的国产化率应满足国家相关规定的要求。

5. 信息化管理

信息化管理系统主要由视频监控系统、食堂刷卡机系统、红外入侵报警系统、办公房屋综合布线及通信线路构成。

视频监控系统：采用数字化视频监控系统，在办公楼监控机房内设置视频交换机、存储服务器、磁盘阵列、视频管理服务器、视频管理终端、UPS（不间断电源）等设备。在办公楼值班室设置网络键盘、视频解码器等设备；在办公楼、单身宿舍、食堂、轨道板装卸区、大门等处安装标清摄像机。工作人员通过授权后可观看、控制各监控点视频，对场区内工作状态、安全情况等提供有效的管理手段。

监控系统覆盖部分办公楼、单身宿舍、食堂、轨道板装卸区、大门等生产区域及生活区域，仅对重要区域进行监控。

综合布线：在各办公区域设置电话、网络系统设置综合布线，并预留有线电视接入条件，各系统根据需求选用缆线，并敷设至相应的出口面板，预埋钢管直径为32 mm，钢管内穿放钢丝，传输线缆采用低烟、无卤、阻燃或耐火型线缆（不计列有线电视的引入以及电视购置费用，有线电视钢管内仅穿放钢丝，不布放有线电视线）。

电话、网络及有线电视系统的功能实现和开通，由建设单位协调运营商实现，本次方案仅计列场区内办公网络设备，不包括运营商引入的防火墙、路由器等设备。

通信线路：根据各办公区域功能需求，敷设埋式光缆及地区电缆。通信线路埋深应符合铁路通信施工规范的要求，埋深达不到要求的应铺设水泥槽进行防护。按照相关规定，在通信线路埋设、铺设地点，设置易于识别的警示、保护标志。通信线路在经过特殊地段时采用钢管、水泥槽等防护措施。光缆采用悬浮接地方式，光缆加强芯在接头盒内应断开。

3.5 环境保护与安全生产

1. 环境保护

（1）噪声污染防治措施。施工期间严格执行《建筑施工场界环境噪声排放标准》（GB 12523—2011）的规定，合理安排施工方式及施工时间，防止施工噪声对沿线环境造成严重影响。夜间禁止使用各种打桩机等设备，由于特殊原因需要夜间施工时，必须事前报经当地相应主管政府部门批准，并公告周围居民。施工单位应尽量选用低噪声设备，噪声较大的设备应配置隔声罩，尽量布置在偏僻处，应远离居民区环境敏感点。

（2）水污染防治措施。在施工期应加强施工营地及施工队伍的环境管理，施工营地的生活污水不得随意排放，可结合当地的实际情况处理后排放或进行农田灌溉。场内新增生活污水设化粪池处理，含油污水设隔油池处理，再经地埋式生化处理设备，污水排放满足《污水综合排放标准》（GB 8978—1996）一级标准排入附近沟渠。

（3）空气污染防治措施。施工中通过强化施工人员环境意识，加强环境管理，如在运输过程对易产生扬尘的松土、石灰、灰渣等应压实或加盖篷布，施工便道采取洒水措施，使施工期对大气环境影响降低至最低限度。运营期露天原料区设置洒水装置，并加盖篷布，减少扬尘污染。6 t/h 燃气锅炉，确保排放标准满足《锅炉大气污染物排放标准》（GB13271—2014）。

（4）固体废物污染防治措施。工程施工期间产生的建筑垃圾和施工人员产生的生活垃圾应集中存放，交环卫部门或运至垃圾填埋场统一处理。场区产生的生产、生活垃圾集中收集，运往环保部门指定的垃圾处理厂处置。固体废物收集构筑物及设备类型有垃圾袋和垃圾收集箱。

（5）水土保持措施。场址占地应尽量少占良田，以减轻工程对周围生态环境的破坏和影响。在房屋设计时，尽可能利用占地范围内的空间，减少征占地数量，并充分利用场内可利用区域植树、植草进行绿化。

2. 安全生产

认真贯彻“安全第一、预防为主、综合治理”的安全生产方针，严格执行国家和地方有关部门颁布的标准规范与规定，以保证生产安全和操作人员身体健康。凡涉及劳动安全、卫生的各个环节，如防火防爆、电气安全、防静电防雷措施、防机械伤害以及防暑降温等方面将根据生产特性的具体情况均采取相应的预防措施。

加强安全卫生教育和相关知识培训，增强员工的安全卫生生产的意识。制定本企业操作规程和安全技术规程，定期进行培训和考核，依法搞好安全工作。

（1）防火与防爆。项目的建设过程消防工作将本着“以防为主，防消结合”的原则，在工程建设中严格审查设计，把好消防系统、设备、设计关，建立经常性的消防检查制度，会同消防管理部门对工程消防的设施进行严格检查，并定期对现场人员进行安全教育。

场区设置两个直通场区外的消防及运输出入口，场区内设置消防车通道，整个场区的布局，严格按照消防规定与规范的要求进行。

变配电所房屋耐火等级为一级，其他房屋耐火等级为二级。厂房内按照国家颁布的消防规范的要求设置室内消火栓给水系统、火灾报警系统，并配备足够的移动灭火器材。

(2) 防电。所有插座回路均装设漏电保护装置；所有带电设备正常不带电的金属部分均应设可靠接地；不含变电所的建筑物在其电源进线外零线应进行重复接地；户外路灯灯杆就近打一根接地极；在建筑物内应将 PE（保护）干线、接地极的接地干线、公用管道、建筑物金属构件等可导电体在进入建筑处做总等电位连接。设备运转部分均加防护罩。

厂房电源中心线进户重复接地，并采取防雷措施。消防电源独立于其他供电线路并设两路供电。

(3) 防雷。按国家有关规范进行防雷接地系统设计，并尽量利用建筑物屋面、柱内、圈梁及基础内主钢筋做防雷与接地设施。生产线接地保护采用 TN-C-S 接地系统。场区已按三类建筑物考虑防雷设施，采用沿四周山墙设置避雷带，变压器中性点接地，接地电阻小于 4 Ω；车间电缆进户处要做重复接地，接地电阻小于 10 Ω，其他特殊设备的工作接地电阻应按满足相应设备的接地电阻要求。10 kV 配电室设有专用防雷柜，低压系统分级配有避雷器，弱电系统配有电涌保护器（SPD）。

配电系统采用 TN-C-S 制，变压器中性点接地，接地电阻小于等于 4 Ω，高压配电设备采用接地保护，低压用电设备采用接零保护，正常情况下不带电的用电设备金属外壳、构架、穿线钢管均应可靠接零。

(4) 抗震。根据《中国地震动参数区划图》（GB 18306—2015）和《建筑工程抗震设防分类标准》（GB 50223—2008）等规定，项目区抗震设防烈度为 7 度，设计基本地震加速度值为 0.15 g，地震动反应谱特征周期分别为 0.35 s，设计地震分组为第 1 组。应按《建筑抗震设计规范》（GB 50011—2010）（2016 年版）的规定及当地有关文件进行抗震设计，确定项目抗震设防类别为标准设防类（丙类），减轻建筑的地震破坏，避免人员伤亡，减少经济损失。

第4章 流水线关键设备

CRTSⅢ型轨道板流水线关键设备包括牵引与传输设备、型模台架、张拉与放松设备、浇筑与振捣设备、蒸汽养护设备、脱模设备及在线检测设备等。

4.1 牵引与传输设备

牵引平板台车自动定位控制是流水线生产重要环节之一，特别是型模台架运行至预应力筋张拉、预应力筋放松及产品脱模等工位时，需保证张拉连接杆与预应力筋、脱模千斤顶与型模定位孔进行快速、准确定位，加快施工作业效率。因此，牵引平板台车需要高精度的位置控制。

1. 牵引传送装置

牵引传送机构采用链条传输机构，轨道上平行设置两排支撑轮组，每排支撑轮组之间装有摩擦驱动机构；摩擦驱动机构底座上铰接有能上下弹性浮动的安装座，安装座上连接有驱动电动机，驱动电动机的动力输出轴上装有摩擦驱动轮，通过链条传输型模台架。

传送装置由链轮、链条和一端装设在离合器传动盘上的链轮轴组成。链条安装于两根钢轨中部；在传送链条上设置突起斜块，链条运动时突起斜块与平板台车接触，推动小车向前移动，如图4.1所示。链条驱动具有运行平稳，不易产生径向跳动及振动，零部件不易损坏，能充分保证链轮传送装置的使用寿命。

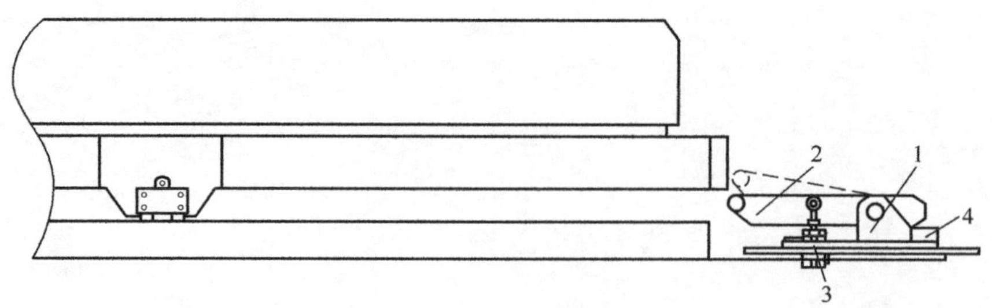

图4.1 牵引传送机构

1—铰板；2—卡板；3—油缸；4—挡板

2. 转线装置

型模台架由生产线向蒸养线转移（或蒸养线向生产线转移）时，采用换轨转向装置完成转向并进入蒸养线，模型换轨转向装置如图 4.2 所示。转向输送机构包括平行设置的两条轨道和位于轨道上的承托架，承托架上装有由电动机驱动沿轨道行走的行走轮，承托架上装有由升降动力装置驱动升起、用于承托模具的托盘。

图 4.2 模型换轨转向装置

3. *构件移运行车装置*

轨道板构件脱模后，采用行车装置将构件移至水养区进行养护。要求行车最大起吊重量大于 15 t，轨道板移运行车如图 4.3 所示。

图 4.3 轨道板移运行车装置

4.2 型模台架

型模台架是轨道板流水线生产的载体，要求其在保证轨道板制作精度的前提下，能完成预应力筋的双向同步张拉锚固与放松作业，并在反复张拉力的作用下仅产生微变形；能有效实现混凝土的自变形，避免产生约束变形导致混凝土开裂；能经受高频振捣作用及蒸汽养护高低温反复交替作用，具有较好的抗震和抵抗温度变形能力。

型模台架设计应满足以下要求。

（1）型模台架结构应具有足够的强度、刚度和稳定性，能够可靠承受各种荷载，保证台架型模在设计规定周转次数（1 000 次）内变形小于 1. 0 mm。

（2）型模台架应构造简单、合理，结构自重轻、受力明确，便于安装、拆卸和移运。

（3）型模台架应满足预应力筋放张和复位需要，减小对轨道板受力变形约束。

（4）型模台架几何尺寸和形态应保证轨道板各部位形状、尺寸及预埋件位置准确，轨道板中心线刻印应通过在钢模上轨道板端部中心线位置预留凹槽形成。

（5）型模台架板面应平整、光滑，结合处严密不漏浆，满足轨道板外观质量要求。

（6）型模台架应配备一定数量附着式振捣设备，保证型模内混凝土振捣密实。

型模台架加工制作应满足以下要求。

（1）型模台架采用厚钢板组拼焊接成型，成型后对焊接后的钢模进行时效处理，消除焊接应力，型模工作面需进行数控机床处理。

（2）钢模型上预留各类预埋件安装孔，底模上预埋套管定位孔采用可更换装置。

（3）根据振动器的有效作用范围，在底模侧面上设置 8 个震动器，震动器之间设置支撑架，震动器与底模采用活动连接，便于拆卸更换。

（4）侧模和端模底部设置密封橡胶槽，嵌入橡胶条防止漏浆，以保证外观质量。

（5）模板的制造允许公差以轨道板成品允许公差的 1/2 为准。

4. 2. 1　结构设计

型模台架设计由侧模板和加劲肋、底模板和加劲梁（张拉梁）组成。侧模板和加劲肋直接承受张拉与锚固作用力并起到约束混凝土成型作用，考虑纵横向侧模板受力不同，二者采用不同厚度钢板制作而成。底模板承托轨道板重量并承受侧模板传递的张拉锚固力，为防止底模板变形过大影响轨道板成型后板面平整度，在底模板下设置多道加劲梁予以加强；加劲梁是承受张拉锚固力的主要受力构件，采用钢箱制作而成，横向设置 10 道，纵向设置 4 道。模型结构示意图如图 4. 4 所示。

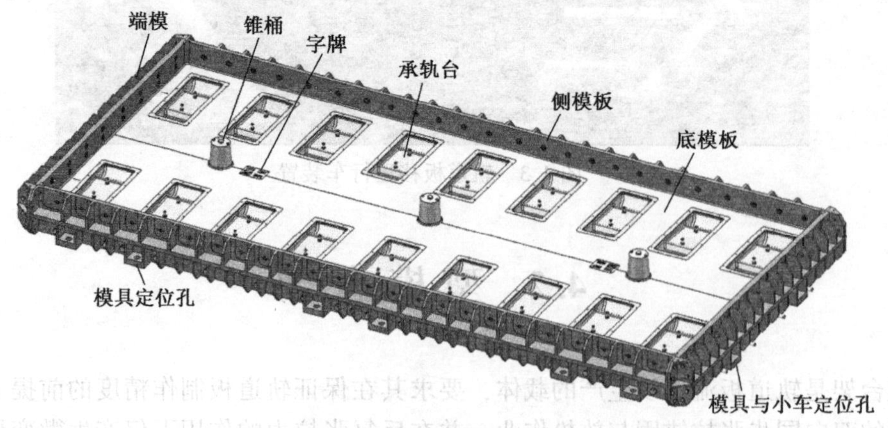

(a) 空间结构

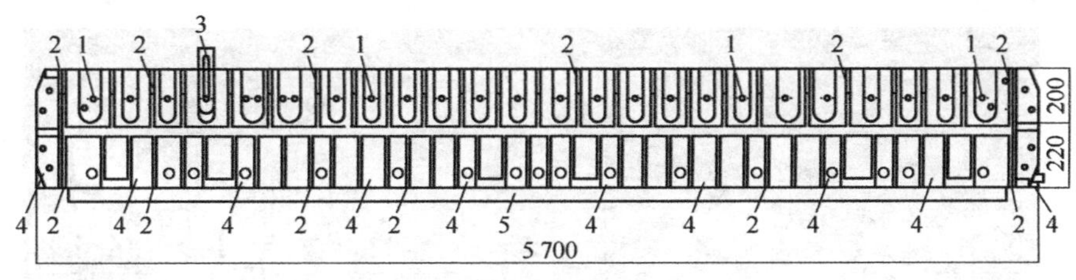

（b）横向侧面图

1—张拉孔；2—侧模板、加劲肋；3—自锁装置；4—底模板、加劲小箱梁；5—加劲钢板

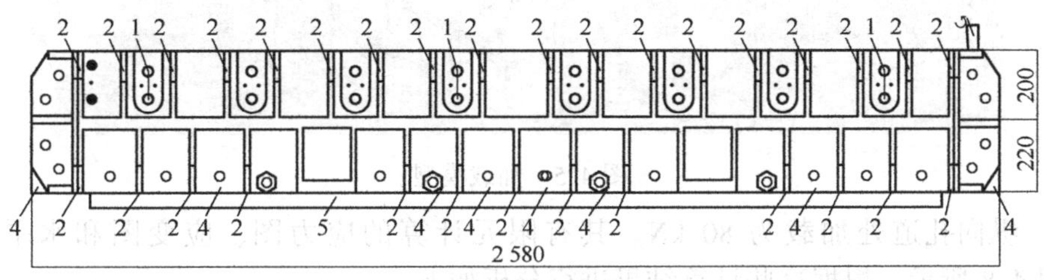

（c）纵向侧面图

1—张拉孔；2—侧模板、加劲肋；3—自锁装置；4—底模板、加劲小箱梁；5—加劲钢板

图 4.4　模型结构示意图

4.2.2　结构建模分析

为保证轨道板成品质量，要求型模台架结构受力后形态应满足《高速铁路 CRTSⅢ型板式无砟轨道先张法预应力混凝土暂行技术条件（流水机组法）》（TJ/GW 156—2017）对模型加工精度的要求（表 4.1）。为此，建立结构有限元模型，分别对模型张拉横梁和模型整体结构进行力学分析。

表 4.1　模型加工精度

序号	项　目		模具精度/mm
1	模板整体	长度	±1.5
2		宽度	±1.5
3		厚度	±1.5
4	框架	四边翘曲	±0.5
5		四边旁弯	±1.0
6		整体扭曲	±1.0
7	底板	平面度	±2.0
8		承轨槽平整度	纵±0.3、横±0.15

1. 型模的有限元分析

对其进行有限元分析，以查找出现问题的原因，同时为模具的优化做基础。

将现有型模台架的模型导入有限元程序 ABAQUS。由于模型体积较大，若进行全模型的计算，占据空间大且计算速度较慢，所以取 1/4 模型进行计算。按照型模台架在实际生产中的固定方式和加载方法，计算中取的加载模型如图 4.5 所示。

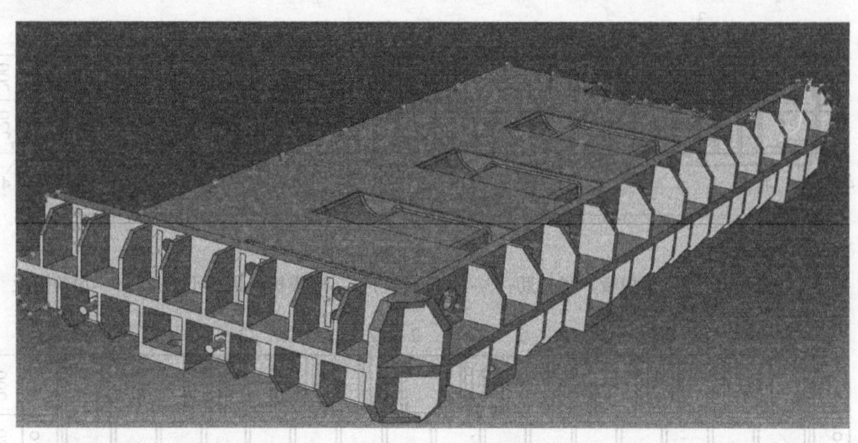

图 4.5 加载模型

横向、纵向孔道处加载为 80 kN。其有限元计算的应力图、应变图和水平位移图如图 4.6~图 4.8 所示。根据这些计算结果进行分析如下。

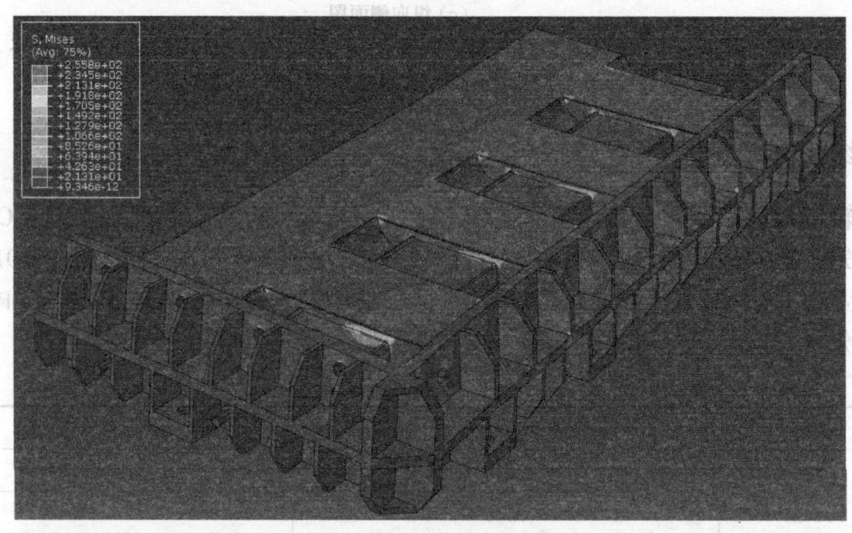

(a) 应力图(1)

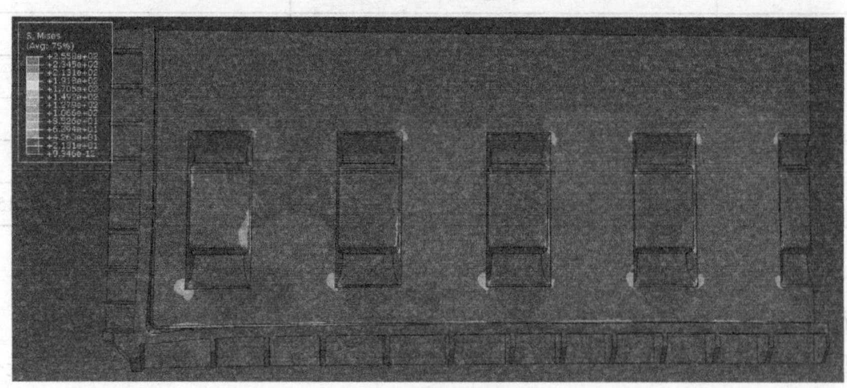

(b) 应力图(2)

图 4.6 应力图

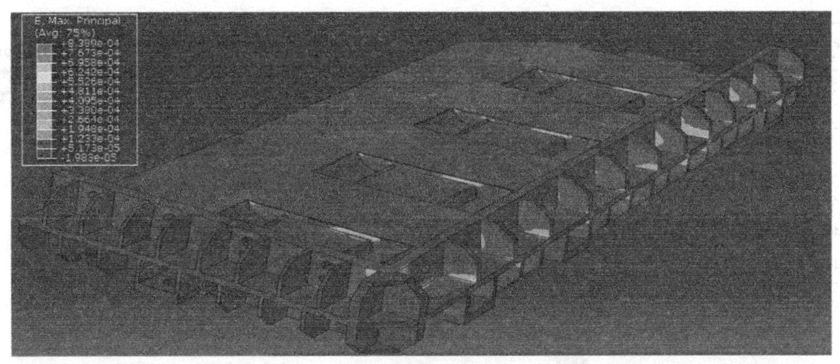

（a）应变图(1)

（b）应变图(2)

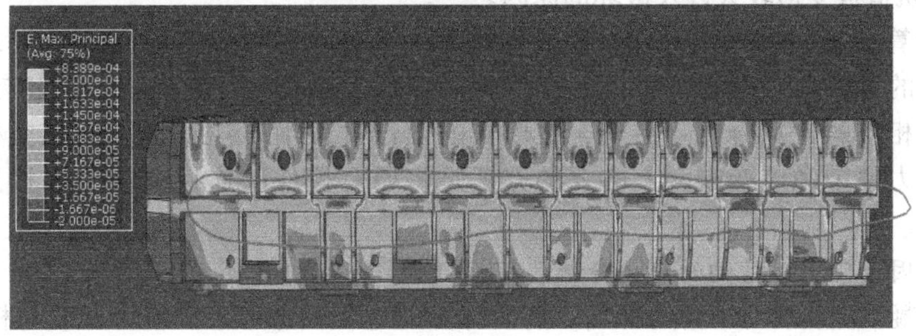

（c）应变图(3)

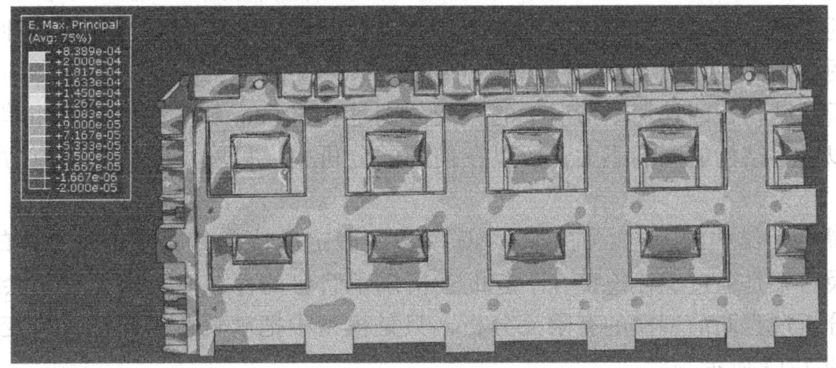

（d）应变图(4)

图 4.7　应变图

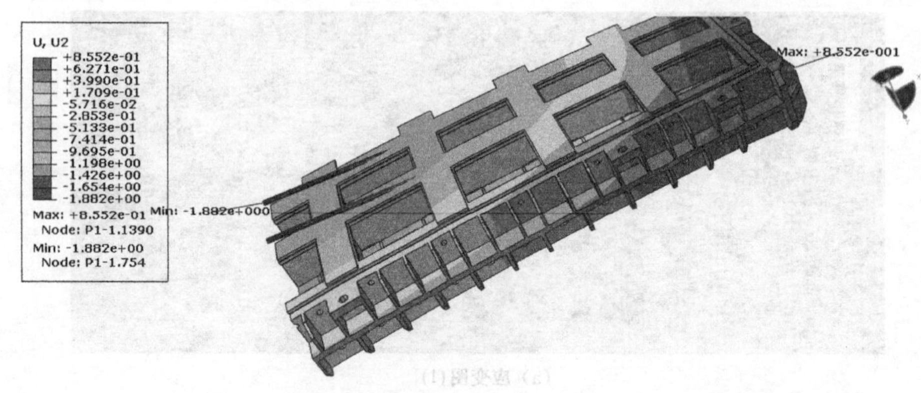

图 4.8 水平位移图

（1）应力分析：型模台架的最大应力为 255.8 N/mm^2，出现的位置都在结构板件的相交处或拐角处，特别是在轨道突起的四角处，应力最大，但该应力没有超过型模台架材料的承载能力，所以在该型模台架上不会出现裂纹。但相对于该处的混凝土，该处的应力会引起轨道混凝土的破坏，因而轨道凸起处应加强其整体性和光滑性。

（2）应变分析：型模台架的最大应变为 0.839 mm，出现的位置在结构板件相交处，型模台架的侧模板与底模板相交处的内外两侧，轨道板与底模板相交处。该变形大小满足设计精度的要求（小于 1 mm 的要求）。但计算结果都与生产精度要求非常接近，若考虑生产过程中的混凝土浇筑、振捣、预应力加载等因素，则模型的变形可能超过设计要求，这也是在生产过程中有些轨道板变形较大以及破坏的原因之一。

（3）计算分析结果表明：现有模具的应力、应变虽然都没有超过设计要求，但考虑生产过程中的可变荷载的影响，模具变形可能超过 1 mm，因而有必要对现有结构进行优化，并进行相应的计算分析。另外，在模具的设计过程中要注意板件的相交处的结构处理，防止应力集中和应变较大，必要的方法是将原有板件的连接方法由焊接连接做成整体铸造结构。

2. 其他因素变化对结构的影响分析

（1）混凝土浇筑后对结构的影响。前面计算的过程只考虑了预应力加载对模型的影响，而混凝土浇筑后，由于结构上增加了竖向的混凝土重量，该重量也由模型承担，所以分析该重量对结构的影响。此时，对只承受预应力和同时承受预应力与混凝土重量两种情况进行分析，其应变图如图 4.9 和图 4.10 所示。

结果分析：结构在两种加载情况下的应变分别是 0.52 mm 和 0.53 mm，相差不大，所以加上混凝土以后对结构的影响不大，所以在前面的分析中，只取了结构有预应力加载的计算结果。

（2）承轨台对结构的影响。前面的计算模型中假定承轨台和底模板是整体的，实际上，承轨台与型模台架是通过螺栓连接在一起的，所以承轨台的存在对有限元分析会有一定的影响。有限元分析过程同前型模的有限元分析，只是模型中把承轨台去掉，其应变图、应力图如图 4.11~图 4.13 所示。

结果分析：结构在两种加载情况下的应变都是 0.65 mm，相差不大，所以再次证明加上

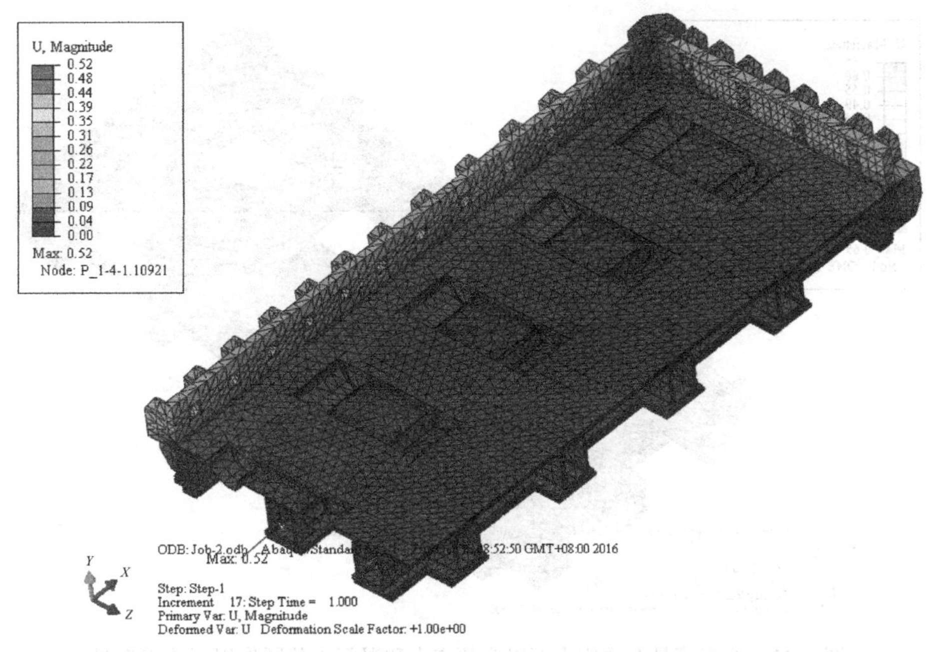

图 4.9 原有模具在预应力下的应变图

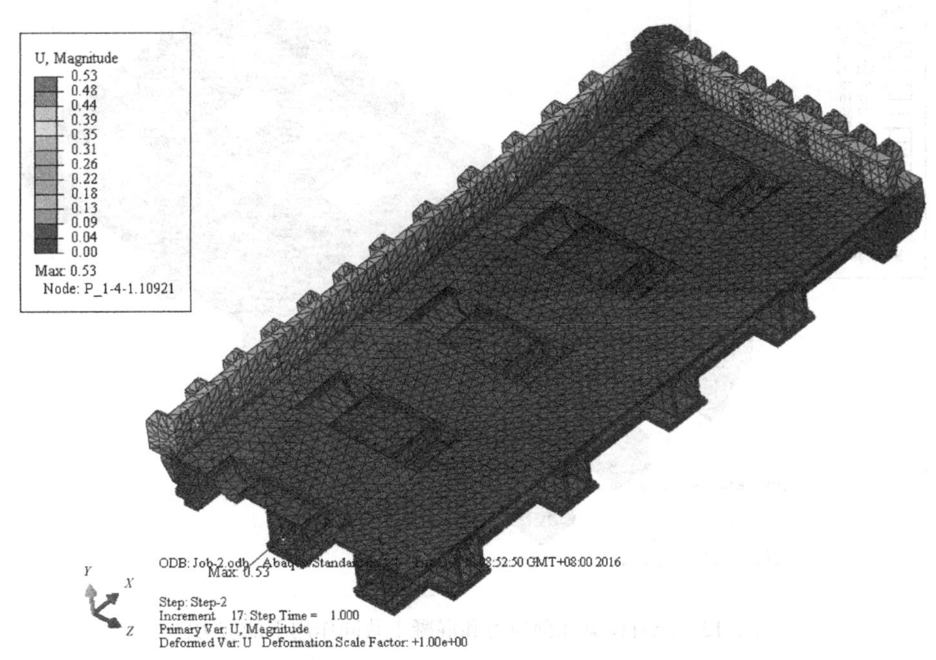

图 4.10 原有模具在预应力和混凝土共同作用下的应变图

混凝土以后对结构的影响不大。另外，该应变值相对于（1）中的应变稍大，由 0.53 mm 增大到 0.65 mm，所以承轨台对焊接模型的应变有影响，但影响不大。

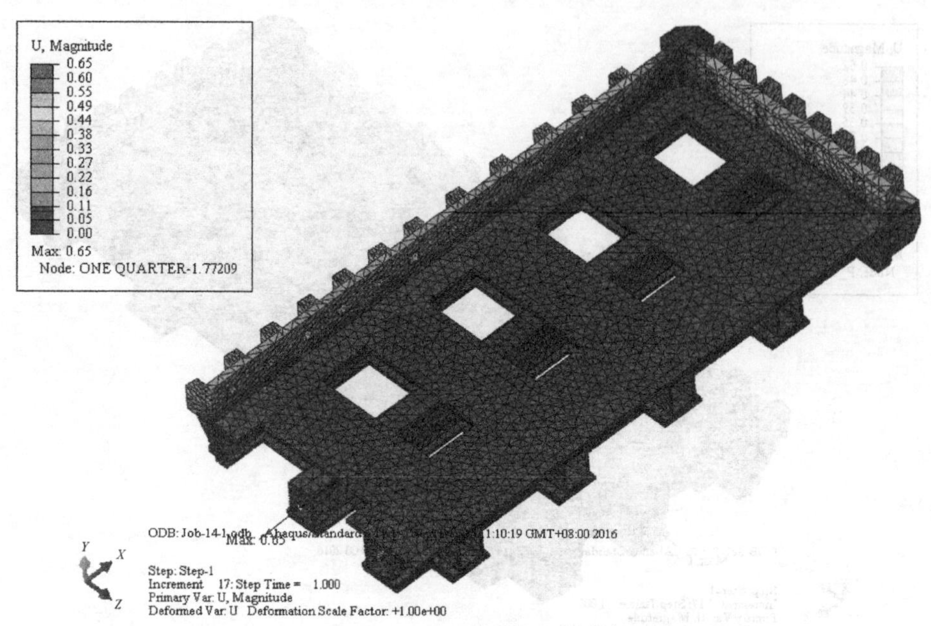

图 4.11　原有模具在预应力下以及预应力和混凝土共同作用下的应变图

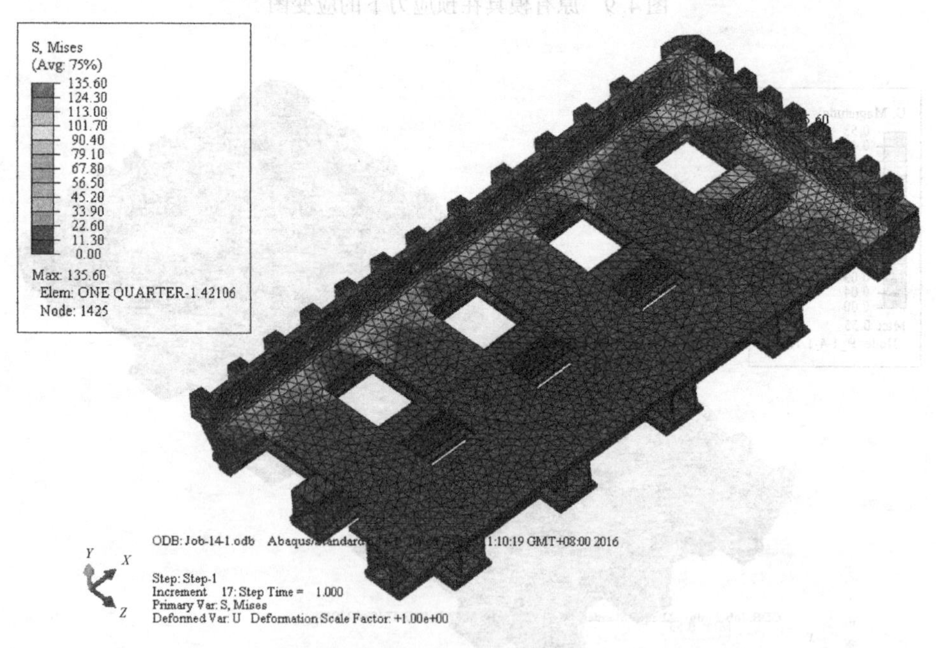

图 4.12　原有模具在预应力和混凝土共同作用下的应力图

（3）不同加载大小对模具的影响分析。现有的型模台架结构在 80 kN 的加载条件下没有超过结构的应力应变限制，但是应力应变值均接近限制，所以在设计时，可以适当减少外加预应力的大小，研究模具结构上的应力应变变化，从而便于进行加载的优化。用有限元的方法在型模台架结构上分别施加加载力80 kN、75 kN、70 kN、60 kN、50 kN，观察结果应力应

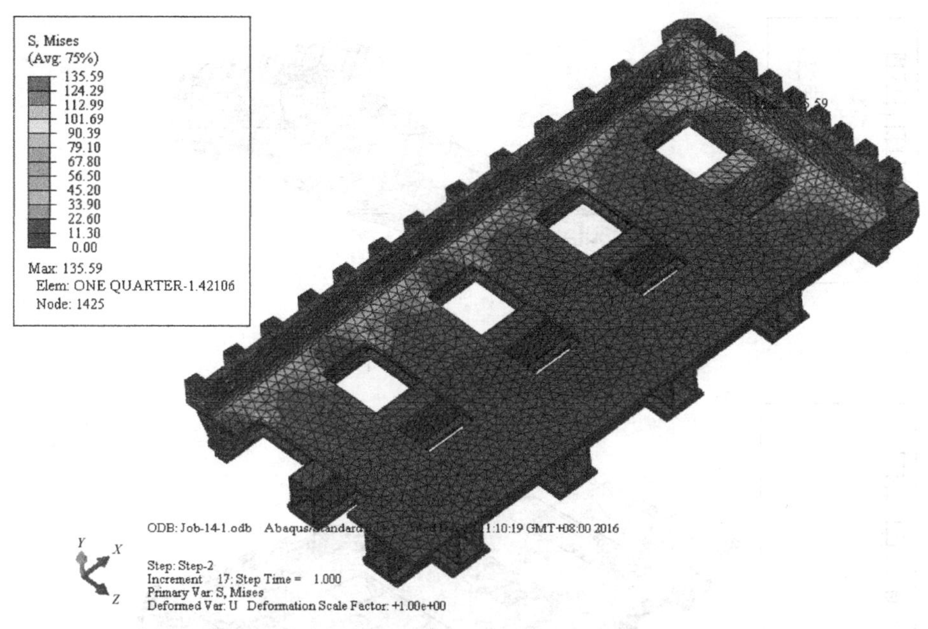

图 4.13 原有模具在预应力下的应力图

变的变化。其应力图、应变图和水平位移图如图 4.14~图 4.22 所示。

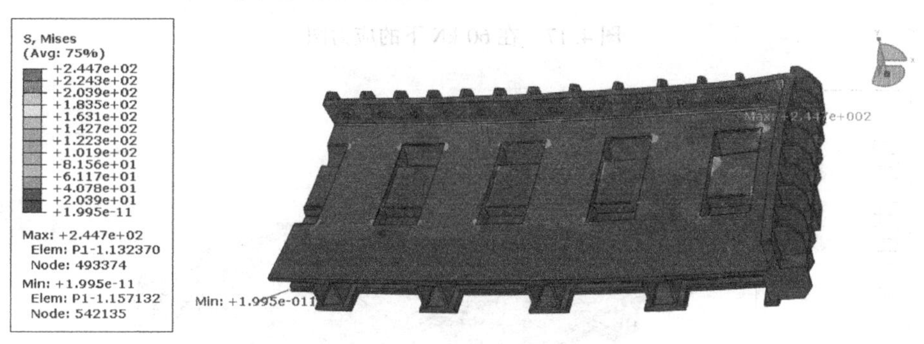

图 4.14 在 75 kN 下的应力图

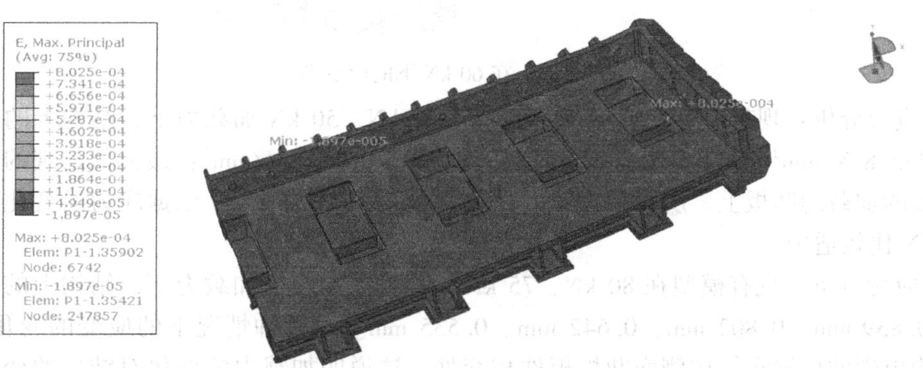

图 4.15 在 75 kN 下的应变图

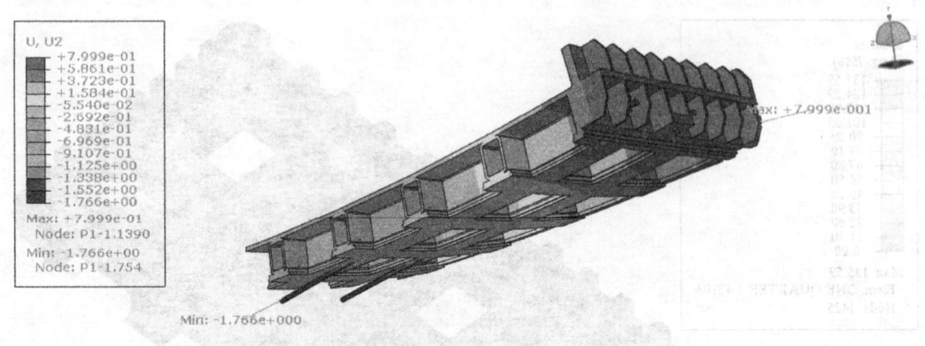

图 4.16　在 75 kN 下的水平位移图

图 4.17　在 60 kN 下的应力图

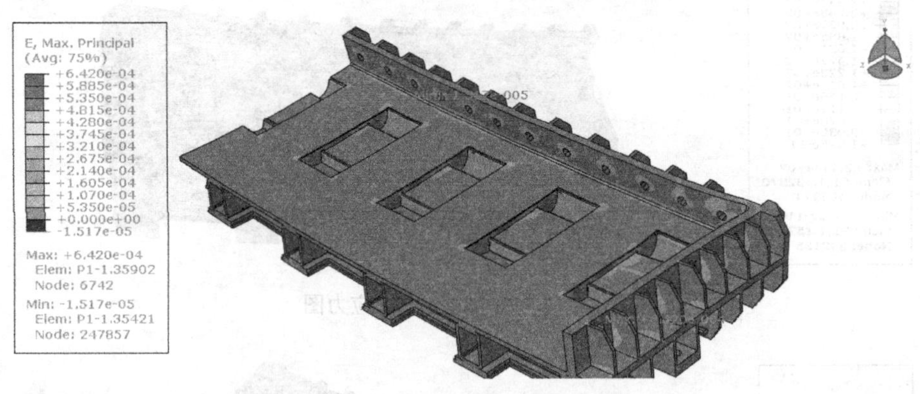

图 4.18　在 60 kN 下的应变图

1）应力分析：现有模型在 80 kN、75 kN、60 kN、50 kN 加载力下，结构上的最大应力分别为 255.8 N/mm^2、244.7 N/mm^2、195.7 N/mm^2、163.1 N/mm^2；最大值出现的位置仍然在侧模板的加载的肋板上。所以加载力的变化对结构的影响很大，根据应力的变化，荷载在 60~70 kN 比较适中。

2）应变分析：现有模型在 80 kN、75 kN、60 kN、50 kN 加载力下，结构上的最大应变分别为 0.839 mm、0.802 mm、0.642 mm、0.535 mm。这几种情况下的应变的变化比较大，最大值均出现的位置在结构侧面肋板板件相交处。这说明加载力的变化对结构的变形影响比较大。

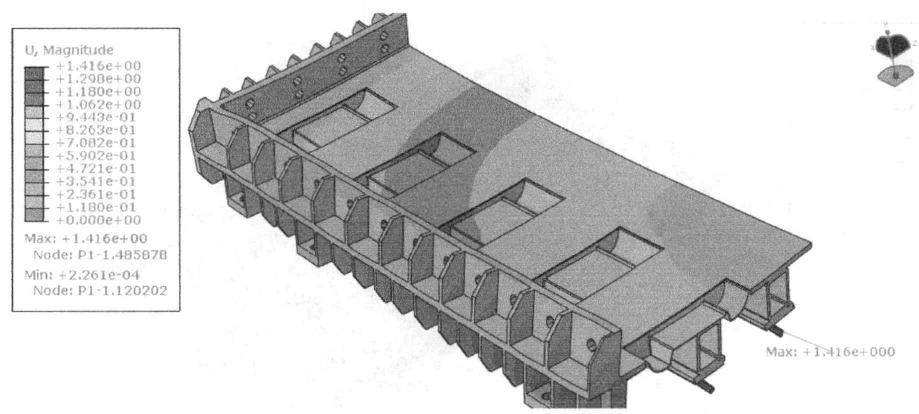

图 4.19　在 60 kN 下的水平位移图

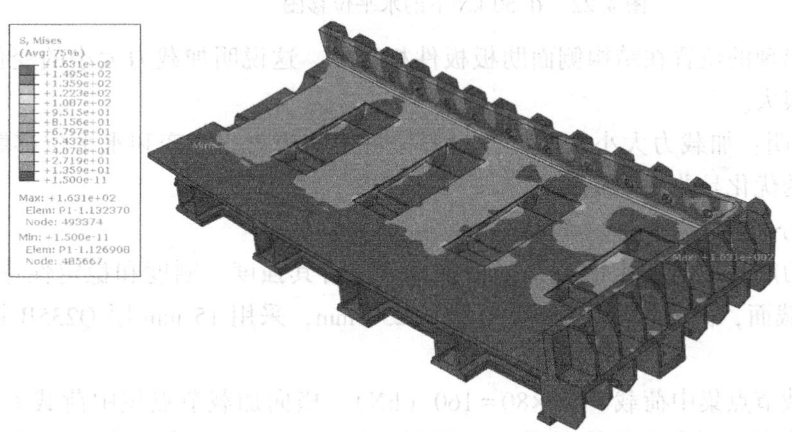

图 4.20　在 50 kN 下的应力图

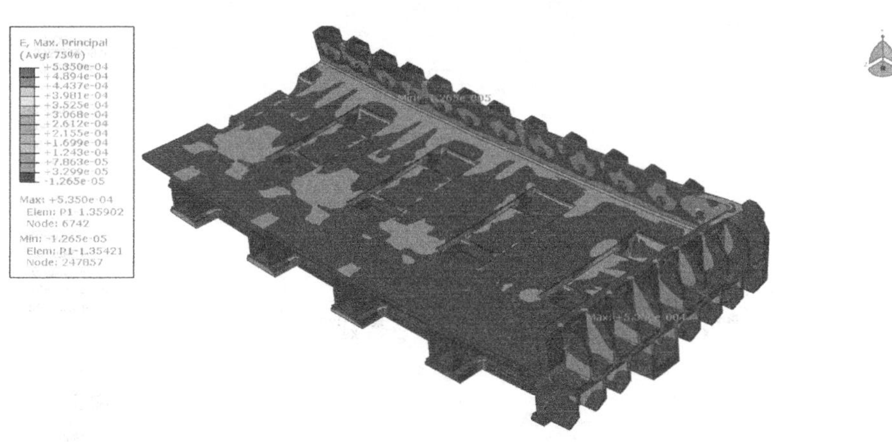

图 4.21　在 50 kN 下的应变图

3）水平位移分析：现有模型在 80 kN、75 kN、60 kN、50 kN 加载力下，结构上的最大水平位移分别为 1.882 mm、1.766 mm、1.416 mm、1.176 mm。这几种情况下的水平位移变

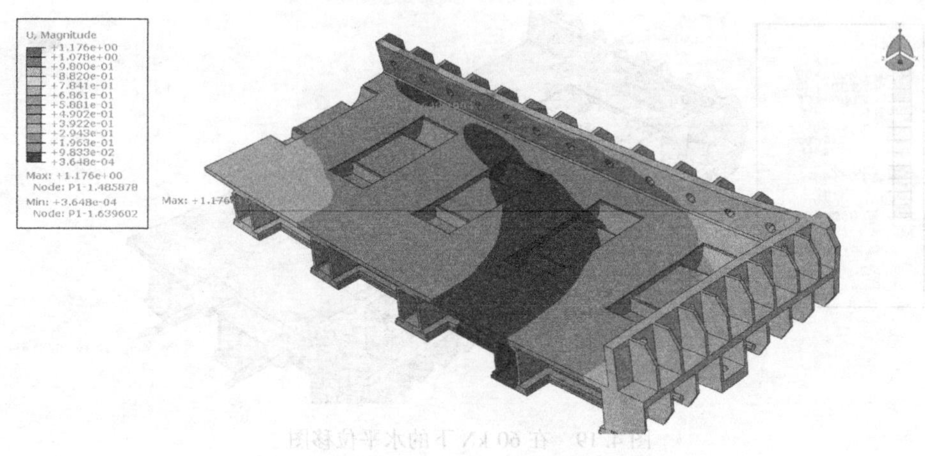

图 4.22 在 50 kN 下的水平位移图

化比较大，最大值出现的位置在结构侧面肋板板件相交处。这说明加载力大小的变化对结构的水平位移的影响很大。

4）分析结果表明：加载力大小的改变，对型模台架的应力、应变和水平位移影响都比较大，所以对结构的优化是非常重要的。

3. 张拉梁力学分析

张拉梁是预应力筋张拉与锁定的直接受力构件，需对其强度、刚度和稳定性进行验算。张拉梁设计为箱形截面，截面尺寸 $h \times b = 150\ \mathrm{mm} \times 250\ \mathrm{mm}$，采用 15 mm 厚 Q235B 钢板焊接而成。

张拉梁纵向加载节点集中荷载 $F = 2 \times 80 = 160$（kN），横向加载节点集中荷载 $F = 80$ kN，建立有限元模型，分别得到纵向张拉梁受力变形图（图 4.23）和横向向张拉梁受力变形图（图 4.24）。

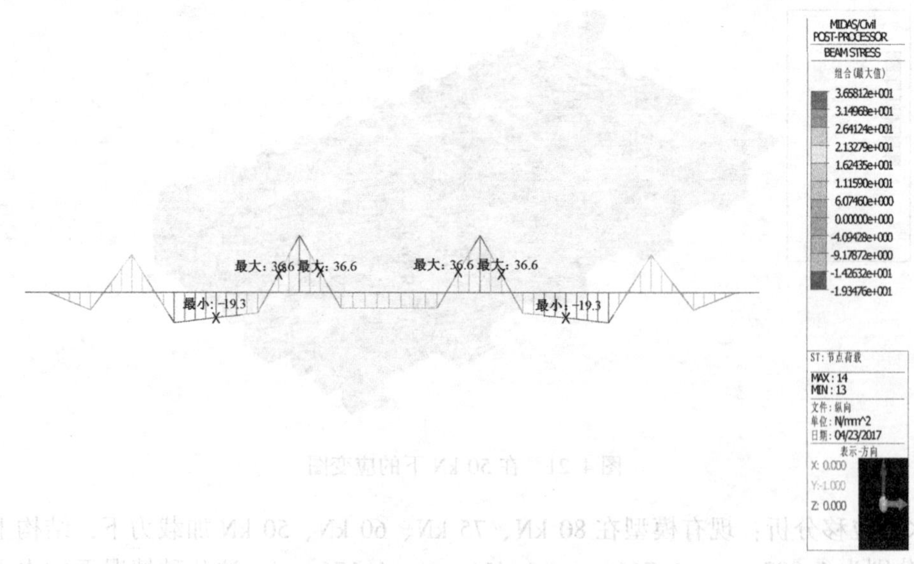

（a）纵梁张拉应力图

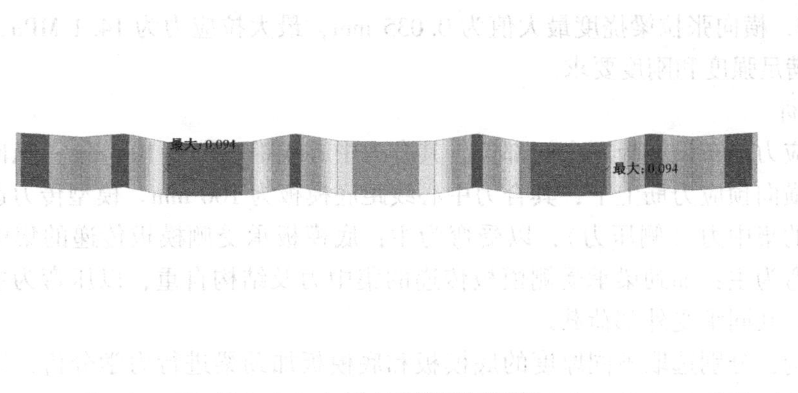

（b）纵梁张拉变形图

图4.23 纵向张拉梁受力变形图

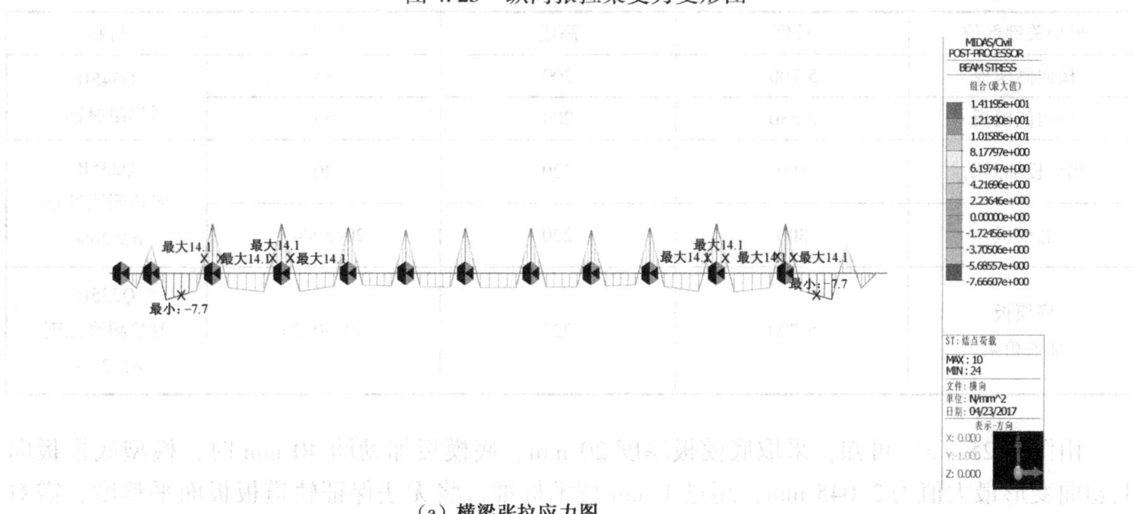

（a）横梁张拉应力图

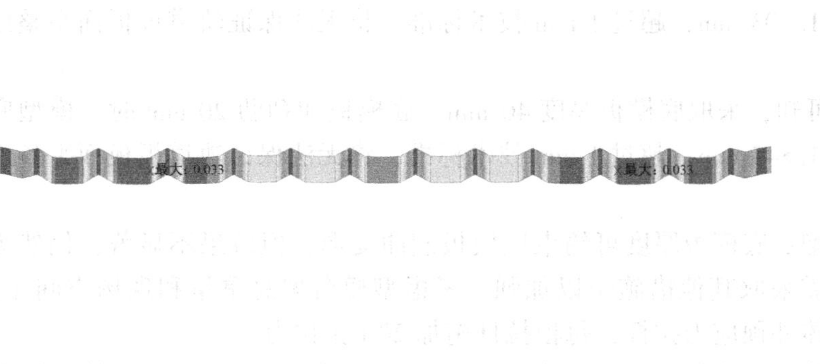

（b）横梁张拉变形图

图4.24 横向张拉梁受力变形图

由图4.23可知，纵向张拉梁挠度最大值为0.01 mm，最大拉应力为36.6 MPa，最大压应力为19.3 MPa，满足强度和刚度要求。

由图4.24可知，横向张拉梁挠度最大值为0.035 mm，最大拉应力为14.1 MPa，最大压应力为7.7 MPa，满足强度和刚度要求。

4. 空间力学分析

轨道板横向预应力筋布设在板厚中间部位，其合力中心线距底模板100 mm；纵向预应力筋上下对称布置于横向预应力筋上下，其合力中心线距底模板为100 mm。模型传力途径为侧模板承受均匀分布的集中力（侧压力），以受弯为主；底模板承受侧模板传递的集中力及结构自重，以双向受弯为主；加劲梁承受侧模板传递的集中力及结构自重，以压弯为主。三者组成一协调变形体，共同承受外部荷载。

为优化模型结构，分别选取不同厚度的底模板和底模板加劲梁进行力学分析，以确定最佳结构形式。模型关键部位尺寸及材料见表4.2，模型受力变形图如图4.25所示。

表4.2 模型关键部位尺寸与材料 （单位：mm）

<table>
<tr><th>模型关键部位</th><th>长度</th><th>高度</th><th>厚度</th><th>材料</th></tr>
<tr><td>横向侧模板</td><td>5 700</td><td>200</td><td>35</td><td rowspan="2">Q345B
耐热耐腐蚀钢</td></tr>
<tr><td>纵向侧模板</td><td>2 580</td><td>200</td><td>50</td></tr>
<tr><td>侧模板加劲肋</td><td>190</td><td>220</td><td>20</td><td rowspan="2">Q235B
耐热耐腐蚀钢
δ≥26%</td></tr>
<tr><td>底模板</td><td>300</td><td>220</td><td>20/30/40</td></tr>
<tr><td>底模板
加强箱梁</td><td>5 700</td><td>225</td><td>40/30/20</td><td>Q235B
耐热耐腐蚀钢
δ≥26%</td></tr>
</table>

由图4.25（a）可知，采取底模板厚度20 mm、底模板加劲肋40 mm时，模型底模板向上翘曲变形最大值为2.045 mm，超过1 mm技术标准，将无法保证轨道板板面平整度，需对模型底模板加强。

由图4.25（b）可知，采取底模板厚度30 mm、底模板加劲肋30 mm时，模型底模板向上翘曲变形最大值为1.903 mm，超过1 mm技术标准，将无法保证轨道板板面平整度，需对模型底模板加强。

由图4.25（c）可知，采取底模板厚度40 mm、底模板加劲肋20 mm时，模型底模板向上翘曲变形最大值为1.845 mm，超过1 mm技术标准，将无法保证轨道板板面平整度，需对模型底模板加强。

由此可见，适当增加底模板厚度可约束底模板翘曲变形，但效果不显著，仍然无法解决翘曲变形超限问题，需采取其他措施予以加强。考虑型模台架总重量和现场空间布局制约，在模型底部增设4根体外预应力拉杆，每根拉杆施加20 t张拉力。

型模台架施加体外预应力拉杆后，经实测模型产生预拱度0.42 mm，底模板翘曲量降为1.07 mm；考虑混凝土重量引起的底板竖向挠曲变形，模型最终翘曲变形满足技术标准要求。为保证体外预加力的作业效果，设置合理的张拉支撑点和张拉螺纹长度，从中间向两边2根对称、同步张拉并可靠锁定。

经优化后模型总重量为12.5 t，小于行走行吊起吊临界荷载16 t的要求。

4.2.3 模型脱模修正

预应力张拉完成后，模型侧模板将向内部发生微小变形（约为2 mm）；同时部分张拉荷载通过侧模板传递给底模板，使底模板内承轨槽受压变形，导致轨道板脱模困难引起局部破损，需对承轨槽和侧模板进行适当调整。

轨道板承轨台设计倾角为110°，为减小挡肩附近应力集中和便于脱模，将模型脱模角度适当放大，调整为115°~120°；同时将侧模板做成顶部外倾2 mm、底部内倾2 mm的形态。模型脱模修正如图4.26所示。

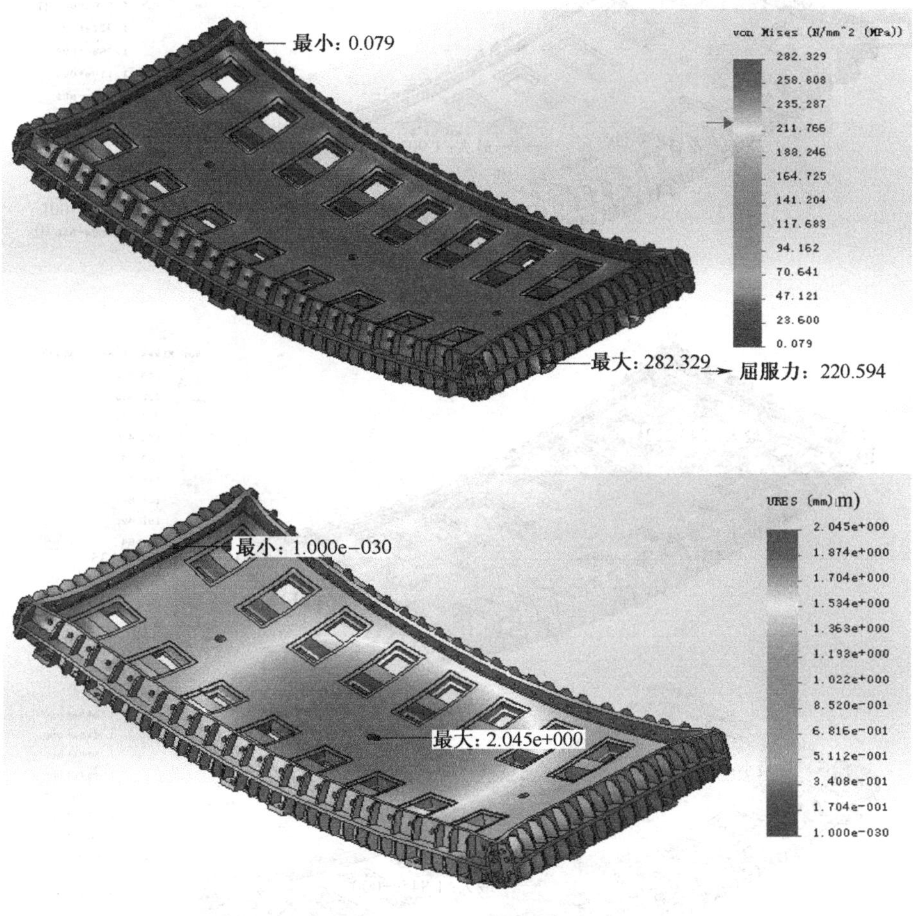

（a）20 mm/40 mm规格底模板应力、位移图

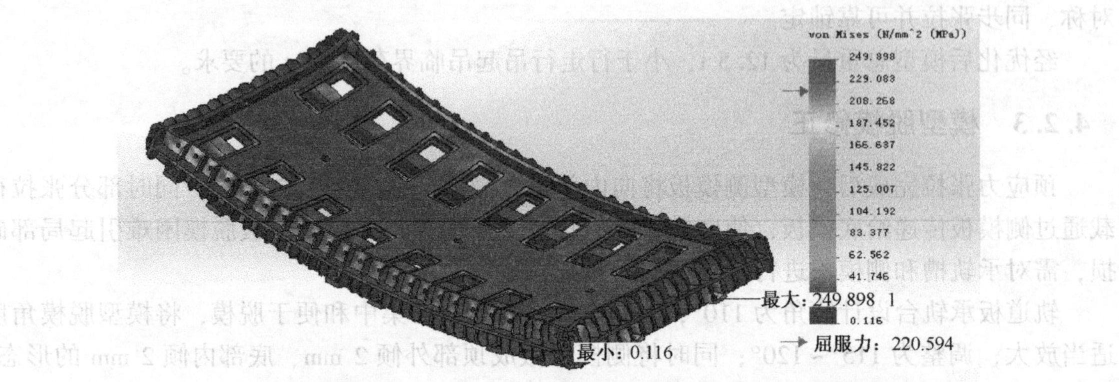

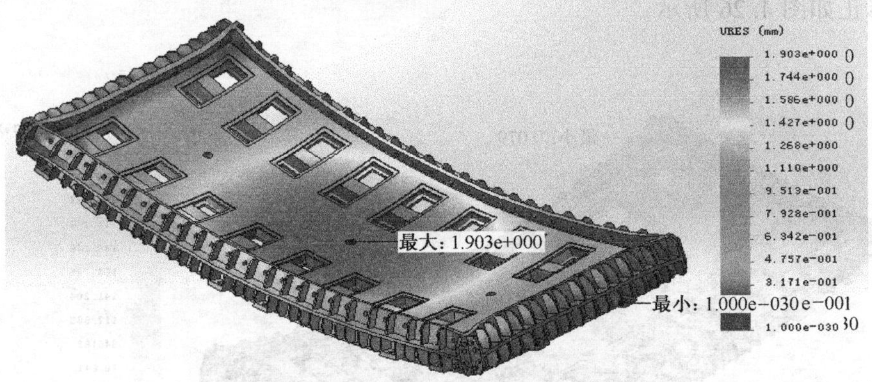

（b）30 mm/30 mm 规格底模板应力、位移图

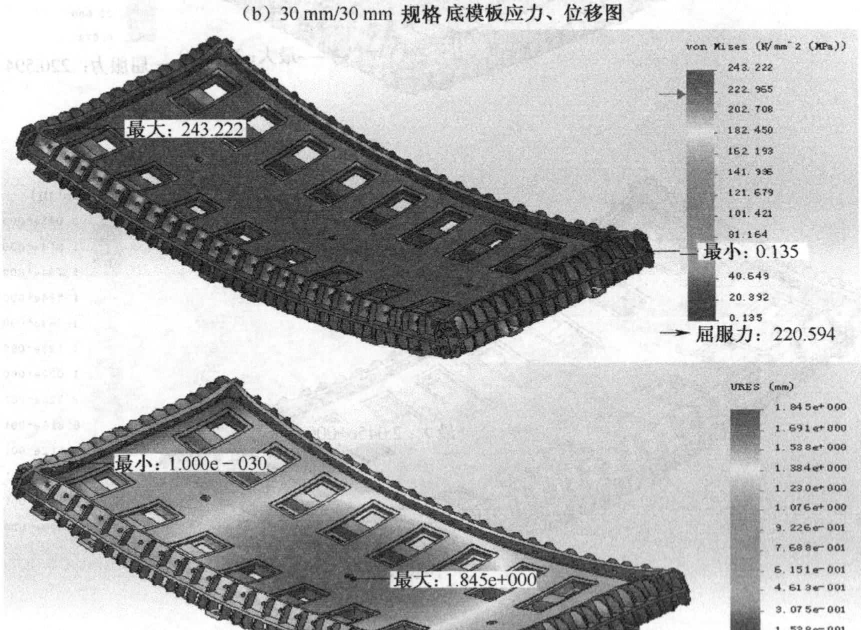

（c）40 mm/30 mm 规格底模板应力、位移图

图 4.25 模型受力变形图

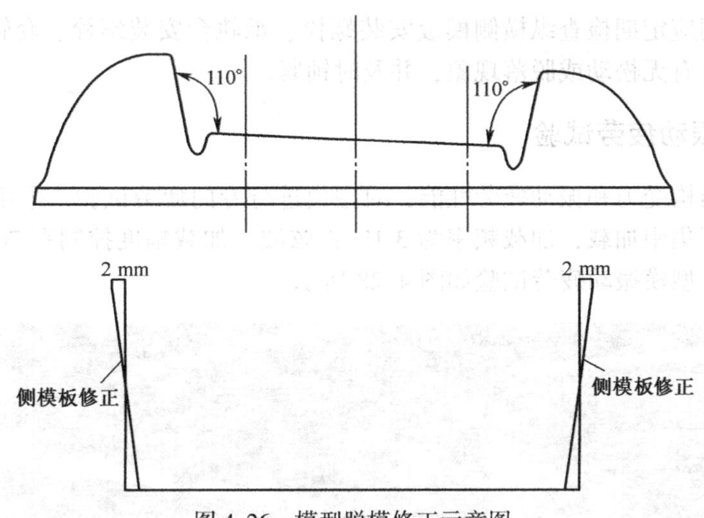

图 4.26　模型脱模修正示意图

4.2.4　型模加工

模型加工除满足表 4.1 加工精度技术要求外，需要对钢板进行热处理，以降低焊接残余应力，提高钢板的抗疲劳性能，延长其使用寿命；同时可优化钢材表面工艺制作状态，有利于数控切割机下料和精密落料。

模型焊接工艺流程为：坡口准备→点固焊→里口施焊→背部清根（碳弧气刨）→外口施焊→里口施焊→自检/专检→无损检验。为消除焊接的内应力，焊件应进行退火处理，并进行振动时效处理。

模型组装后需做防腐处理，内腔涂防锈油，外表面涂两遍富锌底漆两遍蓝色聚氨酯面漆。图 4.27 所示为加工好的模型实物图。

图 4.27　加工好的模型实物图

型模使用注意事项：模型存放时应定期涂抹防锈油，做好防锈保护；模具组合密封和密封胶条损坏或漏浆时应及时更换，安装组合密封时外密封要保持与纵横侧模板加工面在一个平面上。使用期间应定期检查纵横侧模板安装螺栓、承轨台安装螺栓、套管座安装螺栓、固定垫板安装螺栓等有无松动或脱落现象，并及时锁紧。

4.2.5 型模振动疲劳试验

为验证型模结构受力和振动疲劳性能，对型模进行专门疲劳试验。采用 50 t 疲劳试验机对轨道板型模进行集中加载，加载频率为 3 Hz 正弦波，加载幅度控制在 70~80 kN，加载循环次数 200 万次。型模振动疲劳试验如图 4.28 所示。

图 4.28 型模振动疲劳试验

疲劳试验过程分别测试了型模振动前后坐标、模具螺栓孔中心距偏差、平面度、线性度、承轨台偏差、承轨面坡度等指标。通过对比试验前后型模的平面度和线性度，来评价振动疲劳加载对型模的影响。型模振动疲劳试验对比如图 4.29 所示。

由图 4.29 可知，型模受振动力影响较小，没有发生疲劳变形现象。

4.2.6 型模优化改进

经过流水线试生产，发现部分产品出现误差超限（翘曲）和局部开裂现象。分析原因认为，型模台架在巨大张拉力作用下持续发生徐变变形，而型模内混凝土与型模直接接触，在其初期强度较低的情况下随型模的徐变而不断变化，不能自我变形；在预应力筋放松时，巨大的张拉力由型模直接传递给轨道板，极易导致混凝土（特别是端部锐角部位）开裂。产品超差原因分析如图 4.30 所示。

为进一步消除误差和避免混凝土开裂，采取以下措施予以改进。

（1）底模板设置反向预拱度。将型模底模板预先加工成凸起状（按照抛物线形设置，最大凸起量约 2.5 mm），可有效提高型模底模板的整体刚度；同时可以消除模型在巨大张拉力作用下产生的向下翘曲变形，保证预应力筋放松后轨道板板面平直度。型模底模板改进如图 4.31 所示。

（2）设置自导向柔性橡胶套。为解决轨道板脱模时封锚口混凝土容易开裂的问题，在张拉杆上专门设置自导向柔性橡胶套（图 4.32），既保证了张拉杆的安装作业，又可适应脱模时张拉杆产生的位移，有效避免张拉杆对封锚口混凝土的破坏。

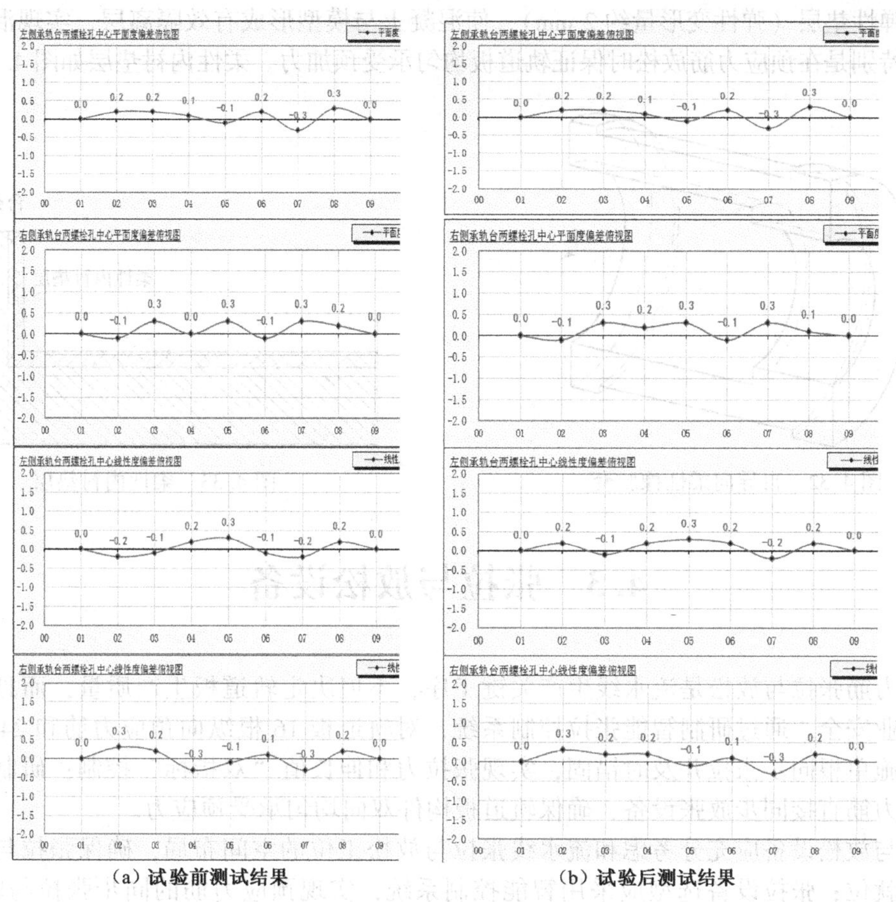

(a) 试验前测试结果　　(b) 试验后测试结果

图 4.29　型模疲劳试验对比

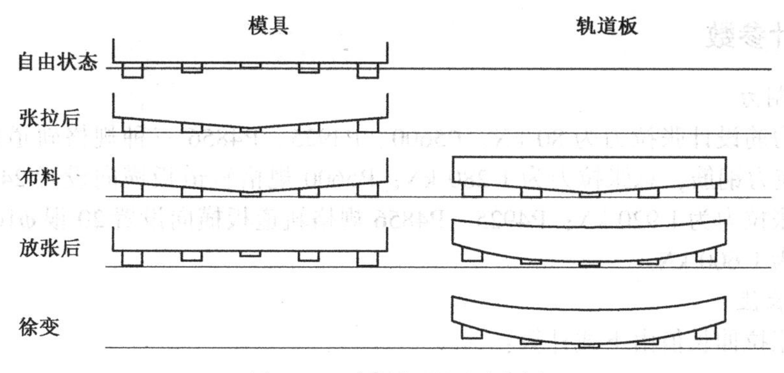

图 4.30　产品超差原因分析

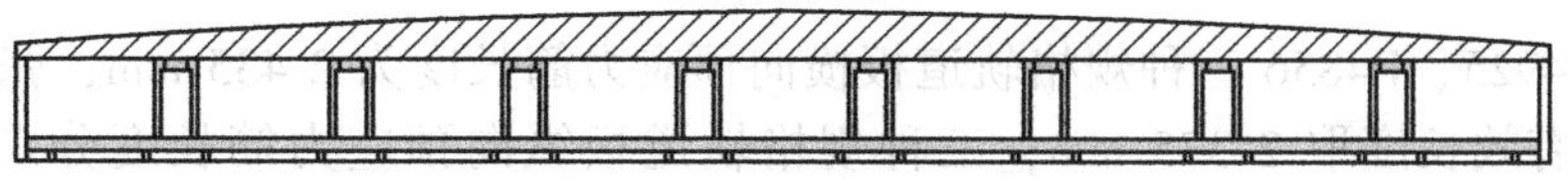

图 4.31　型模底模板改进

(3) 设置柔性内衬垫层。由于模型内混凝土与侧模板直接接触，受模型的约束而无法实现自我变形，一直呈被动变形状态，影响混凝土凝固硬化与强度增长。因此，在模型内侧设置一定厚度的弹性垫层（弹性变形量约 2 mm），使混凝土与模型形成有效隔离层，实现混凝土的自我变形，特别是在预应力筋放松时保证轨道板均匀承受预加力。柔性内衬垫层如图 4.33 所示。

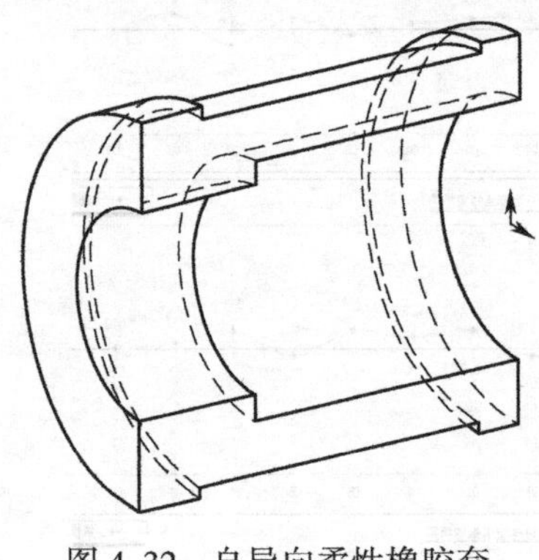

图 4.32 自导向柔性橡胶套

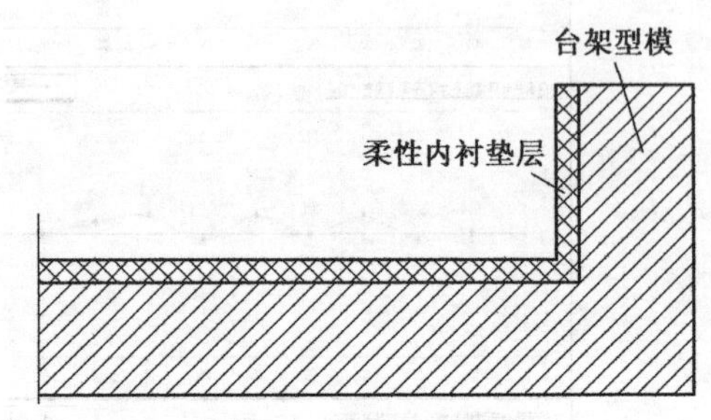

图 4.33 柔性内衬垫层

4.3 张拉与放松设备

预应力筋张拉与放松是流水线生产关键工序，不但决定轨道板生产质量，而且影响生产效率和作业安全。通过研制智能张拉控制系统，对轨道板 16 根纵向预应力筋和 24 根横向预应力筋实施单根同步张拉并及时锚固，实现张拉力和伸长值“双指标”控制；研制无须超张拉的预应力筋直接同步放张设备，确保轨道板构件双向均匀承受预应力。

张拉与放松设备应充分考虑和流水线张拉与放松工位的空间布局，确保张拉与放松能够准确及时就位；张拉设备选型应采用智能控制系统，实现预应力筋的同步张拉与临时锁定；预应力放松应采用整体同步直接放松方式，实现轨道板双向同步受压，确保轨道板受力均匀。

4.3.1 设计参数

1. 张拉控制力

单根预应力筋设计张拉力为 80 kN，P5600、P4925、P4856 三种规格轨道板纵向设置 16 根 ϕ10 mm 预应力钢筋，总张拉力为 1 280 kN；P5600 规格轨道板横向设置 24 根 ϕ10 mm 预应力钢筋，总张拉力为 1 920 kN；P4925、P4856 规格轨道板横向设置 20 根 ϕ10 mm 预应力钢筋，总张拉力为 1 600 kN。

2. 张拉伸长值

预应力筋张拉伸长值由下式计算：

$$\Delta l = \frac{PL}{EA} \tag{4.1}$$

P5600、P4925、P4856 三种规格轨道板横向预应力筋长度为 2 435 mm，张拉杆锚固长度为 30 mm，其有效长度取 2 375 mm；三种规格轨道板纵向预应力筋长度分别为 5 520 mm、4 845 mm、4 776 mm，张拉杆锚固长度为 30 mm，其有效长度分别为 5 460 mm、4 785 mm、4 716 mm。考虑预应力筋弹性模量 E_g = (205±10) GPa，计算不同材质弹性模量所对应的张拉伸长值见表 4.3。预应力筋张拉要求实测伸长值与理论伸长值不得大于 10%。

表 4.3 预应力筋张拉伸长值

弹性模量/GPa	P5600/4925/4856 横向设计伸长值/mm	纵向设计伸长值/mm		
		P5600	P4925	P4856
195	12.4	28.5	25.0	24.6
196	12.3	28.4	24.9	23.5
197	12.3	28.2	24.7	23.4
198	12.2	28.1	24.6	23.3
199	12.2	27.9	23.5	24.1
200	12.1	27.8	23.4	24.0
201	12.0	27.7	23.2	23.9
202	12.0	27.5	24.1	23.8
203	11.9	27.4	24.0	23.7
204	11.9	27.3	23.9	23.5
205	11.8	27.1	23.8	23.4
206	11.7	27.0	23.7	23.3
207	11.7	26.9	23.5	23.2
208	11.6	26.7	23.4	23.1
209	11.6	26.6	23.3	23.0
210	11.5	26.5	23.2	22.9
211	11.5	26.4	23.1	22.8
212	11.4	26.2	23.0	22.7
213	11.4	26.1	22.9	22.6
214	11.3	26.0	22.8	22.4
215	11.3	25.9	22.7	22.3

4.3.2 总体设计

流水线需同时生产三种型号的轨道板，在生产线上分别设计 1 个 P5600 张拉工位和 1 个 P4925/4856 兼容张拉工位。

流水线张拉方式采用双向单根单侧同步张拉，张拉设备由端面张拉机构、侧面张拉机构、电气控制系统、液压系统、气动系统等组成。端面张拉机构包括端张拉梁、端张拉梁托架、导柱、固定座等；侧面张拉机构包括侧张拉梁、侧张拉梁托架等；电气控制系统包括测力传感器、位移传感器、控制模块等；液压系统包括液压泵站、液压阀、液压油缸等；气动系统包括气缸、气动阀、气动三联件等。

张拉设备平面布置和侧面布置分别如图 4.34 与图 4.35 所示。

张拉设备总体外形轮廓长度为 7.16 m，宽度为 4.67 m，高度为 1.7 m。张拉设备总装图

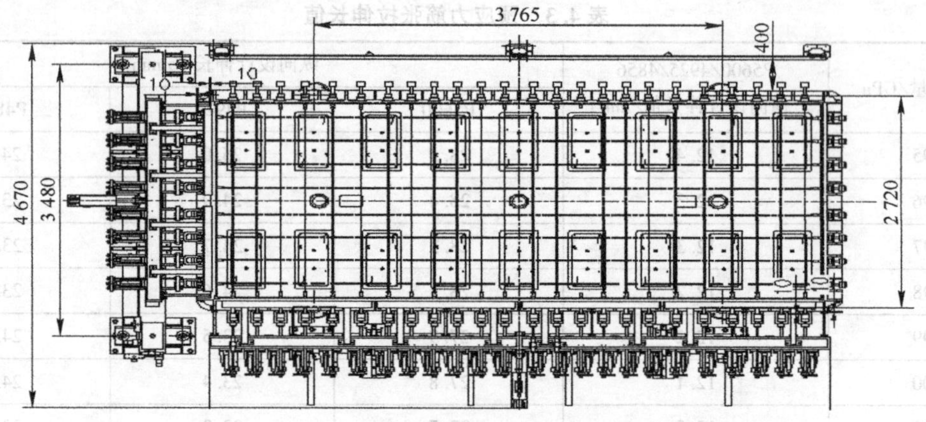

图 4.34　张拉设备平面布置

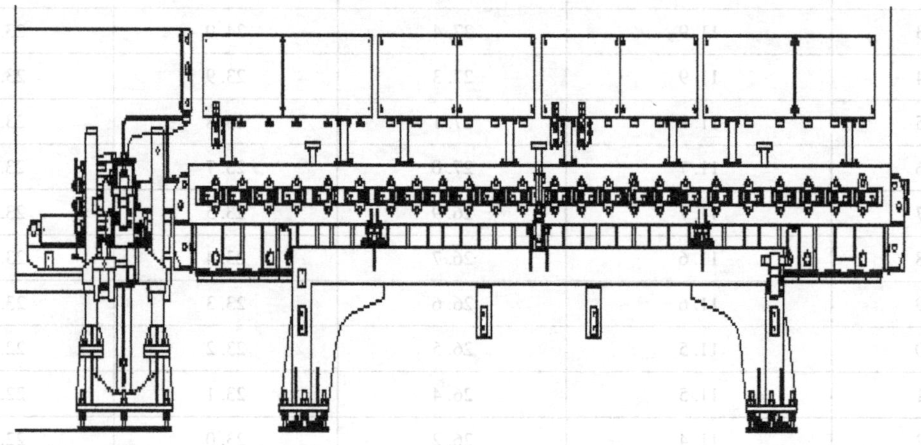

图 4.35　张拉设备侧面布置

和细部构造分别如图 4.36 和图 4.37 所示。

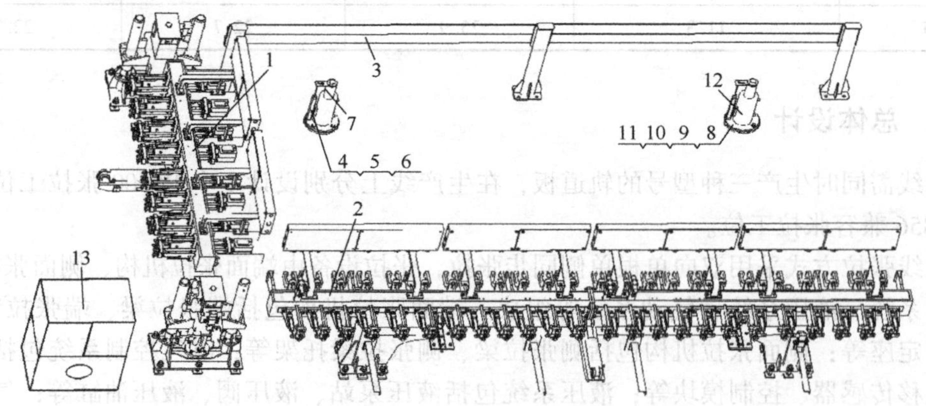

图 4.36　张拉设备总装图

1，2—P5600 端张拉装置；3—防护装置；4—位移传感器；5—传感器过渡板；6—内六角花形沉头螺钉；7—传感器安装板；8—安装板；9—螺栓；10—弹垫；11—平垫；12—定位油缸；13—张拉泵站

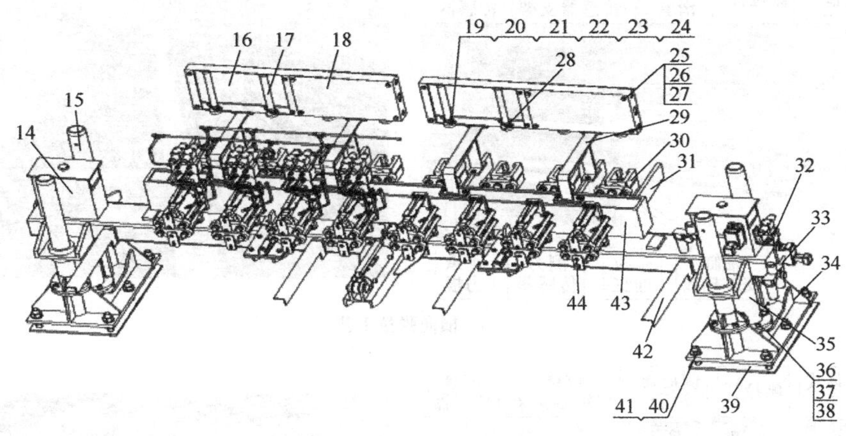

图 4.37 张拉设备细部构造

14—端张拉托架；15—导柱；16—安装架；17—气缸；18—盖板；19—过渡板；20，25—螺栓；21，26，41—弹垫；22，27，42—垫圈；23，24，44—螺母；28—压板；29—端支腿；30—蹬板；31—电磁换向阀；32—单向节流阀；33—单组阀块；34—阀块安装板；35—二位五通单电控滑阀；36—气动三联件；37—焊接管接头；38—导柱支架；39—顶升油缸；40—螺钉；43—调平过渡板

4.3.3 张拉设备

1. 张拉工艺

型模台架沿流水线行至张拉工位并准确定位后，纵横梁下移使连接杆同张拉爪处于同一水平面上；定位传感器发出信号，油泵向千斤顶张拉油缸供油，进行单根初张拉后张拉至80 kN设计张拉力；关闭供油管电磁阀停止张拉，启动打击锤将楔形锚固卡板嵌入张拉杆轴承与侧模间空隙，将预应力筋临时锁定在纵横梁上。张拉工艺如图4.38所示。

2. 千斤顶设计

预应力筋张拉采用“一对一”单根张拉方式。千斤顶采用双作用千斤顶，由油站集成共用，双油泵操控，每个张拉千斤顶可单独工作。张拉力通过应力传感器和位移传感器实现双向监测控制，拉力传感器精度误差不大于±0.5%F.S，位移传感器示值误差不得大于±0.1 mm。侧面张拉梁为水平移动，端面张拉梁既可垂直升降也可水平移动。

张拉油缸采用标准单元化设计，端、侧张拉油缸通用。P4925与P4856板型共用一套张拉设备，P5600板型单独配置一套张拉设备。千斤顶工作参数和设计如图4.39所示。

3. 液压系统设计

液压泵是液压系统的动力元件，是靠发动机或电动机驱动，从液压油箱中吸入油液形成压力油排出。液压泵按结构分为齿轮泵、柱塞泵、叶片泵和螺杆泵。本系统主要由液压泵站、油箱组件、控制阀组件、调速阀、液压锁、油缸组件、辅助元件等组成。

液压泵站选型原则：根据负载大小，计算油泵工作压力；根据负载运行速度，计算油泵流量；根据发动机转速，计算油泵排量。常用液压泵选型见表4.4。

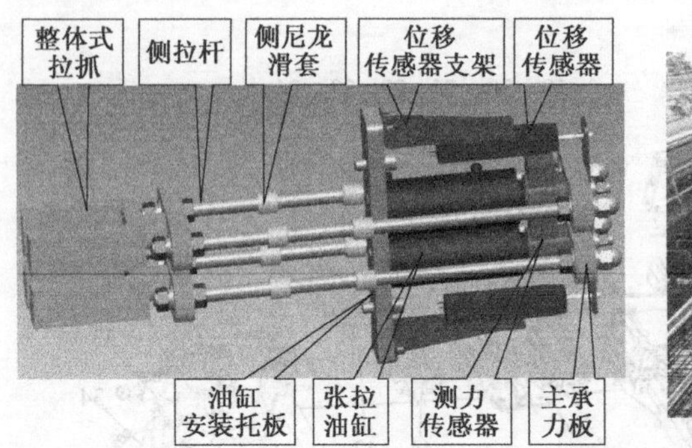

（a）横向张拉工艺

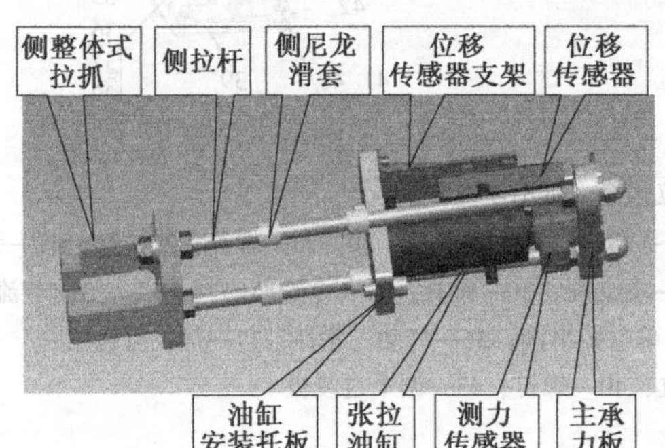

（b）纵向张拉工艺

图 4.38　张拉工艺

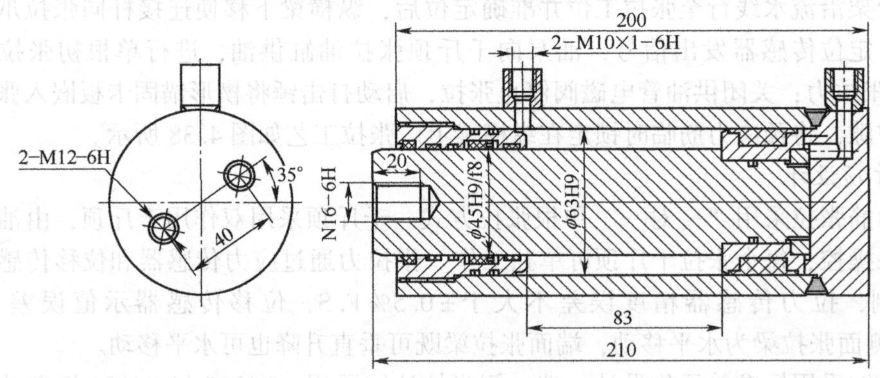

油缸直径＝63 mm；杆径＝45 mm；安装距－行程＝210－83 mm；油缸最大压力＝31.5 MPa

图 4.39　千斤顶工作参数和设计

表 4.4　常用液压泵选型

参数名称	单位	计算公式	符 号 说 明
流量	L/ min	$q_0 = V \cdot n$ $q = V \cdot n \cdot \eta_0$	V——排量，mL/r； n——转速，r/ min； q_0——理论流量，L/min； q——实际流量，L/ min

续表

参数名称	单位	计算公式	符号说明
输入功率	kW	$P_i = 2\pi \cdot T \cdot n/600$	P_i——输入功率，kW； T——转矩，N·m
输出功率	kW	$P_o = p \cdot q/60$	P_o——输出，kW； p——输出压力，MPa
容积效率	%	$\eta_0 = \frac{q}{q_0} \times 100$	η_0——容积效率,%
机械效率	%	$\eta_m = \frac{1\,000Pq_0}{2\pi Tn} \times 100$	
总效率	%	$\eta = \frac{P_o}{P_i} \times 100$	

液压系统由电动机泵组提供动力，系统压力由溢流阀（顺时针加大，逆时针减小）调整[(0~15)/(0~30)MPa]，压力表分别监控两台泵主压力。中压油路：齿轮泵为就位，定位和升降油缸提供油路，每个油缸动作可以单独控制。其中，定位和升降油缸油路设有单独的控制阀、液压锁和调速阀，就位油缸油路设有单独的控制阀和调速阀；高压油路：柱塞泵为张拉油缸提供油路，每个张拉油缸都分别由一个液压阀单独控制，张拉油缸的排油速度可通过调节柱塞泵的排量（顺时针加大，逆时针减小）。

综合考虑运行成本，确定液压系统主要工作参数见表4.5。

表4.5 液压系统主要工作参数

系统额定压力/MPa		16/31 MPa
系统最大流量		15.6/9.5 L/min
齿轮泵	型号	2GG1P11R
	最大工作压力	21 MPa
	排量	11 mL/r
	数量	1台
柱塞泵	型号	SY-10SCY14-1E
	最大工作压力	31 MPa
	排量	10 mL/r
	数量	1台
电动机	型号	5Y2-132S-4-B3
	输出功率	5.5 kW
	转速	1 450 rpm
	数量	1台

续表

电动机	型号	Y2-132M2-6-B35
	输出功率	5.5 kW
	转速	960 rpm
	数量	1台

液压系统由电动机泵组提供动力，由溢流阀调整油压，压力表监控油泵主压力。中压油路：齿轮泵为模型就位、定位和升降油缸提供油路，每个油缸动作可以单独控制。其中，定位和升降油缸油路设有单独的控制阀、液压锁和调速阀，就位油缸油路设有单独的控制阀和调速阀；高压油路：柱塞泵为张拉油缸提供油路，每个张拉油缸都分别由一个液压阀单独控制，张拉油缸的排油速度可通过调节柱塞泵的排量而实现。液压系统要求工作油路液位应保持在油箱高度的80%左右，油温控制在10 ℃和60 ℃之间；过滤器为目测及信号开关压差发信号报警。

液压系统工作原理如图4.40所示，液压泵站工作原理如图4.41所示，液压泵站端子接线原理如图4.42所示。

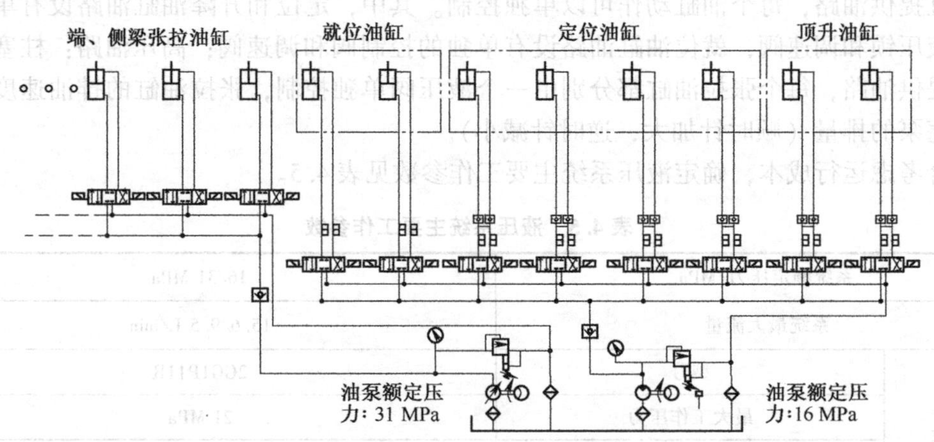

系统额定压力16/31 MPa；系统最大流量15.6/9.5 L/ min；齿轮泵最大工作压力21 MPa、排量11 mL/r；柱塞泵最大工作压力31 MPa、排量10 mL/r；电动机输出功率5.5 kW、转速1 450/960 rpm

图4.40 液压系统工作原理

液压系统工作条件：液压油清洁度满足NAS8级（ISO17/14），油箱有效容积为400 L，工作油路液位应保持在油箱高度的80%左右，通过液位计控制；油温要求控制在10 ℃和60 ℃之间；过滤器压差发信号器为目测及信号开关压差发信号报警。电动机采用三相AC 380 V/50 Hz，控制电源和电磁铁电源采用DC 24 V。

4. 气动系统设计

气动系统主要由气动阀、气动三联件、气缸和管路接头等辅件组成。系统由压缩空气提供动力，端梁和侧梁各分一路气路，压缩空气经三联件过滤、减压和润滑，由控制阀控制气缸的伸缩，压力表监控两气路的主压力。气动系统工作原理如图4.43所示，气动系统工作参数见表4.6。

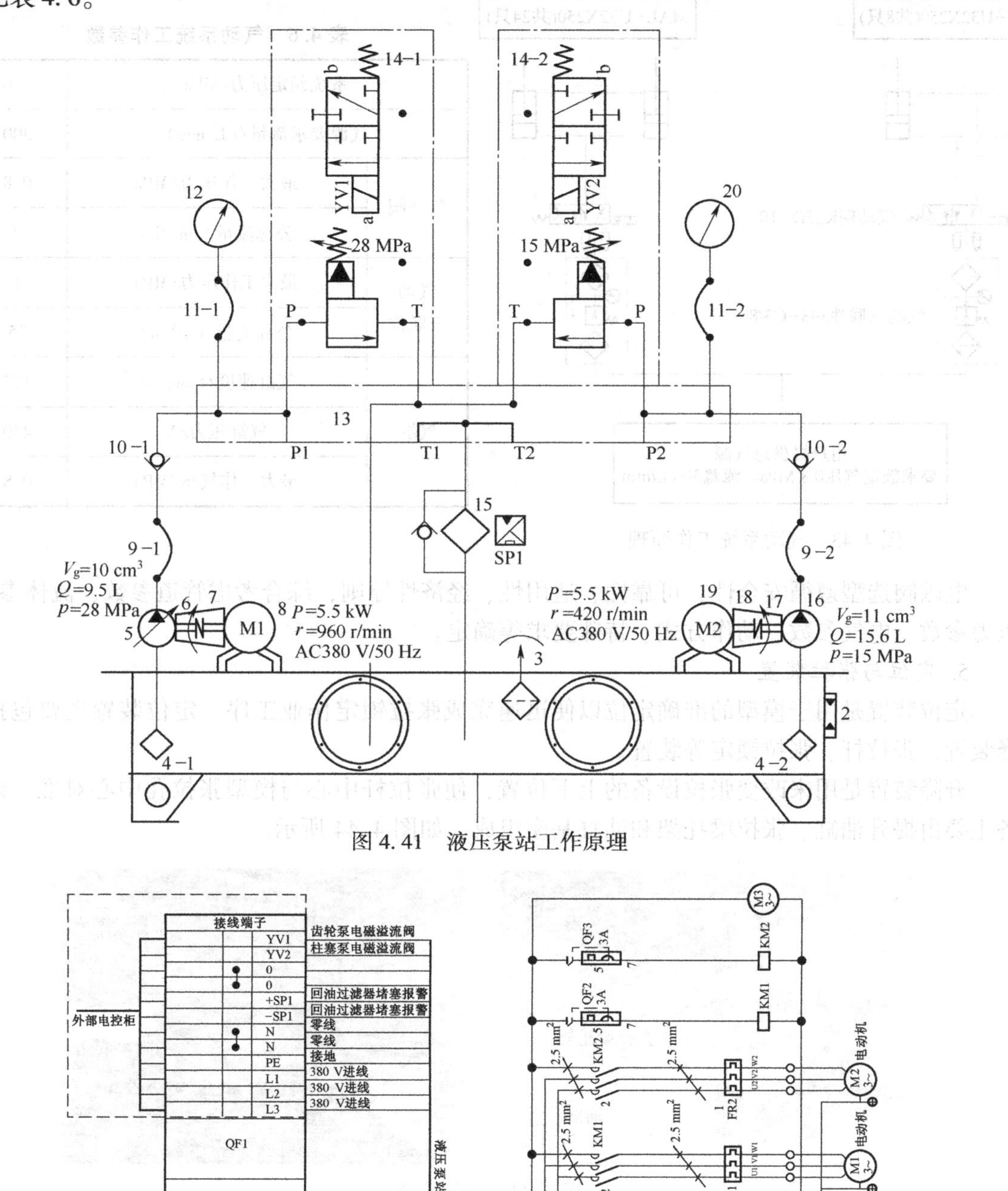

图4.41 液压泵站工作原理

图4.42 液压泵站端子接线原理

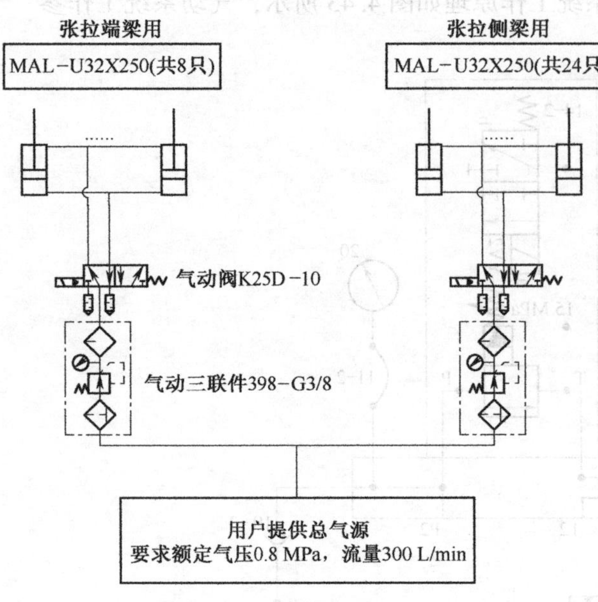

图 4.43 气动系统工作原理

表 4.6 气动系统工作参数

系统额定压力/MPa		0.6
气源要求流量/(L/min)		300
气动阀	最大工作压力/MPa	0.8
	公称流量/(m^3/h)	7
气动三联件	最大工作压力/MPa	1
	公称流量/(m^3/h)	75
气缸	气缸速度/(mm/s)	125
	气缸压力/N	450
	最大工作气压/MPa	0.8

电磁阀选型遵循安全性、可靠性、适用性、经济性原则，综合考虑管道参数、流体参数、压力参数、电气参数、动作方式、特殊要求等确定。

5. 定位与张拉装置

定位装置是用于模型的准确定位以便迅速完成张拉锁定作业工序。定位装置主要包括升降装置、张拉杆、张拉锁定等装置。

升降装置是用来改变张拉设备的上下位置，使张拉杆中心与模型张拉孔中心对准。该设备主要由提升油缸、张拉梁托架和油缸基座组成，如图 4.44 所示。

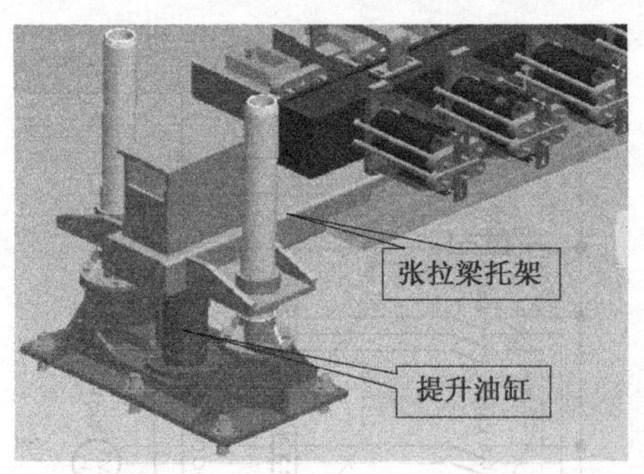

图 4.44 升降装置

连接杆是预应力筋和千斤顶连接的传力装置，张拉时千斤顶顶推主承力板，带动张拉杆移动完成预应力筋张拉作业，并利用张拉杆上的轴承锁紧预应力筋。张拉杆端头通过丝锥螺纹与预应力筋相连，张拉杆的组成如图 4.45 所示。

张拉杆承受 80 kN 张拉力，由两根侧拉杆分担，每根侧拉杆承担 40 kN。侧拉杆截面设计，由材料力学杆件抗拉强度计算公式：

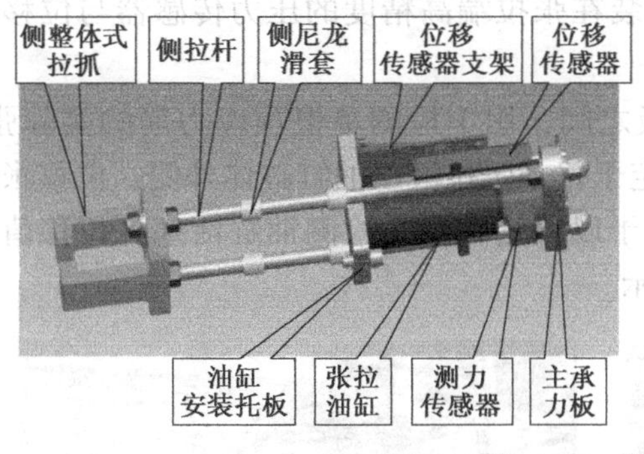

图 4.45 张拉杆组成

$$\sigma = \frac{F}{A} \leqslant [f] = 205 \text{ MPa}$$

$$F = 40 \text{ kN}, A = \frac{\pi d^2}{4} \tag{4.2}$$

$$d \geqslant \sqrt{\frac{160 \times 10^3}{205 \times 3.14}} = 15.8(\text{mm})$$

经计算：张拉杆选用直径 32 mm，材料 Q235-B 级钢材；张拉杆端头设计 M11×1.5 螺纹与预应力钢丝相连。

预应力筋张拉锁定是通过楔形卡板完成的。预应力筋张拉至设计应力，张拉杆轴承与模型侧模间出现空隙，此时楔形卡板自动下滑实现位置锁定，进而将预应力筋临时锚固在模型张拉梁上。为保证锚固效果，减小预应力筋回缩值，通过自动气锤使楔形卡板进一步嵌固紧密。张拉锁定装置安装如图 4.46 所示，楔形卡板摩擦角计算，由理论力学自锁摩擦系数与摩擦角相关公式：

$$f_s = \tan\varphi_f \tag{4.3}$$

式中：f_s 为垫片与楔形块之间摩擦系数，取 0.12；φ_f 为摩擦角，取 6°。

楔形块设计为 N 形以便于穿过连接杆，经计算确定楔形块高度为 900 mm，宽度为 70 mm，上面厚度为 40 mm，下面厚度为 30 mm，倾斜角度为 6°。

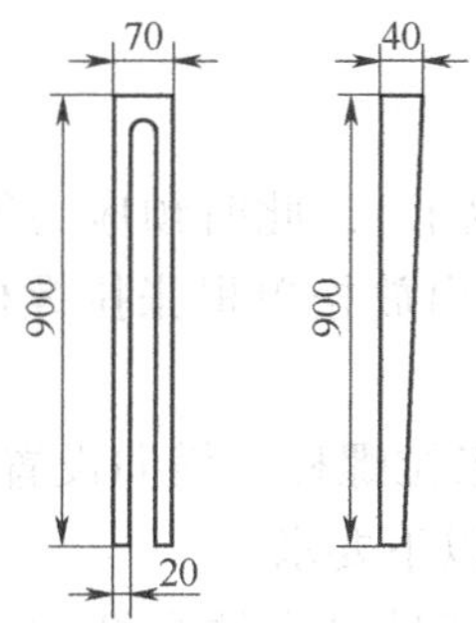

图 4.46 张拉锁定装置安装

6. 张拉控制

双向预应力轨道板预应力筋张拉采用“双控”，即以预应力筋的张拉力控制为主，以伸长值进行校核。张拉力和伸长量的测量通过安装在张拉端高精度的压力传感器与位移传感器进行测定。

压力传感器安装在每个张拉油缸与承力板之间，用于检测单根预应力筋的实际张拉力，其量程设置为 0~120 kN；位移传感器本体固定于每个张拉液压油缸缸体外侧，位移张拉杆前端与液压油缸活塞杆前端用一块安装铁片工装予以固定，实时检测油缸活塞杆位移值，其行程设置为 0~75 mm。传感器设置如图 4. 47 所示。

（a）压力传感器安装

（b）位移传感器安装

图 4. 47 传感器设置

4. 3. 4 放松设备

放松设备是将临时锁定在型模台架的预应力筋放松的专用设备，是在轨道板混凝土养护至规定强度后，型模台架流水至放松工作台位，通过放松装置将预应力筋的临时锁定（张拉螺杆）拆除，此时预应力筋回缩完成对轨道板施加预应力。

为实现对轨道板均匀施加预应力，防止其偏心受压导致混凝土开裂，要求纵横向预应力筋同步放松；同时，为避免采用传统的先超张拉后放松易导致预应力筋断裂和混凝土开裂现象发生，要求预应力筋采用机械式直接放松的方法进行放张。

双向预应力轨道板设置纵横向 80 根预应力筋，通过张拉杆临时锁定在型模台架上，如何实现放松机构与张拉螺杆准确定位，如何实现纵横向预应力筋的同步机械放松成为制约生产的关键。

1. 工艺设计

轨道板混凝土经蒸汽养护后形成一定强度（设计强度 80%以上），此时预应力筋和张拉螺杆被混凝土紧紧黏结包裹形成较大黏结力，采用机械式直接旋出放松单根张拉螺杆需施加放松扭矩达 160 N · m。

考虑轨道板设计为双向预应力混凝土结构，纵向设置 16 根张拉螺杆、横向设置 24 根张拉螺杆，为保证预应力筋放松的同步性，其放张机构设计应满足以下要求。

（1）提供大扭矩。放张机构应能够提供较大的放张力矩，满足对张拉螺杆放张的同步启动。

（2）同向旋转。在端模板、侧模板同一方向上，每根张拉螺杆与预应力钢筋的螺纹连接旋向一致，保证预应力筋放松旋向一致性。

(3) 同步性好。同步放张工位应具备一定精度的同步性，相邻两预应力钢筋之间的放张力差值不应超过 8 kN，确保轨道板内预应力筋受力均匀。

(4) 结构高效，可靠性高，适应流水生产线快速生产的需要。

(5) 经济性好。同步放张工位的结构应尽可能简单、适用，以节约生产成本。

预应力筋放松采用机械旋出式单向放张，采用伺服电动机驱动高传动比减速机构的方式，并通过控制系统同时启动放张减速机构，实现同步放张；采用无级调速满足放张时间的要求，保证预张拉力缓慢释放；设计“润滑式”机械锁，受力面辅以球轴承接触，大大降低解锁所需的外力，避免“超张拉”；采用液压同步顶升机构，实现型模台架稳定、平衡升降。

2. 设备组成

预应力筋放松设备由端放张机构、侧放张机构、泵站、控制柜和定位机构等组成。放张设备结构示意图如图 4.48 所示，各组成机构示意图如图 4.49～图 4.51 所示。

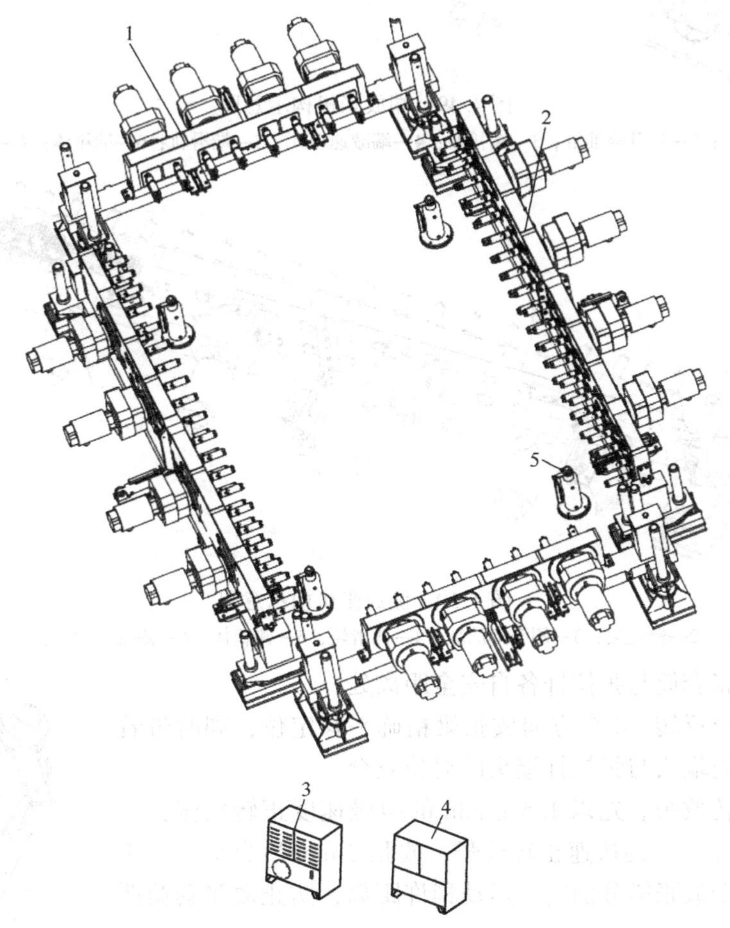

图 4.48　放张设备结构示意图

1—端放张机构；2—侧放张机构；3—泵站；4—控制柜；5—定位机构

3. 放张程序

第 1 步：模板定位。型模台架流水至准确位置，4 个定位油缸同步上移[（150±2）mm]，1#端梁同步下移[（79±2）mm]，2#端梁同步下移［（95±2）mm]；1#侧梁、1#端梁、2#侧梁、

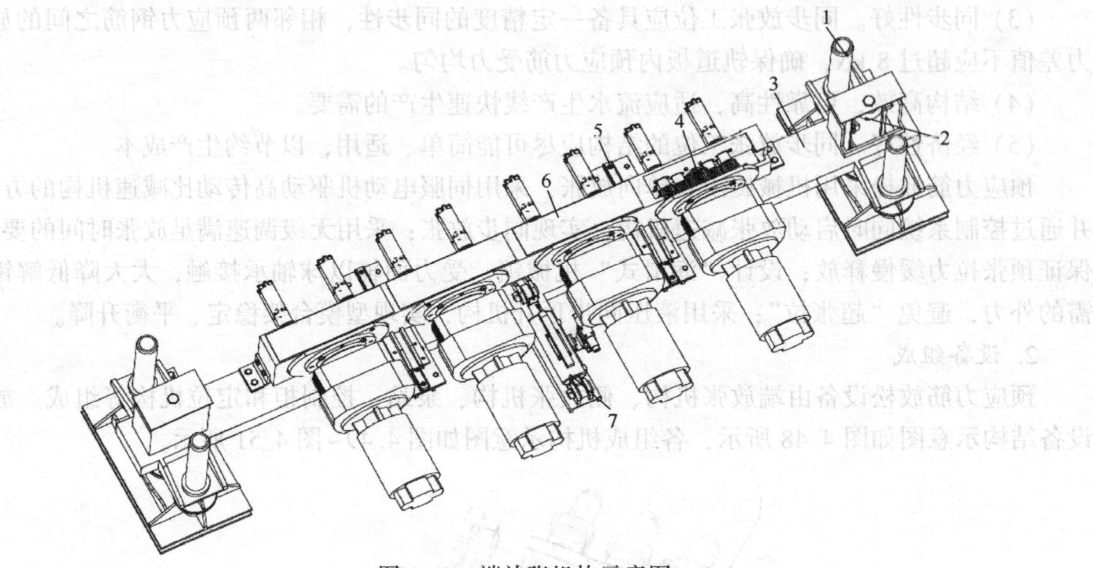

图 4.49　端放张机构示意图

1—引导支架；2—端升降油缸；3—端托架；4—端减速单元；5—端滑轨；6—端箱体；7—端就位油缸

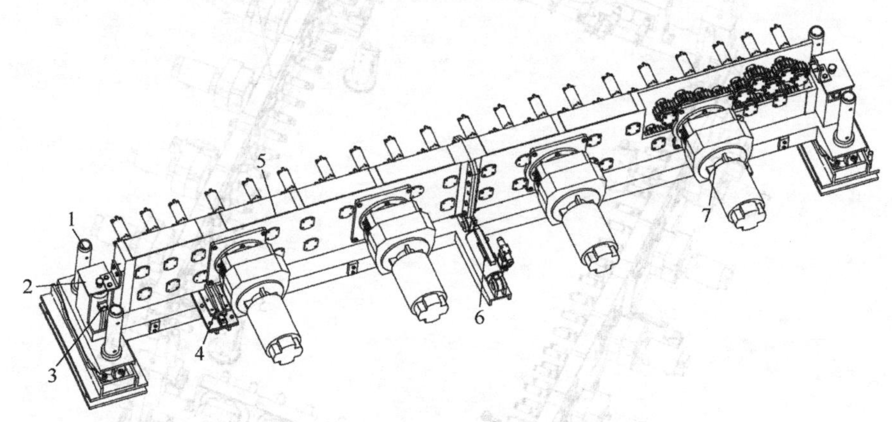

图 4.50　侧放张机构示意图

1—侧引导架；2—侧托架；3—侧升降油缸；4—侧滑轨；5—侧箱体；6—侧就位油缸；7—侧减速单元

2#端梁平移至放张套筒与张拉杆各自安全距离处。

第 2 步：就位反转。4 个方向放张梁精确平移定位，同时带着较慢转速放张套筒端头与张拉杆端头的对位咬合。

第 3 步：正转放张。先以 1.5 r/min 的缓慢速度正转放张，然后自动切换至 15 r/min 的快速正转放张，放张 2 min 后自动停止正转动作；同时 4 个放张梁分别向外运动稍许距离，防止放张套筒严重压迫张拉杆。

第 4 步：模型回位。两端放张梁升起，4 个放张梁执行归零操作；顶升油缸回油，模具重新回落至小车，进入正常流水线状态。

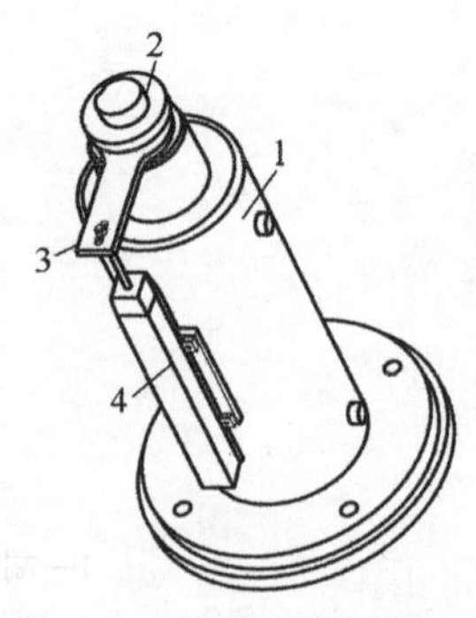

图 4.51　定位机构示意图

1—千斤顶；2—顶头；3—拉板；4—传感器

同步顶升液压系统主要由油泵电动机组、油箱组件、控制阀组、辅助元件、端子箱等组成，其工作原理如图 4.52 所示。系统额定压力为 15 MPa、最大流量为 15.6 L/min、最大工作压力为 21 MPa、叶片泵排量为 11 mL/r、油箱有效容积为 200 L。

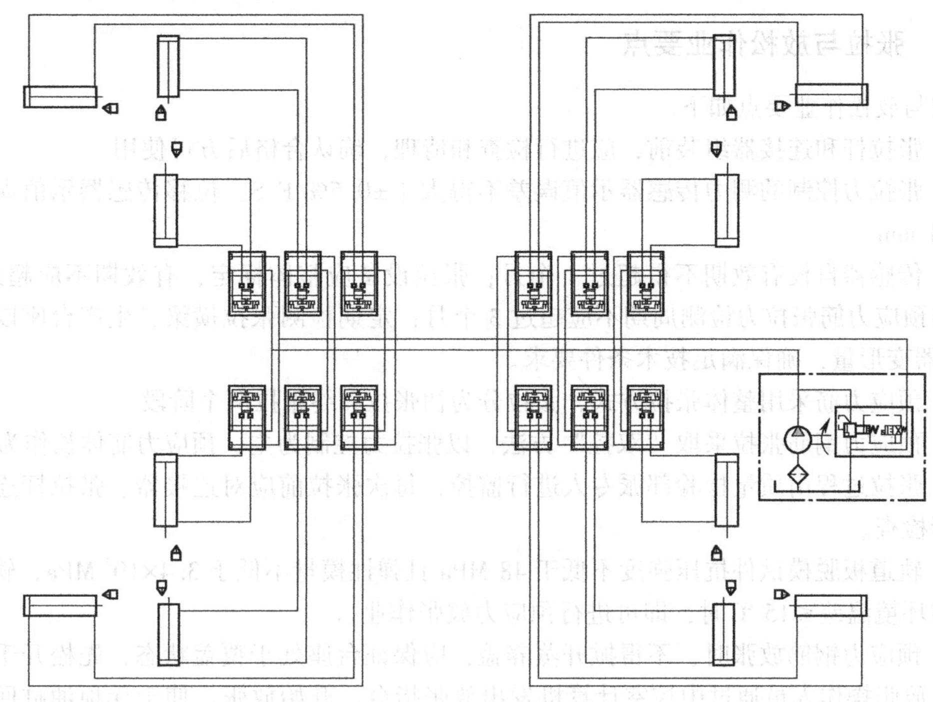

图 4.52　同步顶升液压系统原理

4. 减速单元设计

放张设备的减速单元是由电动机、齿轮减速机构和放张棘轮等组成，如图 4.53 所示。电动机输出转速从减速机构的主动周输入后，带动小齿轮转动，而小齿轮带动大齿轮转动，因大齿轮的齿数多于小齿轮，大齿轮的转速比小齿轮慢，再由大齿轮的轴输出，从而能够降低转速，增加扭矩。

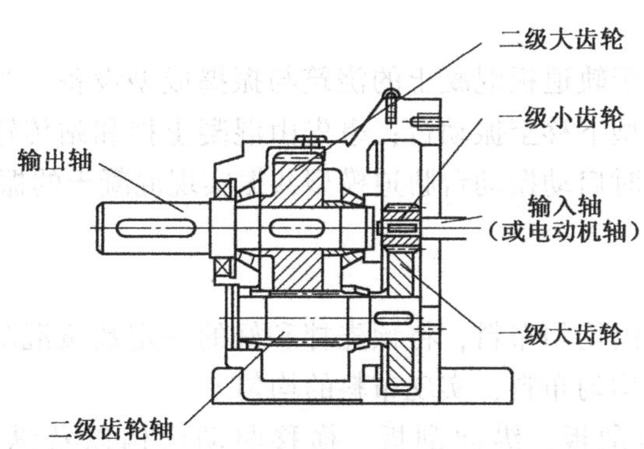

图 4.53　齿轮减速器结构示意图

根据电动机和减速器的技术参数，可以计算出减速器的输出扭矩为

$$T = \frac{9\ 549 \times P}{n \times i} = \frac{9\ 549 \times 5.5}{1\ 450} \times 125 = 4\ 528(\mathrm{N \cdot m})$$

式中：P 为电动机额定输出功率，kW，取5.5 kW；n 为电动机额定转速，r/min，取 1 450；i 为减速器的传动比，取 125。

4.3.5 张拉与放松作业要点

张拉与放松作业要点如下。

（1）张拉杆和连接器组装前，应进行检查和清理，确认合格后方可使用。

（2）张拉力控制的测力传感器示值误差不得大于±0.5% F.S，位移传感器示值误差不得大于±0.1 mm。

（3）传感器自校有效期不得超过 1 个月；张拉设备应整体标定，有效期不应超过 1 年，其中单根预应力筋张拉力检测周期不应超过 3 个月；定期检测张拉横梁、生产台座以及张拉杆-连接器变形量，确保满足技术条件要求。

（4）预应力筋采用整体张拉方式，张拉分为初张拉和终张拉两个阶段。

（5）预应力钢筋张拉采取“双控”方法，以张拉力控制为主，预应力筋伸长作为校核。

（6）张拉过程由质量检验部派专人进行监控，每次张拉前应对连接器、张拉杆连接锚固情况进行检查。

（7）轨道板脱模试件抗压强度不低于 48 MPa 且弹性模量不低于 3.4×10^4 MPa，轨道板表面温度与环境温差≤15 ℃时，即可进行预应力放张作业。

（8）预应力钢筋放张时，不得掀开蒸养盖，应保证台座处于覆盖状态，先松开千斤顶锁紧螺母，放张操作人员通过中控室计算机发出放张指令，开始放张，使千斤顶油缸回缩到油缸底部。

（9）预应力筋采用整体同步放张方式，严禁超张拉，在放张过程中要保证纵横向的 8 台千斤顶动作同步，减少交变应力对混凝土造成的影响，放张速率不超过 8 kN/s。

4.4 浇筑与振捣设备

浇筑与振捣设备是用于轨道板混凝土的浇筑与振捣成型设备。当台架模型流水至混凝土浇筑与振捣工位时，将模型下移至振动台；事先由混凝土拌和站传输至此的混凝土通过布料机向模型内均匀布料；同时启动振动台胁迫模型共振实现混凝土的振捣密实。

4.4.1 布料机

为保证布料机向模型内均匀布料，将预先拌和好的一定数量混凝土置于储料仓，采用螺旋摊铺器由储料仓向两侧均匀布料，实现布料的均匀。

布料机由桁架、横向刮板、纵向刮板、横移驱动机构以及纵移驱动机构等组成，如图 4.54所示。当通过布料机将混凝土均匀卸入型模台架后，将桁架扣合在模具上，横移驱动机构驱动横向挂板横向移动，将混凝土上表面横向刮平；之后纵移驱动机构驱动纵向刮板，将混凝土上表面纵向刮平。布料机自动摊铺布料，代替人工作业，可有效提高生产自动化水平，降低人力成本。

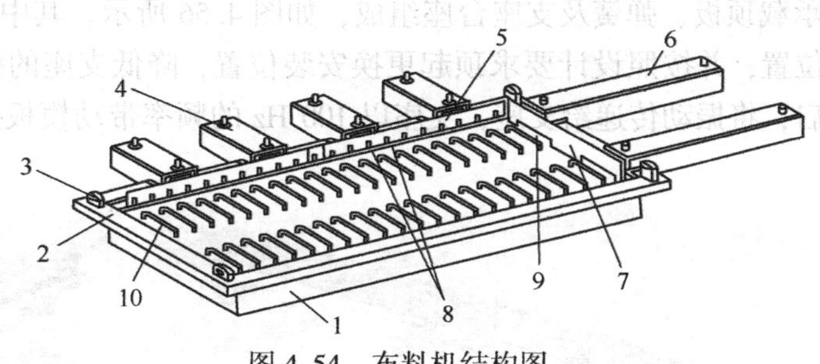

图4.54 布料机结构图

1—型模台架；2—桁架；3—吊环；4，6—油缸；5—横向刮板；7—纵向刮板；8，9—槽口；10—钢筋

4.4.2 振动台

振动台由支座、振动电动机、沉降轨道、变频控制器及压紧螺栓等组成，如图4.55所示。振动装置包括左右间隔设置的左振动装置和右振动装置，二者之间设有供载有模具的运输车通过或者停放运输空间；左、右振动装置分别包括多个安装在地面上且前后间隔设置的空气弹簧，空气弹簧均与充气装置连通以减小振动影响；振动板底部安装有两个前后间隔设置的电液伺服作动器，其前后端部上安装固定模具前侧部的前锁紧装置和后侧部的后锁紧装置，以提高轨道板的振捣密实度和振捣效率。

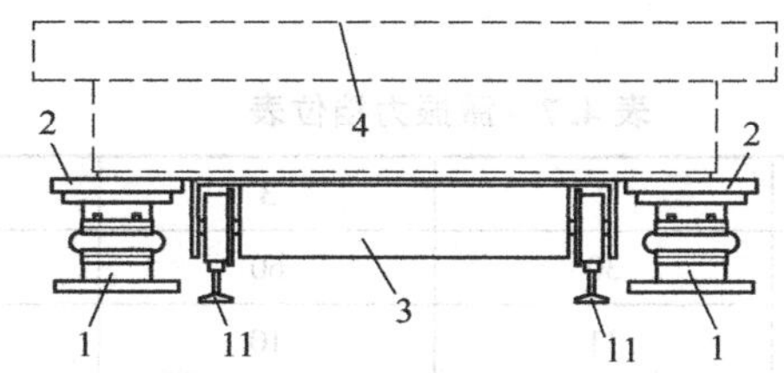

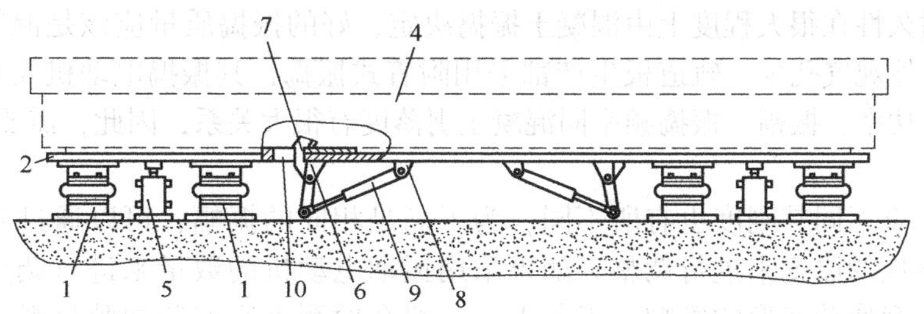

图4.55 振动台结构图

1—空气弹簧；2—振动板；3—运输车；4—型模台架；5—作动器；
6—前铰支座；7—摆臂；8—后铰支座；9—伸缩缸体；10—避让孔；11—运输轨道

振动台工作步骤：平板台车流水至准确位置，4个定位油缸带动沉降轨道下移[(70±2) mm]，使模型脱离平板台车下落在支座上；旋紧压紧螺栓将模具与支座固结；混凝土拌和站供料，布料机向模型内均匀布料；同时开启变频振动电动机开始振动，完成混凝土振捣作业；振捣结束后定位油缸上移[(70±2)mm]，台架模型回位至平板台车，进入下一道流水作业工序。

振动台支座由承载顶板、弹簧及支座台座组成，如图 4.56 所示。其中，每块顶板上设有 6 个振动电动机安装位置，并按照设计要求顶起更换安装位置，降低支座的疲劳度。在工作过程中，振动电动机开启，将振动传递给支座，支座以 100 Hz 的频率带动模板振动，保证混凝土振捣密实性。

图 4.56　振动台支座结构示意图

振动电动机选型应满足激振力大、振动频率可调、振幅合理、重量轻等特点。本流水线选用振动电动机功率 2.2 kW、振动频率 100 Hz、振幅 0.48 mm、激振力 6~12 kN、重量 37 kg。振动电动机为旋转离心式，激振力分为 5 挡可调，见表 4.7；振动电动机由变频控制器控制，采用“一拖多”模式。

表 4.7　激振力挡位表

挡位	1	2	3	4	5
角度/(°)	0	30	60	90	120
激振力/kN	12	11	10	8	6

轨道板的耐久性在很大程度上由混凝土振捣决定，好的振捣质量应该是混凝土不离析，不黏皮，不起皮，外观气孔少。轨道板生产都采用附着式振捣，其振捣电动机安装的位置、振捣电动机的数量、功率、振幅、振捣频率同混凝土坍落度有很大关系，因此，需要深入探讨研究。

1. 振幅

模型制造厂家不同其刚度也有所不同，为了满足相同的振幅，可以通过安装振捣电动机的数量和橡胶垫板的厚度来进行调整。如果采用振动电动机的数量来进行调整，需要考虑振捣应力大小对模型疲劳变形的影响。工艺上，一般在模型支座安装橡胶材料，而橡胶材料的选用是通过静刚度确定的，理论上静刚度应等于模型质量和产品质量之和，并在规定压应力下橡胶变形≤0.6 mm。模型安装后进行振幅测试，在 96 kN 振动应力下振幅为 0.8~1.3 mm。

2. 坍落度与振捣频率设置

坍落度对产品的质量影响很大，技术条件规定坍落度小于 140 mm。在工艺环节中，坍落度也影响浇筑速度和振捣时间，因此，了解坍落度同振捣频率之间的关系尤为重要。现场工艺考察，坍落度在 100~140 mm，布料时间和振捣完成时间一般在 4~6 min 内完成；100 mm 以下需要 8~10 min 完成。下面是通过试验确定的一组坍落度同振捣频率及振捣时间的关系数据，见表 4.8。

表 4.8 坍落度与振捣时间设置

坍落度/mm	布料频率/Hz	时间/s	消泡频率/Hz	时间/s
140	80	20	90	20
120	80	30	90	30
100	90	30	100	30
80	90	40	100	30
60	105	60	115	40

3. 振捣电动机位置选择

振捣电动机的布置位置对振捣质量影响也较大，目前，振捣电动机的位置安装在模型的边缘，目的是维修方便。但从产品质量看，普遍出现混凝土离析、黏皮、轨道板侧面气孔多等质量通病。分析原因，产生离析的部位基本上是出现在共振点上，混凝土在模型内做往复运动，导致产生吸气、排气现象。因此，轨道板侧面气孔多。

使用中也同时发现振捣出现共振点，混凝土产生局部“沸腾”现象，如图 4.57 所示。混凝土已经出现离析，局部形成漏斗形砂浆堆。

图 4.57 混凝土局部“沸腾”离析

试验采用不对称边振方案和均匀布置组合底振+边振方案，如图 4.58 和图 4.59 所示。模型规格为 P5600，模型重量约 65 kN。振捣电动机功率为 1.5 kW，数量为 8 台。

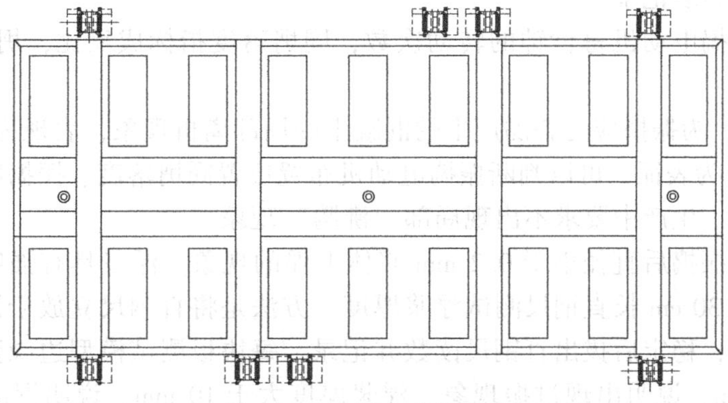

图 4.58 边振电动机布置

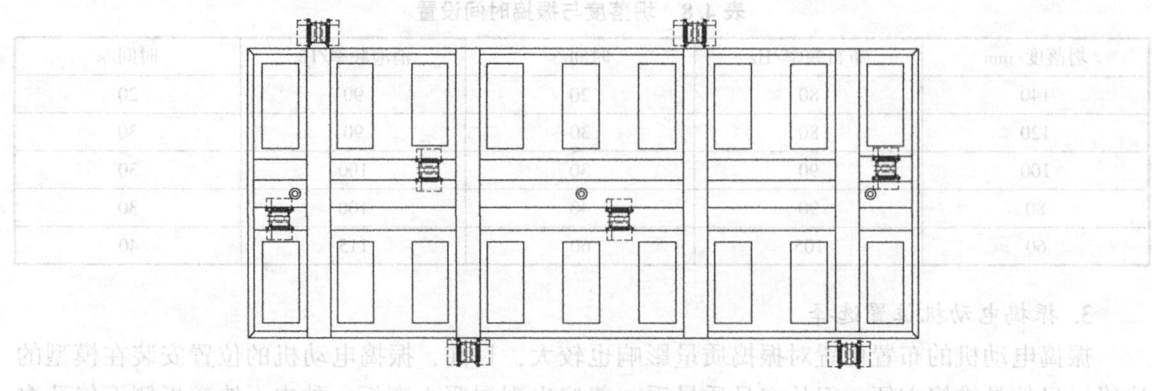

图 4.59 组合振捣电动机布置

采用组合振捣以后，混凝土振捣时消除了局部“沸腾”现象，轨道板侧面气孔数量大为改观。效果比较如图 4.60 所示。

(a) 浇筑面均匀地露出石子，无局部“沸腾”现象

(b) 振捣效果比较

图 4.60 效果比较

4. 振捣质量评价方法

混凝土振捣是质量控制的重要环节，但到目前为止，各种规范并没有对混凝土振捣质量加以描述或控制。因此，结合工程需要，拟定一个振捣质量评价方法，以便生产中进行定性或定量评价。

振捣时间：同质量相关的指标。从混凝土振捣开始，至模型边缘泛浆，混凝土表面出现大量气泡结束，用秒表记录。

振捣频率：振捣电动机每秒钟的转动次数，同坍落度指标成反比，坍落度大，频率小；反之，频率大。

局部“沸腾”：为振捣应力叠加产生的混凝土的局部离析现象，表现为漏斗状砂浆堆积。通过局部“沸腾”为表征，可以判断振捣电动机布置位置同坍落度、振捣频率、振捣时间相互的关系是否匹配。生产中要求不出现局部“沸腾”现象。

浮浆厚度：是振捣后直径小于 0.2 mm 浆体上浮的现象。浮浆具有强度低、冷热变化容易起皮的特征。用 30 cm 长直钢尺测试浮浆厚度。方法是将直钢尺立放于混凝土表面，同手扶着待其自然下沉，稳定后拔出直钢尺读数并记录，每块板测试模型边缘数量为 9 点。如果浮浆厚度大于 5 mm，说明出现过振现象。浮浆厚度大于 10 mm，说明混凝土坍落度控制太大，容易出现浇筑面起皮开裂现象，影响后期自密实混凝土同轨道板的结合。浮浆厚度大于15 mm，轨道板耐久性将受到影响。

4.5 蒸汽养护设备

轨道板流水蒸养线分为升温区、恒温区和降温区，不同区段温度调控通过蒸汽风幕系统实现。蒸汽风幕系统主要由高压循环风机、喷淋设备、温度传感器等组成，如图4.61所示。

高压循环风机位于升温区与恒温区、恒温区与降温区的分界区域；喷淋设备分布于升温区和恒温区中；温度传感器作为温度信号采集设备分布于3个温度区。

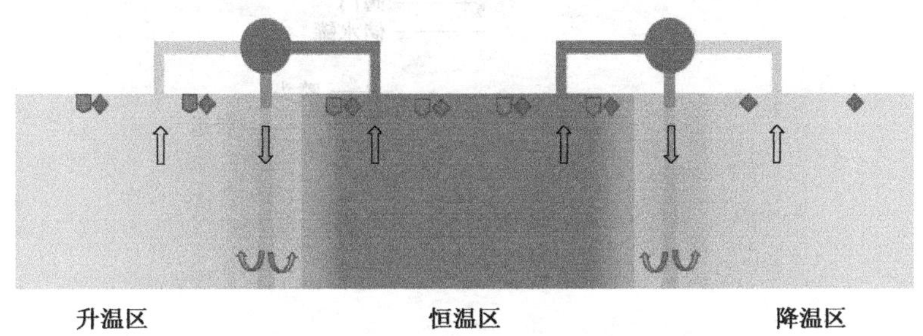

图4.61 蒸汽风幕系统结构示意图

4.5.1 高压循环风机

高压循环风机主要由1台风机、2个室内吸风口、1个室外吸风口及压缩空气送风口组成，如图4.62所示。在工作过程中，温控系统分析温度传感器采集的各温度区的温度信号，向高压循环风机下达温控指令；高压循环风机分别从室外、恒温区及升温区（或降温区）抽取空气，经过加压后压缩空气从送风口喷出，在恒温区与升温区（或降温区）分界处形成风幕墙，将两个温度区隔离开并有效控制两个温度区的温差。高压循环风机内部配有蒸汽盘管，可以通过控制通入风机的蒸汽量，调控风机内空气的温度。

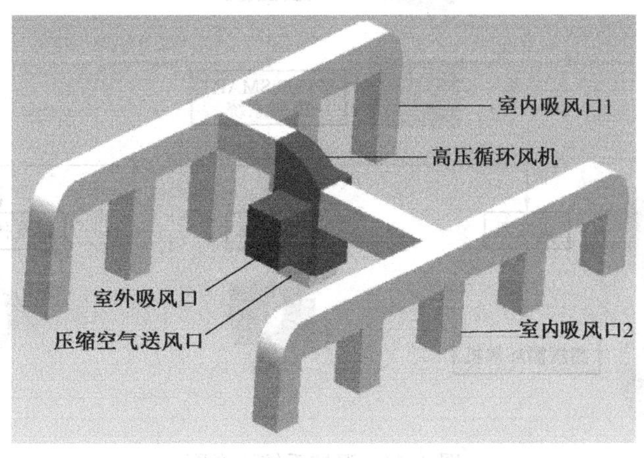

图4.62 高压循环风机结构示意图

4.5.2 喷淋设备

喷淋设备主要由高压蒸汽储罐、储水罐、喷头、管道、电磁阀等组成，如图 4.63 所示。工作时蒸汽锅炉将高温蒸汽输送至高压蒸汽储罐中，温控系统采集温度信号，向高压蒸汽储罐输出管道的电磁阀下达动作指令，将高温蒸汽输送至储水罐，储水罐调温至指定温度。同时，温控系统采集各温度区温度信息，下达调温指令向各温度区内喷淋热水，热水雾化成高温蒸汽，保证各温度区保持相应的养护温度和湿度。

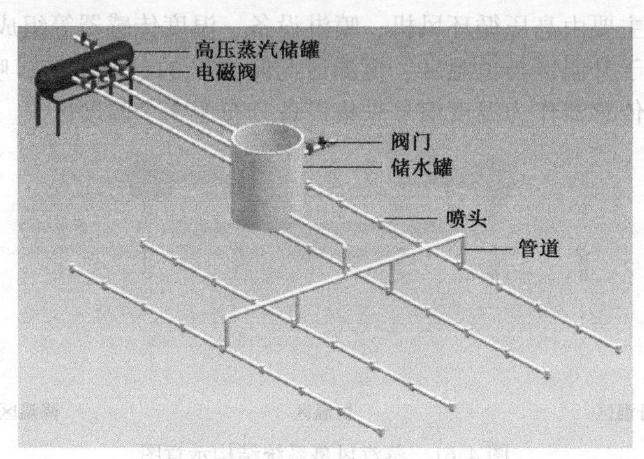

图 4.63 喷淋设备结构示意图

4.5.3 温控系统

蒸汽风幕温控系统采用西门子 SIMATIC S7-200 SMART 控制系统，温控系统示意图如图 4.64 所示。温控系统通过数字传感器实时采集并自动记录各区域温度和湿度，实现设备运行的图像化，随时获取设备的运行状态；可调配高压循环风机和喷淋设备运行，实现自动化控制；可接入各类信息化系统，为后续开发留好接口。

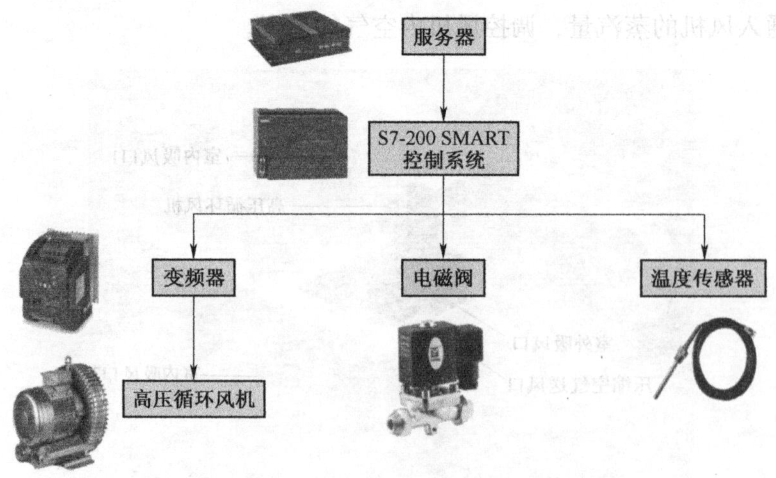

图 4.64 温控系统示意图

4.6　自动脱模系统

台架模型在蒸养线完成混凝土养护后，待混凝土强度达到规定强度进入生产流水线脱模工位，完成轨道板成品的脱模与移运工作。

4.6.1　脱模工艺

轨道板脱模机构将型模台架举升一定高度，将脱模油缸的活塞杆伸入模具模腔中，顶升模腔中的轨道板上移实现脱模。该轨道板脱模机构能快速保证顶升油缸与顶升孔的同轴度，从而提高脱模效率。脱模工艺如图 4.65 所示。

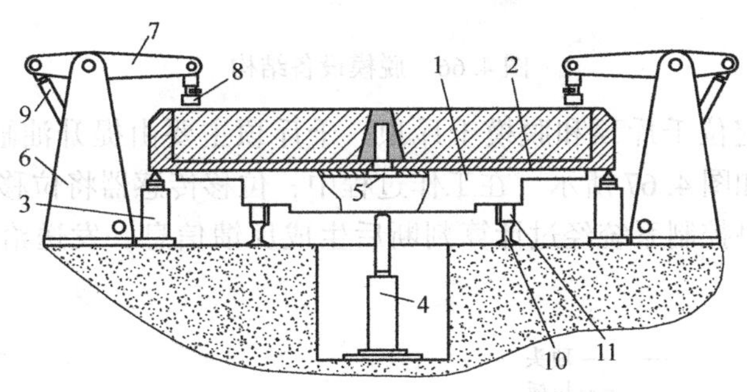

图 4.65　脱模工艺

1—平板台车；2—型模；3—顶升油缸；4—脱模油缸；5—顶升孔；6—支座；7—脱模油缸；8—压头组件；9—驱动油缸；10—轨道；11—轨道轮

第 1 步：模板定位。平板台车流水至脱模工位并准确定位，4 个定位油缸同步上移［（230±2）mm］；同时 4 个压紧油缸的辅助油缸向外平移至端头位置，当定位油缸上升超过 200 mm 后，启动脱模油缸上升［目标值为（190±2）mm］。

第 2 步：顶升与压紧模板。模具底部 3 个脱模油缸顶升模具浇筑锥筒的底座导杆，完成初步脱模；同时，位于 4 个角的压紧油缸启动进行压紧动作（保证压紧力 400～500 kg），防止脱模过程出现偏载。

第 3 步：模板回位。轨道板成品脱离模板后，以中间 3 个脱模油缸为支撑，4 个角的定位油缸同步缓慢下降完成脱模工序。系统自动执行压紧油缸放松和回位动作，同时脱模油缸也开始下降复位完成该工位的所有动作。

4.6.2　脱模设备

脱模设备主要包括压紧装置、定位油缸、脱模油缸及相应配套的泵站和电控制柜，如图 4.66所示。

图 4.66 脱模设备结构

脱模千斤顶包括定位千斤顶和脱模千斤顶。千斤顶主要由提升油缸总成、位移传感器、拉板和顶头等组成，如图 4.67 所示。在工作过程中，位移传感器将位移转变成电信号，传送给中央控制系统，中央控制系统经过计算判断后生成反馈信息，发送给电磁阀，控制千斤顶完成指定动作。

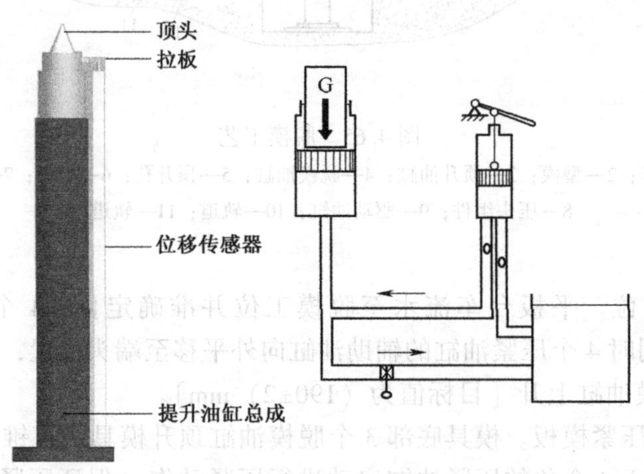

图 4.67 千斤顶结构示意图

4.6.3 压紧平衡装置

脱模压紧平衡装置主要包括支架、导向柱、压紧油缸、就位油缸和压头等，如图 4.68 所示。在工作过程中，中央控制系统同时向脱模工位 4 个角的压紧装置下达动作指令，并通过压力传感器时时监控压紧油缸的状态，确保 4 个压头与轨道板之间产生 400～500 kg 的压紧力。

压头采用具有一定弹性性能 PVC（聚氯乙烯）塑料，能够有效地增加压紧装置与轨道板之间的接触面，并提高摩擦力，更好地维持脱模过程中轨道板的平衡，降低偏载脱模的发生。

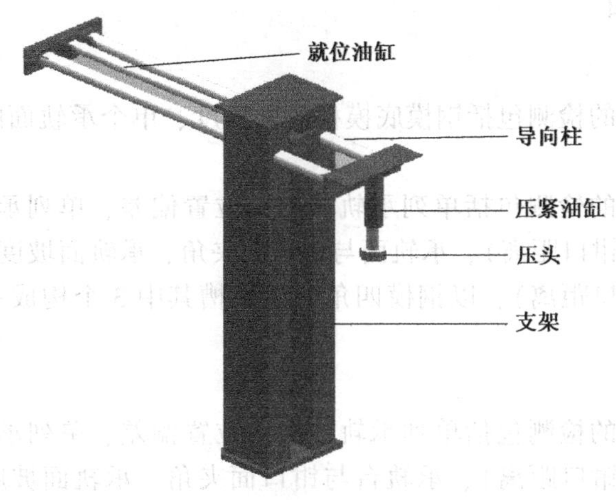

图 4.68 压紧平衡装置示意图

4.7 在线检测设备

在线检测设备是为保证产品质量，应用于轨道板流水线在线生产作业中的钢模检测和轨道板快速检测，在型模台架使用前对其（轨道板）大小钳口距、轨底坡、钳口面夹角、承轨面平整度、轨道板面平整度等进行检测，检测原始数据和分析数据保存于本地数据库以备后期查询，能生成相应的变形曲线、图表和规范报表。实现对型模（轨道板）实测数据与标准状态的对比分析，实现对模型形态与标准形态的全方位对比及对产品质量预判，保证了产品合格率。

4.7.1 系统技术参数

该在线快速检测系统满足相关规范要求，测量精度和效率如下。

（1）垂直方向形位公差检测精度：±0.15 mm。

（2）水平方向形位公差检测精度：±0.2 mm。

（3）完成一块轨道板的检测与数据采集：≤6 min。

（4）数据采集方式：在平台连续运行中动态采集。

（5）系统检测范围：5 800 mm×2 600 mm。

工作环境要求如下。

（1）被检测物体的工作环境温度在5~40 ℃，湿度在75%以下。

（2）被检测物体周围无强烈振源，如有检测振动幅度应小于0.05 mm。

（3）被检测物体上无明显较强光照，工厂电磁兼容性优于3级。

（4）工作环境洁净、无明显扬尘出现。

（5）输入电压交流220 V，波动±10%内，提供的接地端子对地电阻≤4 Ω。

4.7.2 系统检测项目

1. 钢模的检测

（1）底模板。底模板的检测包括钢模底模板的平面度、单个承轨面的平面度、承轨槽与底模板高差。

（2）承轨槽。承轨槽的检测包括单列承轨槽横向位置偏差、单列承轨槽垂向位置偏差、单个承轨槽钳口距离（小钳口距离）、承轨面与钳口面夹角、承轨面坡度（轨底坡）、一对承轨槽间外钳口距离（大钳口距离）、以钢模四角的承轨槽其中3个构成基准面，其他承轨槽到该平面的垂向偏差。

2. 成品板的检测

（1）承轨台。承轨台的检测包括单列承轨台横向位置偏差、单列承轨台垂向位置偏差、单个承轨台钳口距离（小钳口距离）、承轨台与钳口面夹角、承轨面坡度、承轨台间外钳口距离（大钳口距离）、以钢模四角的承轨槽其中3个构成基准面，其他承轨槽到该平面的垂向偏差，检测方法与钢模一致。

（2）轨道板顶面。轨道板顶面的检测主要是测量轨道板顶面的平整度。

4.7.3 系统构成

本检测系统由2套3D扫描传感器、1套双目立体视觉系统、导轨、滑台、伺服电动机、铝合金桁架、在线检测控制与分析软件等组成，通过摄影测量和结构光三角扫描测量的方式建立轨道板或钢模的三维模型，从而对轨道板或钢模进行相应指标的分析。系统使用铝合金桁架作为支撑，安装到位后铝合金桁架与地面固定；其中两根纵向导轨安装在内部的桁架上，一根横向导轨安装在两根纵向导轨上。2套3D扫描传感器安装在滑台上，滑台安装在横向导轨上。滑台通过伺服电动机和编程控制系统的控制可以横向与纵向任意移动，双目立体视觉测量系统固定在外部桁架上，安装在检测范围中心最上方，保证双目立体视觉测量系统两个相机的视场均可覆盖整个被检钢模或轨道板。

系统构成如图4.69所示。

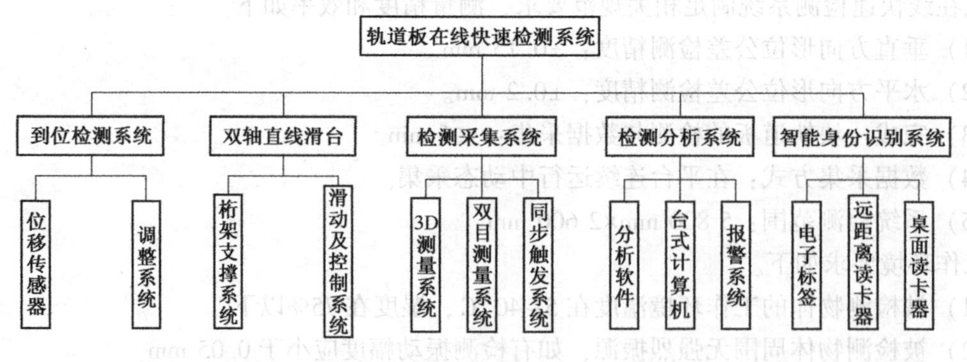

图4.69 系统构成

系统总装图如图4.70和图4.71所示。

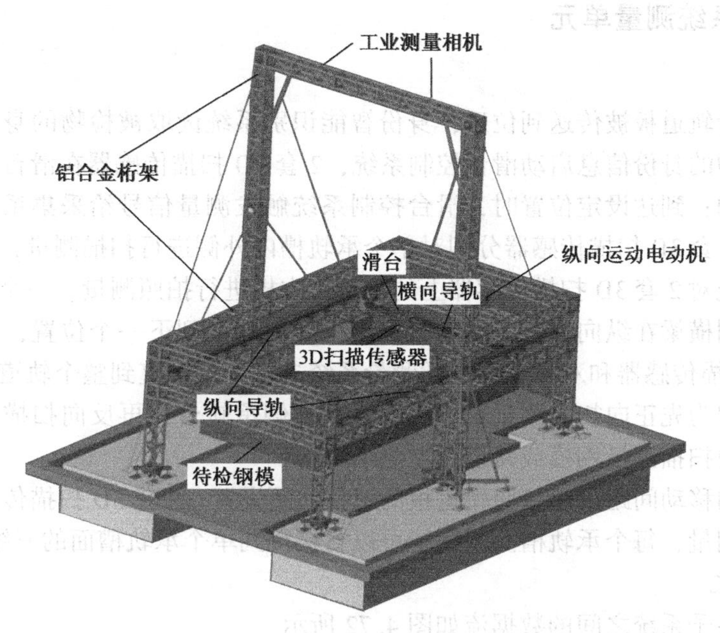

图 4.70　轨道板在线快速检测系统透视图

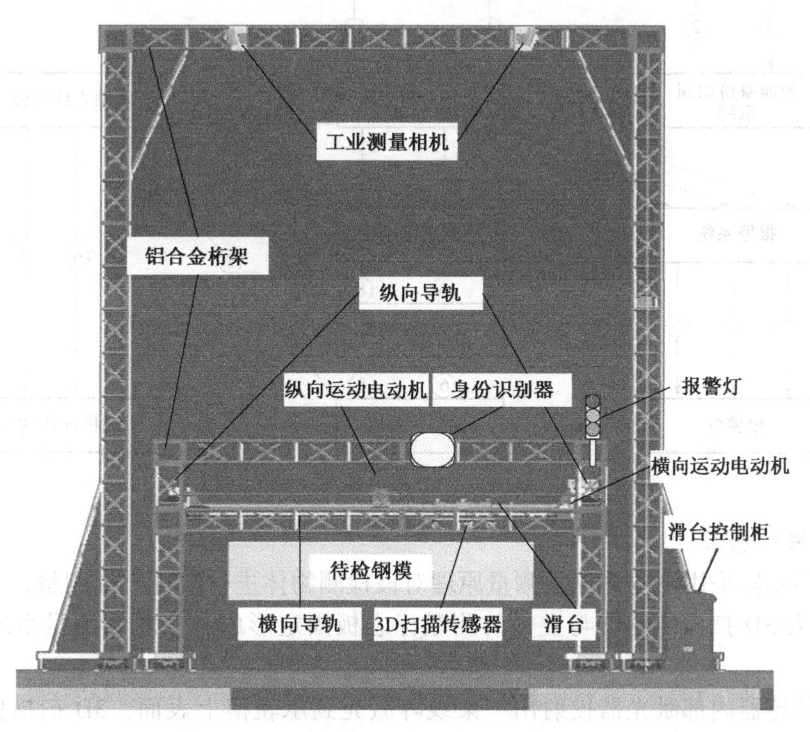

图 4.71　轨道板在线快速检测系统侧视图

4.7.4 检测系统测量单元

1. 测量流程

被测钢模或者轨道板被传送到位后，身份智能识别系统读取被检物的身份信息；数据分析系统根据被检物的身份信息启动滑台控制系统，2套3D扫描传感器在滑台控制系统的自动驱动下沿导轨运动；到达设定位置时，滑台控制系统触发测量信号给采集系统，采集测量系统同步触发控制2套3D扫描传感器分别对单个承轨槽内外侧进行扫描测量，同时上方的双目立体视觉测量系统对2套3D扫描传感器上的测量标志板进行拍照测量。一个位置测量完毕通过伺服电动机控制横梁在纵向导轨上滑动，按步进要求移动到下一个位置，再次用同步触发器触发2套3D扫描传感器和双目立体视觉测量系统进行测量，直到整个轨道板或钢模测量完毕。扫描测量流程为先正向扫描测量钢模或轨道板右侧承轨台，再反向扫描测量钢模或轨道板底板，最后正向扫描测量钢模或轨道板左侧承轨台。

步进电动机的移动间距可以按照轨道板的轨枕间距设置，2套3D扫描传感器则逐个对每个承轨槽面扫描测量，每个承轨槽测量完毕可以直接得到单个承轨槽面的三维立体数据

2. 系统数据流

检测系统中各子系统之间的数据流如图4.72所示。

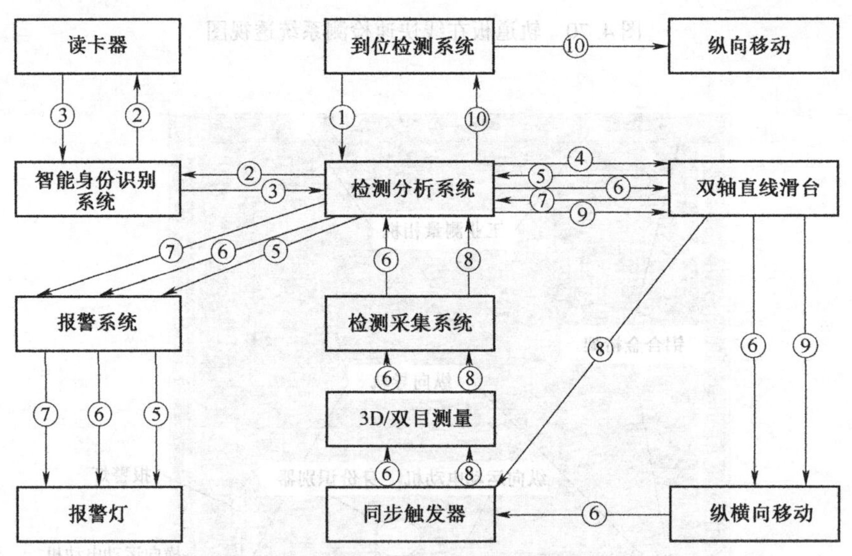

图4.72 检测系统中各子系统之间的数据流

3. 3D扫描传感器

3D扫描传感器采用结构光三角测量原理对被检测物体进行轮廓扫描测量，是一种非接触测量方式，2套3D扫描传感器与上方的测量标志板固定形成一个轮廓测量系统，如图4.73所示。

3D扫描传感器内部激光器投射出一束线阵激光到承轨槽上表面，3D扫描传感器的内部相机通过观测可以获得承轨台上表面这些激光点的二维坐标，当按照一定的采样间隔进行测量时可获得承轨槽的三维型面数据。

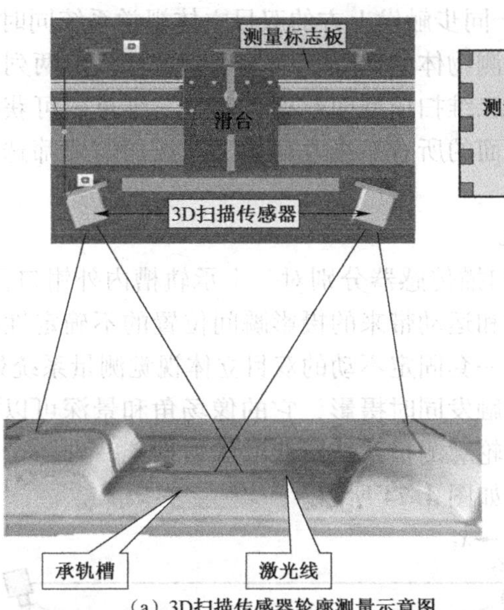

(a) 3D扫描传感器轮廓测量示意图

(b) 测量标志板

(c) 3D扫描传感器

图 4.73 3D 扫描传感器

3D 扫描传感器测量同时，同步触发上方的双目立体视觉系统同时摄影，建立起每次扫描测量的精准位置、姿态和被检测物体的全局三维关系；这样，由两列承轨台的若干二维扫描型面数据和一列轨道板面若干二维扫描型面数据，通过三维重建可获得左右两列承轨台的三维扫描型面数据及轨道板上表面的所有三维几何模型。按照需要筛选、提取相关数据、分析处理后可得到最后检测成果。

4. 双目立体视觉测量系统

在测量过程中，2 套 3D 扫描传感器分别对一个承轨槽内外钳口面的三维型面进行测量，其每次测量结果由于滑台位置和运动带来的摄影瞬间位置的不确定性而使获得的数据处在不同的坐标系中。系统设计再用一套固定不动的双目立体视觉测量系统处于 2 套 3D 扫描传感器的上方，通过相机控制器同步触发同时摄影，它的像场角和景深可以覆盖全部测量范围，这样就可将任意时刻下方单个的轮廓测量系统所获取的数据统一到一个坐标系下，从而获得整块轨道板或钢模的检测数据，如图 4.74 所示。

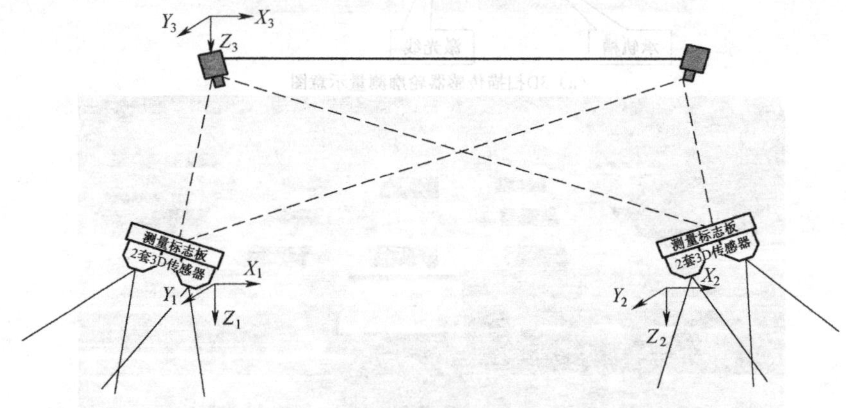

(a) 双目立体视觉测量示意图

(b) 双目立体视觉测量系统

图 4.74　双目立体视觉测量系统

(1) 工业测量相机。双目立体视觉测量系统中使用的是工业测量相机，其是用来获取被拍摄物体图像的设备，主要由相机和光源构成，测量相机是一体的，不可随意拆卸。相机镜头为固定状态，不能进行调焦操作，如图4.75（a）所示。

工业测量相机视场角：60.6°×47.2°，需要覆盖6 m×2.6 m测量范围，因此本系统相机安装高度离测量标志板约5.3 m，离钢模底模板约6.2 m，安装时需要利用采集软件测量标志板位置调整相机的姿态来满足测量范围需求。

（2）工业相机控制器。工业相机控制器是连接计算机与工业测量相机的设备［图4.75（b）］，其主要作用是控制光源和组织传输采集到的数据，把得到的数据通过网线传给计算机，并实现软件对工业测量相机的控制。同时对相机和光源进行供电。

工业相机控制器各个接口主要功能如下。

1）电源线接口：负责给控制器供电220 V。

2）控制器开关：控制器供电开关。

3）数据线接口：连接工业测量相机与控制器。

4）网线输出接口：把采集到的数据传给计算机，两个网口，每台相机配置一个网口。

5）控制器连接状态窗口：显示控制器的连接状态。

控制器必须打开开关供电后，软件才能自动连接成功。

（a）工业测量相机

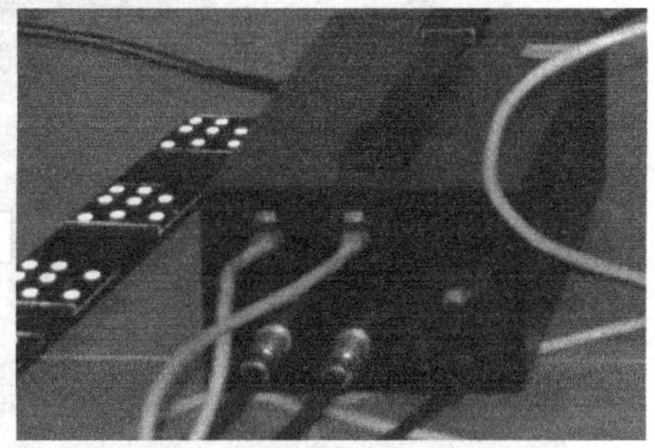

（b）工业相机控制器

图4.75 工业测量相机和工业相机控制器

（3）基准长度尺。基准长度尺提供一个长度基准，主要用于确定两台工业测量相机之间距离，是确定测量坐标系统的基准单位，不能触碰。现场已经安装在滑台上，如图4.76所示。

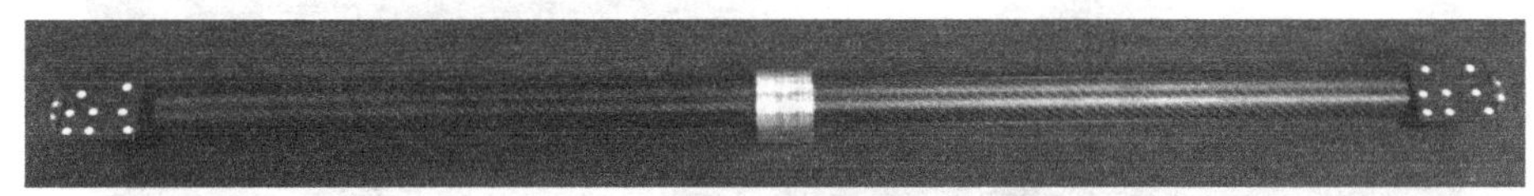

图4.76 基准长度尺

4.7.5 双轴直线滑台

1. 功能概述

双轴直线滑台用于承载下方的轮廓测量系统，即2套3D扫描传感器和测量标志板，在测量过程中伺服电动机控制系统收到开始测量命令后控制滑台在导轨上进行纵向或横向移动，从而控制轮廓测量系统在钢模或轨道板上方移动，到达测量位置时伺服电动机控制系统对测量系统给出触发测量信号。

2. 双轴直线滑台构成

双轴直线滑台构成如图 4.77 所示。

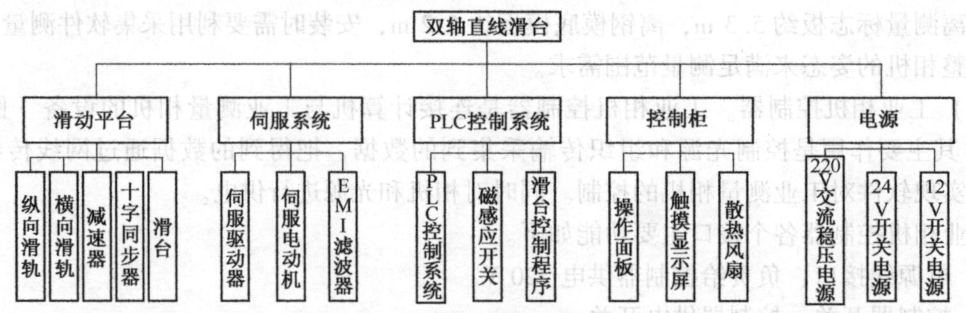

图 4.77 双轴直线滑台构成

(1) 滑动平台。滑动平台主要由纵横向滑轨、减速器、十字同步器和滑台等构成，是一些机械构件，滑动平台作为承载体，上面安装有 2 套 3D 扫描传感器和测量标志板，带动轮廓测量系统做横向和纵向移动，如图 4.78 所示。

(a) 滑轨和滑台

(b) 纵向伺服电机、减速器和十字同步器

（c）横向伺服电动机和减速器

图 4.78　滑动平台

（2）伺服系统。伺服系统由伺服驱动器、伺服电动机、EMI（电磁干扰）滤波器构成，为滑动平台提供驱动力和定位，如图 4.79 所示。伺服驱动器接收 PLC 控制器的控制命令，驱动伺服电动机做正向或反向转动，以设定速度到达指定位置。EMI 滤波器起到电气隔离作用，将伺服驱动器与其他设备进行电气隔离。

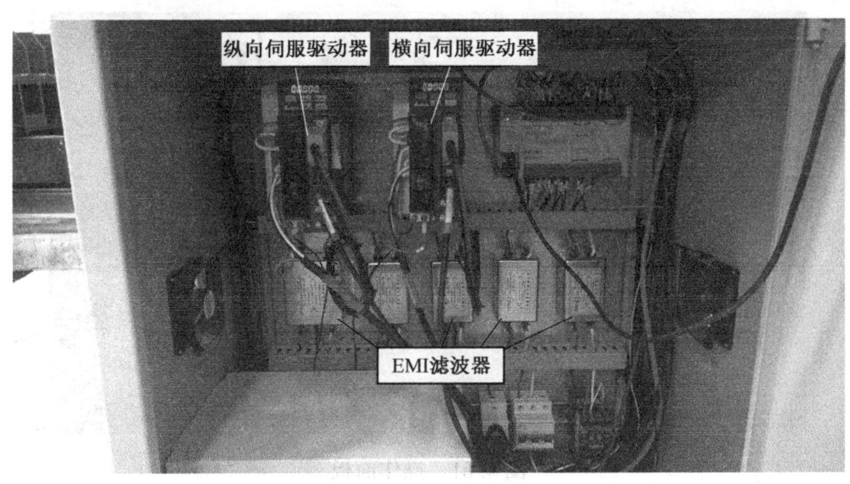

图 4.79　伺服系统

（3）PLC 控制系统。PLC 控制系统由 PLC 控制器、PLC 控制程序、限位开关、近点原点开关等组成，PLC 控制系统可接收上位机命令向伺服电动机发送转动指令，也可接收操作面板上按钮接收手动操作滑台移动。在自动采集过程中会根据程序设计的点位执行加减速动作，根据设计的点位触发测量信号。

限位开关和近点原点开关安装在纵向或横向导轨支撑梁上，通过磁感应的方式触发通断信号给 PLC，如图 4.80 所示。

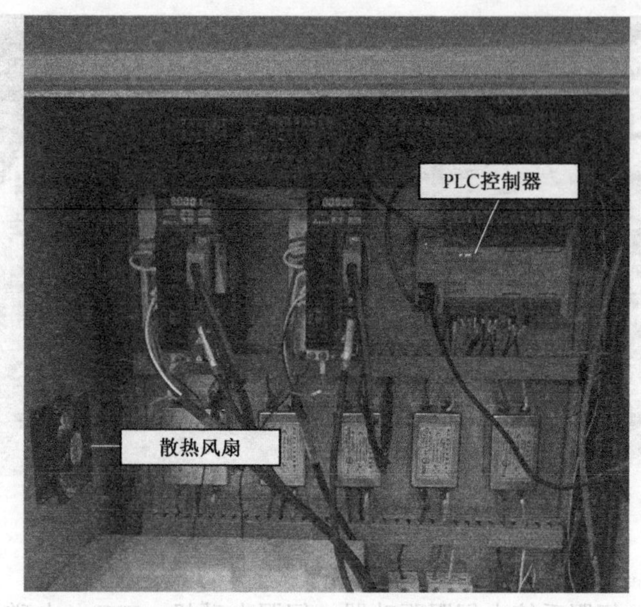

图 4.80 PLC 控制系统

（4）控制柜。控制柜由柜体、操作按钮、触摸显示屏、散热风扇等构成。操作面板如图 4.81 所示。

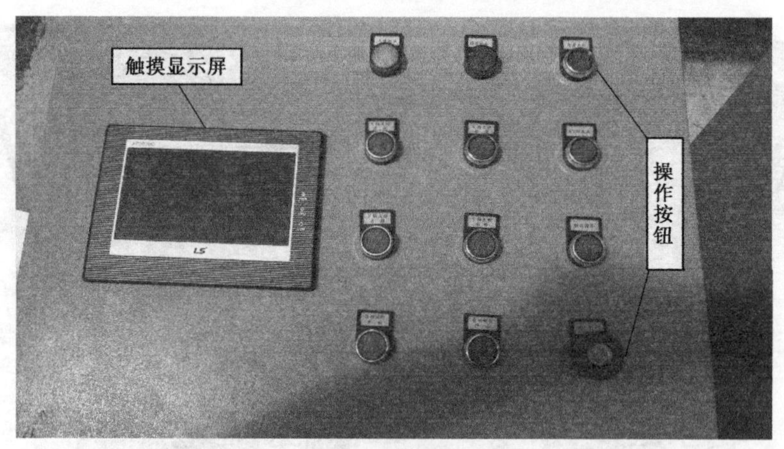

图 4.81 操作面板

触摸显示屏显示滑台相应的运行参数，如当前检测物类型、扫描断面号，滑台 XY 轴位置、滑台运行速度、XY 轴运行错误码、XY 轴原地确定状态、动画显示滑台运行位置等，如图 4.82 所示。

触摸显示屏右上角“数据自检”按钮是对 PLC 控制系统中保存的数据参数进行检查操作，也可通过上位机触发数据自检操作，若检测通过显示屏左下方状态显示“自检通过”，否则显示“自检失败”。

（5）电源。电源包括输入电压的稳压器、PLC 输入/输出端需要的 24 V 开关电源、风扇

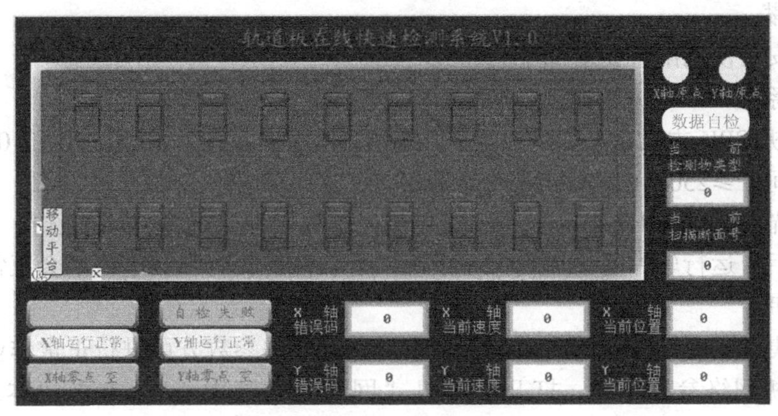

图 4.82　触摸显示屏

转动需要的12 V开关电源、控制 220 V 通断的交流接触器，如图 4.83 所示。

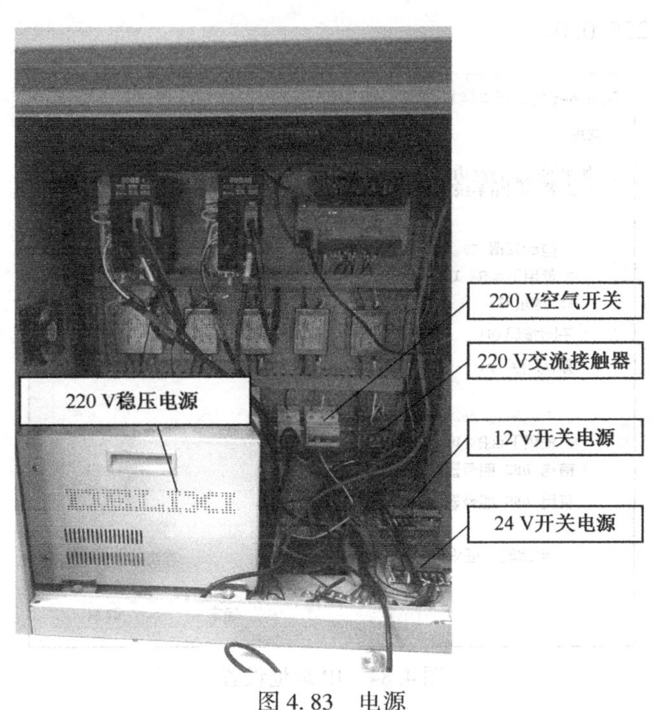

图 4.83　电源

4.7.6　检测采集系统

1. 简介

检测采集系统包括双目立体视觉测量系统、轮廓测量系统、采集控制软件。其中的采集控制软件起协调作用，根据收到的分析系统发送的相关命令执行相应程序，如执行工业测量相机定向检校程序并保存定向检校参数，执行相机拍照和断面扫描测量并将测量原始数据返回给分析系统。

2. 软件安装

采集软件安装使用配置要求如下。

(1) 操作系统 Windows 7 以上，64 位。

(2) 计算机 CPU 主频 2.4 GHz 以上，内存 8 GB 以上，4×2.0 USB，4×3.0 USB，1×千兆网口，硬盘空间：≥250 GB，21~23 寸显示器。

打开安装光盘，运行 BoegMea Setup 安装包，过程中弹出的各对话框选择“接受”即可。安装顺利完成后，运行软件前，请确保已正确插上软件狗，否则程序将不会正常运行。

3. 软件使用

在检测采集系统开始作业前需要按下列步骤配置相关参数方可进行正常作业。

(1) 计算机网络参数配置。打开计算机“网络和共享中心”，右击“本地连接”进入“属性”设置对话框，单击“常规”标签页中“Internet 协议版本（TCP/IPv4）属性”进行设置，具体 IP 地址设置值如图 4.84 所示。

计算机网络 IP 地址：169.254.1.45。

子网掩码：255.255.0.0。

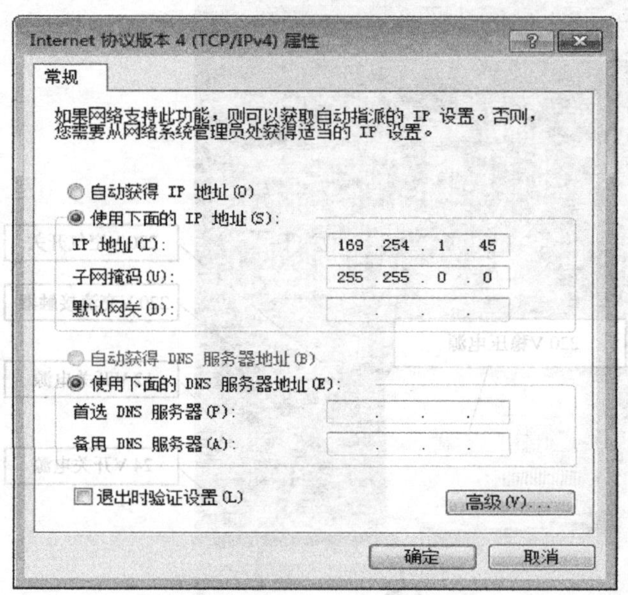

图 4.84 IP 地址设置

单击“常规”标签页中“配置”设置网卡属性，最后关闭计算机防火墙，如图 4.85 所示。

(2) 系统测量参数设置。启动轨道板在线快速检测系统采集软件，在下方日志中会提示相机、传感器连接的情况，界面右侧“测量模式”选择“网络模式”，“显示模式”中不选择任何模式，如图 4.86 所示。

在最左侧任务栏“参数设置”中，“系统参数”主要设置硬件部分的参数，“扫描参数”主要设置软件部分的参数，如图 4.87 所示。

作业过程中需要调整的有“系统参数”中的“相机参数”和“扫描参数”。

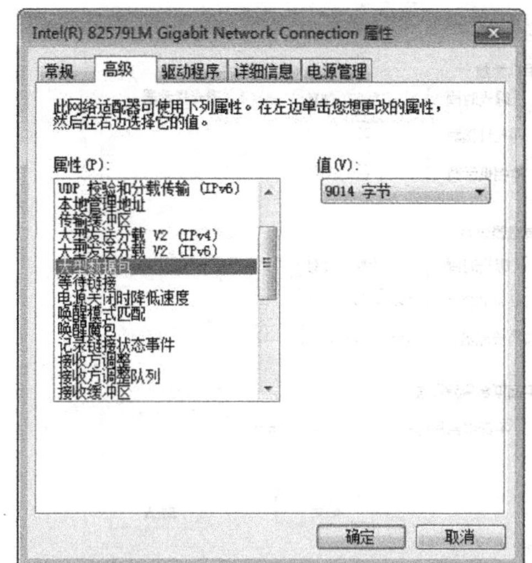

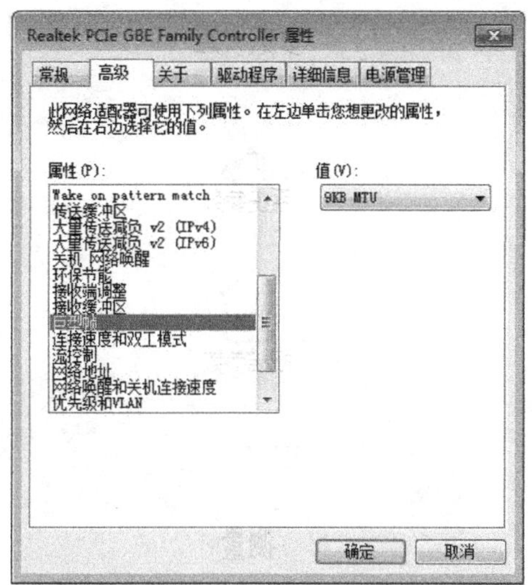

图 4.85 大型数据包设置和巨型帧设置

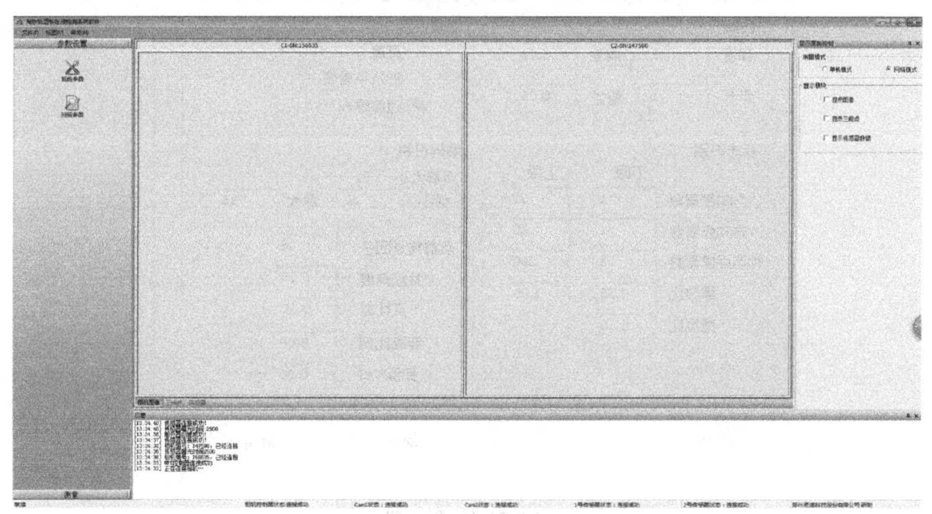

图 4.86 轨道板在线快速检测系统采集软件界面

“相机参数”中的“曝光时间”“闪光灯指数”根据现场情况，有可能会需要调整（建议值为 1500、20）。“传感器参数”中的“曝光时间”根据现场情况可以做适当调整（如果要看传感器打出来的激光线，将曝光值调到 1000 以上，如果要采集数据，建议调整到 120～200 范围内）。

“扫描参数”中为软件识别编码板中编码点的设置，如果没有特殊情况，不建议改动默认值。

4. 采集系统服务启动

在硬件已经连接，计算机网络配置完毕后，启动轨道板在线快速检测系统采集软件。软件启动后，采集软件将自动连接两台相机和传感器，在软件界面下方日志中会有连接成功与否的提示。若连接成功，软件界面最下方一栏显示区会显示黄色；若断开连接或连接不成功

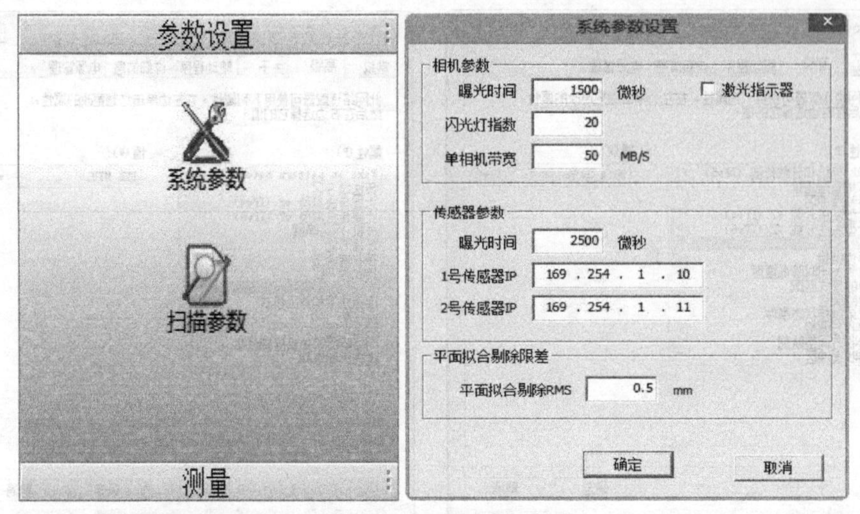

（a）系统参数设置

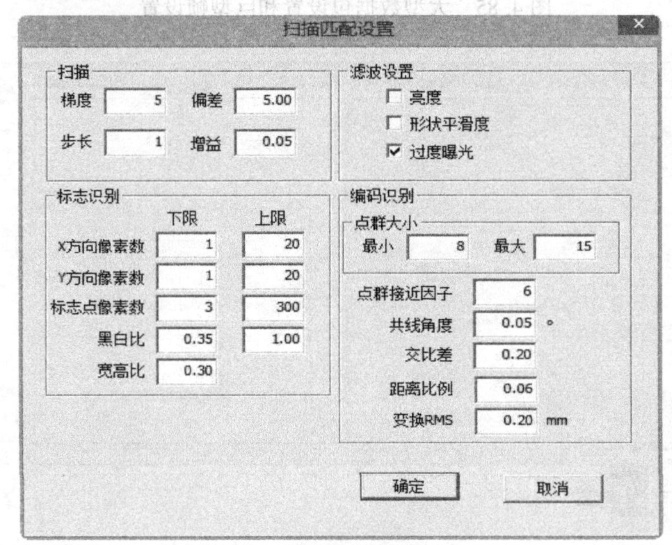

（b）扫描匹配设置

图 4.87　系统参数设置

则显示红色。

采集软件正常启动，相机和 3D 扫描传感器连接提示正常，各项参数设置正确采集软件服务启动完毕，则可使用分析软件连接采集系统进行检测测量。

每次在测量之前需要对相机进行一次基准尺定向检校。由分析软件中定向检校按钮触发定向检校程序，“基准尺定向” 界面如图 4.88 所示。

5. 其他功能介绍

（1）相机定向：启动相机定向检校程序，利用基准尺计算两台相机的相对位置，并确定长度基准。

（2）相机单次测量：相机拍摄一次，主要用于检验轨道板是不是全部在相机的视场内。

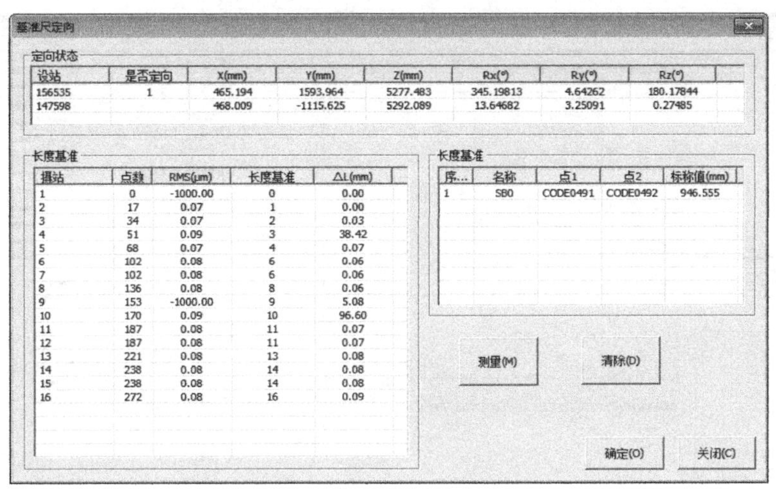

图 4.88　基准尺定向检校

连接传感器：打开与传感器的连接。

断开传感器：关闭与传感器的连接。

（3）系统测量/系统设置：软件开始运行、采集数据，有单机模式和网络模式两种，实际使用的时候采用网络模式。

4.7.7　检测分析系统

1. 简介

检测分析系统包括分析软件、台式计算机、计算机机柜和报警系统。分析软件是整个轨道板检测系统的核心，是一个枢纽软件，将协调外部中控信号、内部报警信号、双轴直线滑台运动控制、采集软件数据交换等子系统的流畅工作；同时也是一个数据处理软件，将采集软件返回的原始数据进行数据处理与分析，得到钢模或轨道板相应检测项目的指标，根据设置的限差作出黄色报警灯亮、红色字体等提示，通过图文并茂的方式展现各个检测项的数据，最后分析软件会将分析结果生成规范报表和存入数据库以备后期查询。

2. 软件安装

分析软件安装的配置要求如下。

（1）操作系统 Windows 7 以上，64 位。

（2）计算机 CPU 主频 2.4 GHz 以上，内存 8 GB 以上，4×2.0 USB，4×3.0 USB，1×千兆网口，硬盘空间：≥250 GB，21~23 寸显示器。

本软件为绿色软件，将整个安装包 Project 复制到安装目录下即可。

该分析软件是采用 Python 语言开发，需要事先在计算机上安装一些模块，模块序列如下：python<2.7>；crcmod<1.7>；matplotlib<1.4.2>；numpy<1.8.2>；pyserial<2.7>；python-dateutil<2.3>；scipy<0.14.0>；wxpython<3.0.2.0>；six <1.8.0>；pyparsing <2.0.3>。

3. 软件使用

（1）软件启动。双击 Project/Boardcheck/View/MainFrame.py 文件，软件主界面如图 4.89 所示。

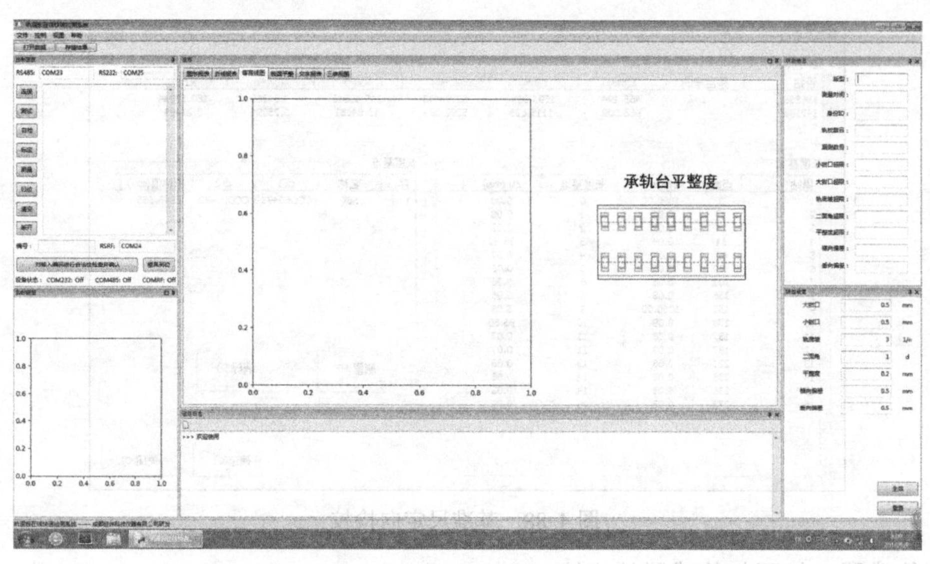

图 4.89 分析软件主界面

（2）控制面板对话框。控制面板对话框是分析软件对通信端口进行设置、打开和关闭，以及启动采集软件的服务等，在控制面板对话框左侧按钮功能如下。

“连接”：打开 RS485、RS232 和 RSRF 对应的串口和连接采集软件服务。

“测试”：测试分析软件与 PLC 控制器、射频读卡器的通信是否正常。

“自检”：发送数据自检命令给 PLC 控制器，PLC 控制器将检测结果返回。

“标定”：启动系统相机定向检校程序，建议每天作业整修时间执行相机检校程序，以及在对测量标志板和基准尺清洁后执行相机检校程序。

“测量”：启动分析服务程序，当分析软件收到中央控制系统到位信号后自动开始模板或轨道板的检测测量。

“归位”：分析软件向 PLC 控制器发送回原点命令。

“清空”：清除右侧窗体内日志信息。

“断开”：关闭 RS485、RS232、RSRF 打开的端口。

控制面板对话框上方选择框可以设置分析软件与 PLC 控制器之间的通信端口，如图 4.90 和图 4.91 所示。

图 4.90 PLC 控制器通信端口设置

RS485 是分析软件向 PLC 控制器发送控制命令的所用通信端口。

RS232 是分析软件接收 PLC 控制器发送的状态命令所用的端口。

“编号”是射频读卡器读取的钢模编码卡（身份卡片）的身份信息，与钢模铭牌上的“编号”一致。

RSRF 是分析软件向射频读卡器发送读取身份信息命令所用的端口。

图 4.91 端口

当“编号”信息采用手动输入时，输入完毕需单击下方“对输入编码进行合法性检查并确认”按钮，若输入正确按钮背景为绿色；若输入错误按钮背景为红色，必须重新输入合法编号，否则该模板检测不再进行。

控制面板对话框下方可以显示端口状态，如图 4.92 所示。

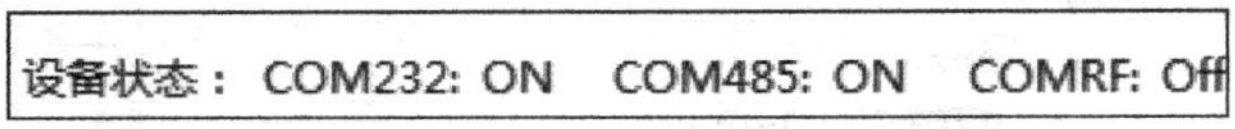

设备状态： COM232: ON COM485: ON COMRF: Off

图 4.92 端口状态显示

控制面板对话右侧的文本框会显示用户打开或关闭通信端口的操作状态和实时显示分析软件运行状态。

（3）图形对话框。图形对话框是展示检测数据的分析结果，可显示钢模或轨道板的大小钳口距、轨底坡、承轨槽的垂向偏差和横向偏差、承轨面与钳口面之间的夹角等。可以单击分析软件界面上方的“打开数据”按钮来导入历史检测数据进行分析。单击右侧的“存储结果”按钮，选择文件存储路径，将分析结果以 Excel 报表的形式保存，如图 4.93～图 4.95 所示。

图 4.93 历史数据导入对话框

单击图形对话框上部的标签页可以切换不同形式的分析项目，如图 4.96 所示。

（4）图形报表。图 4.97 所示为图形对话框的图形报表，图形报表以数字形式显示钢模或轨道板的大小钳口距、轨底坡、承轨面平整度（平整度）、钳口面与承轨面的夹角（二面角），可以通过下方对应按钮切换不同的检测指标。

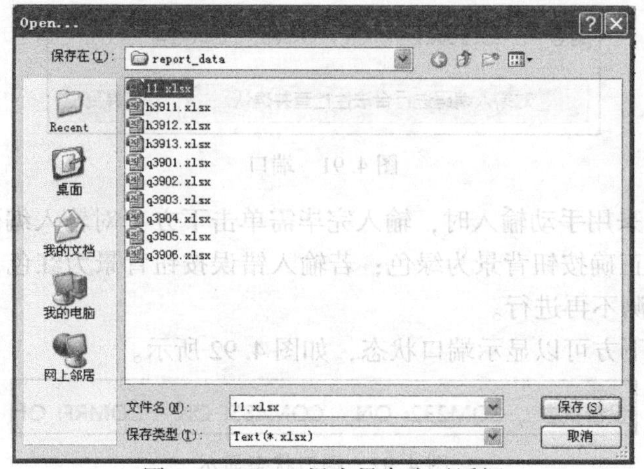

图 4.94 Excel 报表另存为对话框

检测报告（模具）						报告编号：QB:			
施工单位：		山东高速轨道设备材料有限公司			检测时间：	2016-08-18 17:19			
轨道板/模具编号：		0007			轨道板/模具型号：	5600			
序号	轨底坡		小钳口距/mm		大钳口距/mm	钳口角/(°)			
	左	右	左	右		左（外）	左（内）	右（外）	右（内）
1	1:39	1:40	375.8	375.8	1889.5	110.4	110.0	110.1	110.2
2	1:39	1:40	375.7	375.8	1889.3	110.1	110.1	110.0	110.2
3	1:39	1:40	375.5	375.9	1889.5	110.1	110.0	110.0	110.2
4	1:40	1:39	375.8	375.9	1889.9	110.1	110.0	110.0	110.1
5	1:40	1:40	376.1	375.9	1889.9	110.1	110.1	110.1	110.1
6	1:40	1:40	375.9	375.9	1890.3	110.1	109.9	110.1	110.1
7	1:39	1:40	375.8	375.7	1889.9	110.2	110.0	109.9	110.1
8	1:39	1:41	375.6	375.8	1889.6	110.1	110.1	110.0	110.1
9	1:38	1:41	376.8	375.8	1890.5	107.1	110.0	110.1	110.0

承轨面相对高差/纵向直线度点线示意图

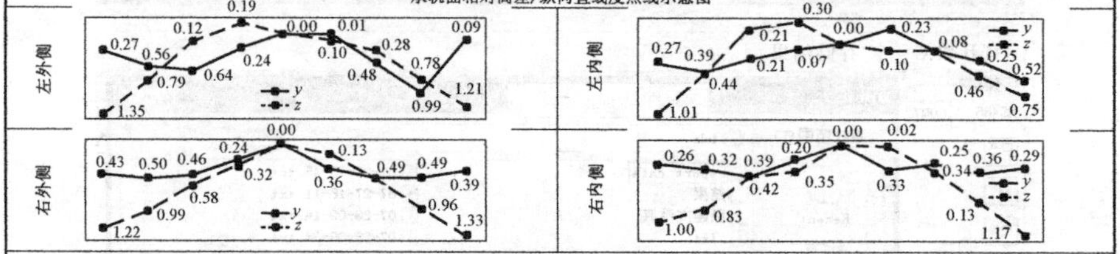

左外侧　左内侧　右外侧　右内侧

承轨台面平整度示意图

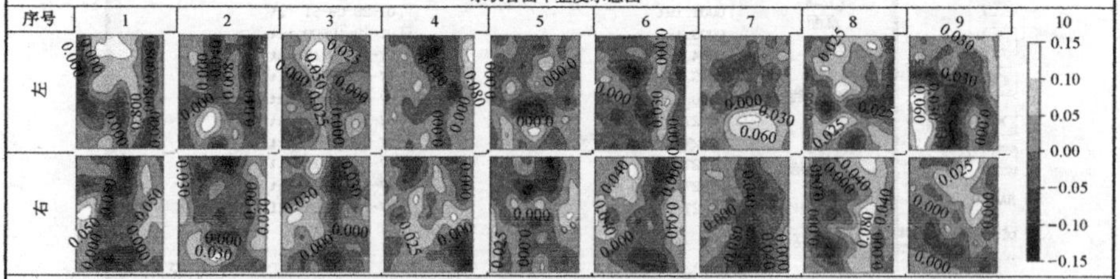

序号　1　2　3　4　5　6　7　8　9　10

左　右

轨道板表面/钢模表面平整度示意图

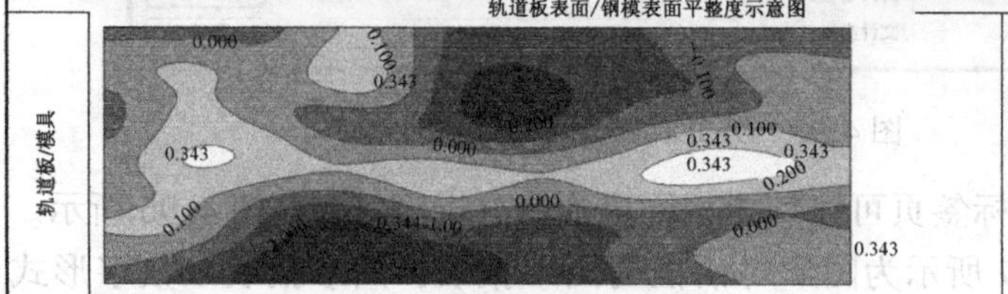

轨道板/模具

等高线示意图说明：

1.图形采用双线性内插得到。

2.图形采用灰度表示。

3.亮度与高程成正比。

检测意见：

检测员：　　　　复核员：

图 4.95 Excel 图

图 4.96　分析项目切换标签

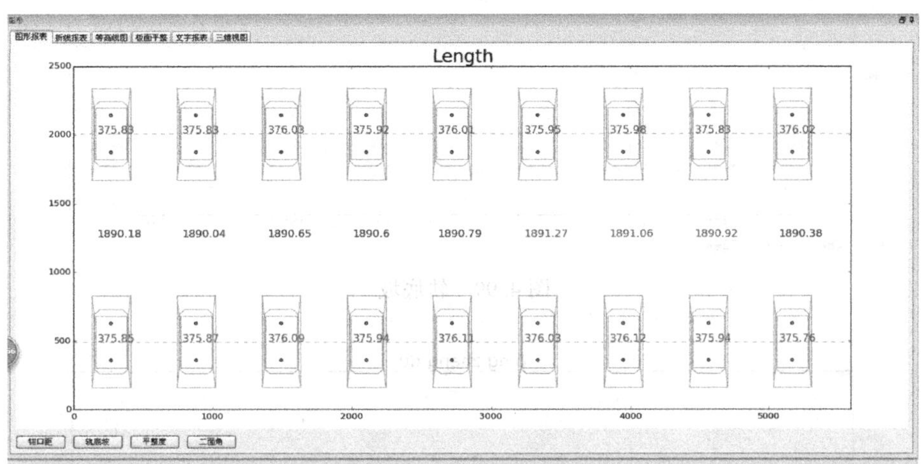

图 4.97　图形报表

1）大小钳口距。绿色字体的为小钳口距，蓝色字体的为大钳口距，超限为红色字体。如图 4.98 所示。

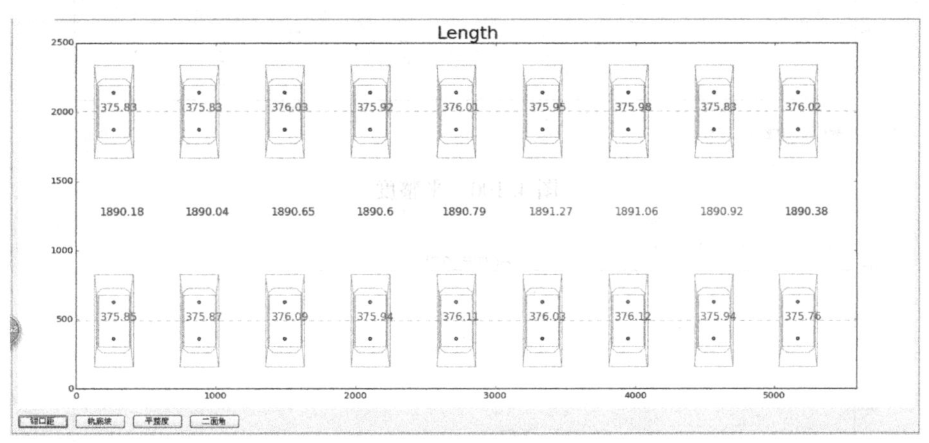

图 4.98　大小钳口距

2）轨底坡。轨底坡根据的是承轨面与轨顶面的夹角，再转换为坡度。标准是 1∶37~1∶43，如图 4.99 所示。

3）平整度。平整度是指每个承轨台的承轨面的平整度，采用最小二乘平面拟合得到承轨面三维模型，拟合得到的标准偏差即为承轨面的平整度，其表示承轨面实际起伏的状态，数字越小承轨面越平，超限用红色字体表示，如图 4.100 所示。

4）二面角。二面角为承轨面与内钳口面之间的夹角。标准是（110±1）°，如图 4.101 所示。

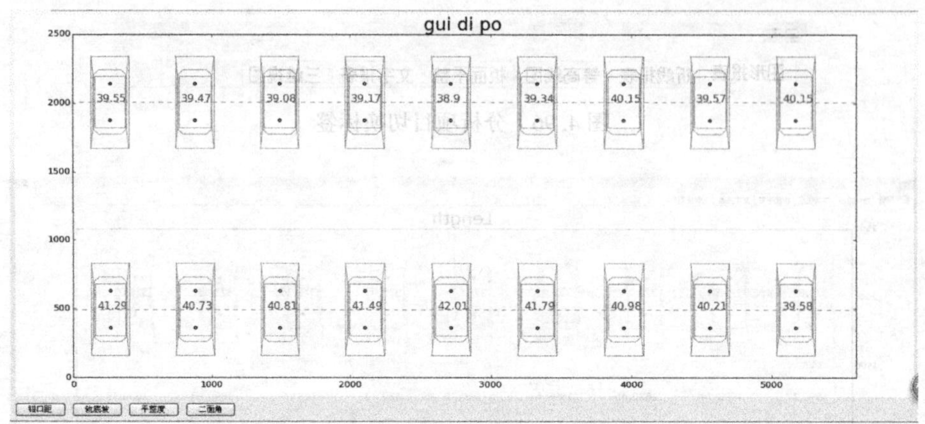

图 4.99　轨底坡

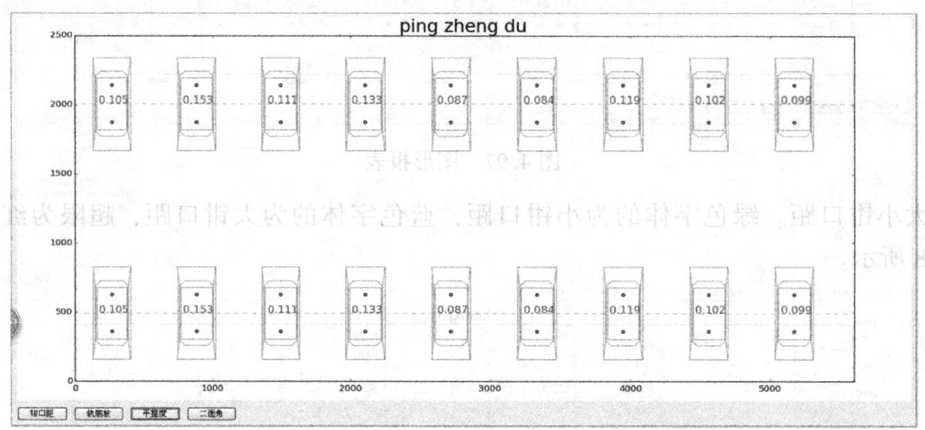

图 4.100　平整度

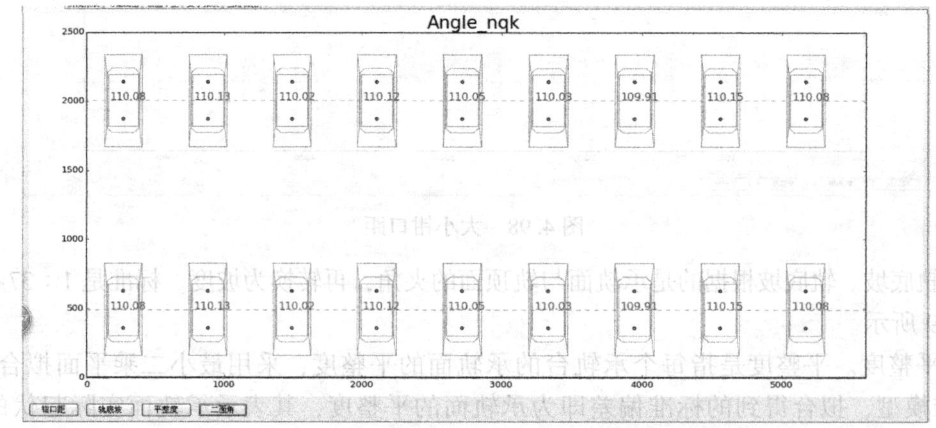

图 4.101　承轨面与内钳口面之间的夹角

（5）折线报表。图 4.102 所示为图形对话框的折线报表，使用单列承轨台内钳口或外钳口三维实测点进行最小二乘直线拟合得到代表单列承轨台的最佳空间直线，每个实测点向该最佳空间直线做投影得到该承轨台内钳口或外钳口的横向偏差和垂向偏差。折线报表以折线形式显示钢模或轨道板承轨台的垂向偏差和横向偏差。下面 4 个按钮是分别显示左侧承轨台内外侧、右侧承轨台内外侧的垂向偏差和横向偏差，红色线条表示横向偏差，蓝色线条表示垂向偏差。

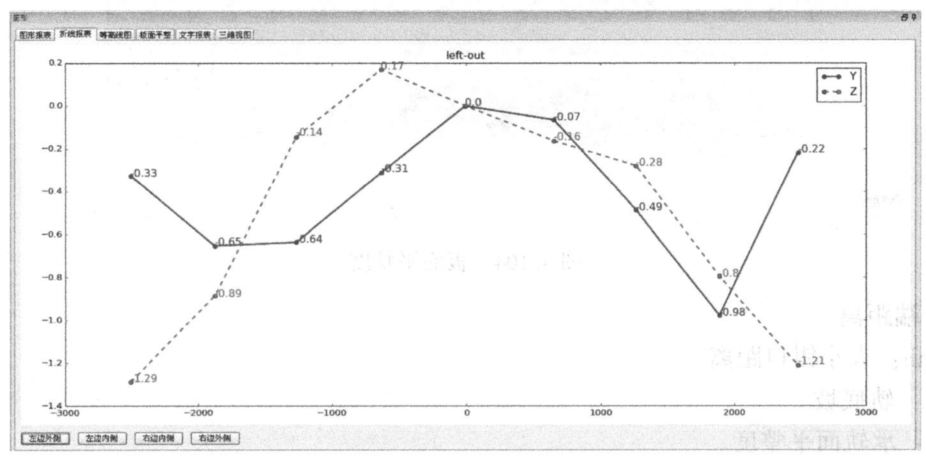

图 4.102　折线报表

（6）等高线图。图 4.103 所示为图形对话框的等高线报表，以等高线的方式详细显示每个承轨台承轨面的起伏情况。单击右侧轨道板图形内的承轨台将显示该承轨面的等高线图。

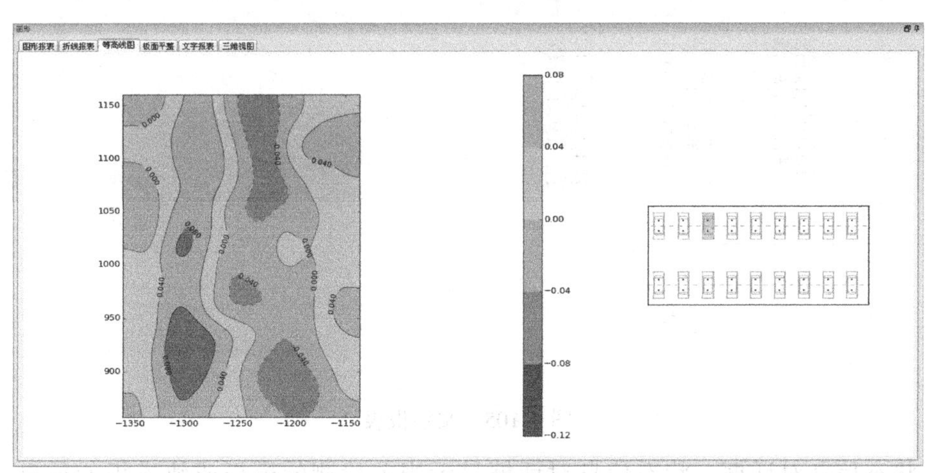

图 4.103　等高线图

（7）板面平整度。图 4.104 所示为图形对话框的板面平整度，计算方式与单个承轨台承轨面的平整度一样，以等高线的方式详细显示钢模底模板或轨道板顶面的起伏情况。

（8）文字报表。图 4.105 所示为图形对话框的文字报表，以文本的形式显示整块钢模或轨道板的检测项目的数据。

第 1 行是检测钢模或轨道板的设计参数，如宽度、长度、行数、轨枕间距以及第 1 个承

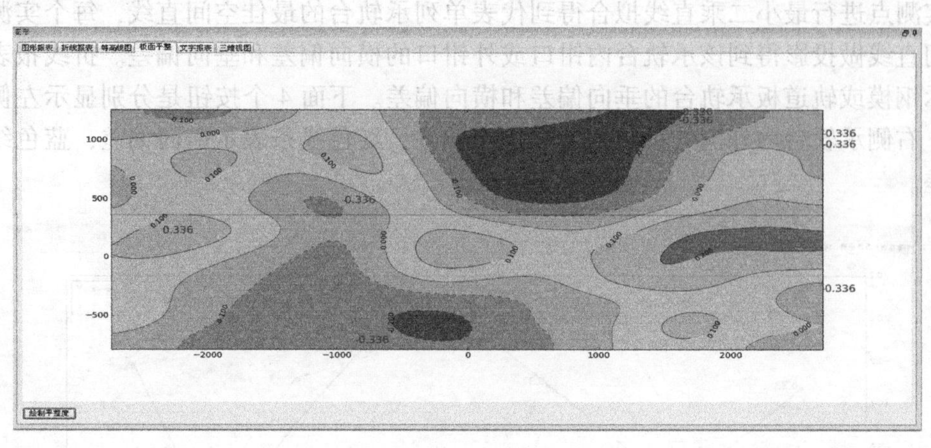

图 4.104 板面平整度

轨台离板端距离。

Length：大小钳口距离。

GDP：轨底坡。

PZD：承轨面平整度。

Angle：承轨面与钳口面之间的夹角。

图形报表 折线报表 等高线图 板面平整 文字报表 三维视图

{u'width': 2500, u'length': 5600, u'rows': 9, u'step': 613, u'offset': 268}

Length:

Left	Max	Right
375.850	1890.180	375.830
375.870	1890.040	375.830
376.090	1890.650	376.030
375.940	1890.600	375.920
376.110	1890.790	376.010
376.030	1891.270	375.950
376.120	1891.060	375.980
375.940	1890.920	375.830
375.760	1890.380	376.020

GDP:

Left	Right
41.210	38.800
40.670	39.320
40.960	39.100
41.290	39.250
41.590	39.170

生成报表

图 4.105 文字报表

(9) 状态信息对话框。状态信息对话框显示当前检测的模板或轨道板的信息，包括版型、身份 ID（身份标识）、测量轨枕数目以及相应的超限信息等，如图 4.106 所示。

(10) 限差设置对话框。图 4.107 所示为限差设置对话框，可以根据需求设置对应检测项目的限差值，设置完毕后单击“生效”按钮，设置的限差将生效。

(11) 实时断面对话框。实时断面是在做检测时实时显示扫描测量的断面线，如图 4.108 所示。

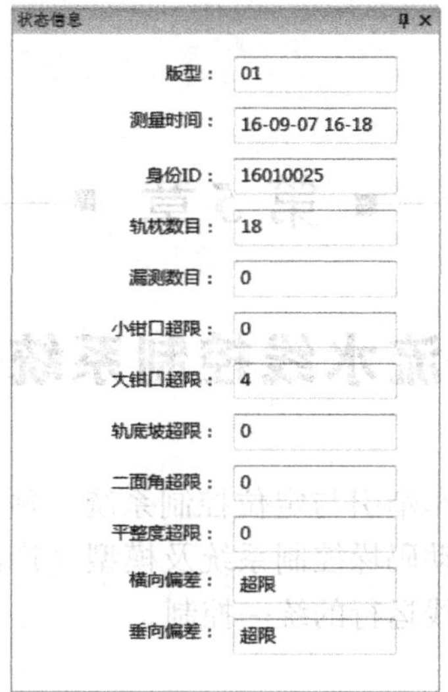

图 4.106　状态信息对话框

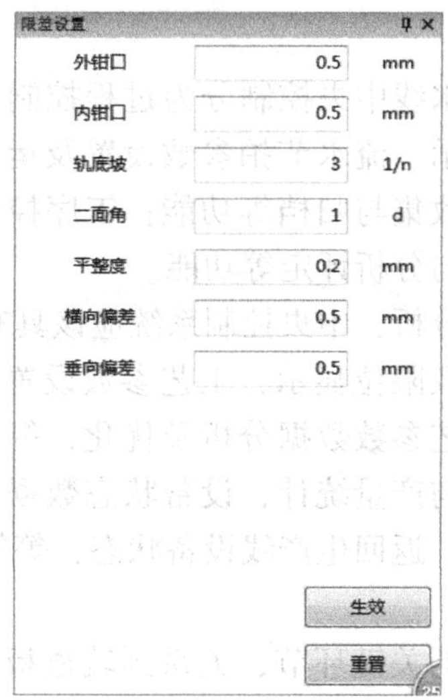

图 4.107　限差设置对话框

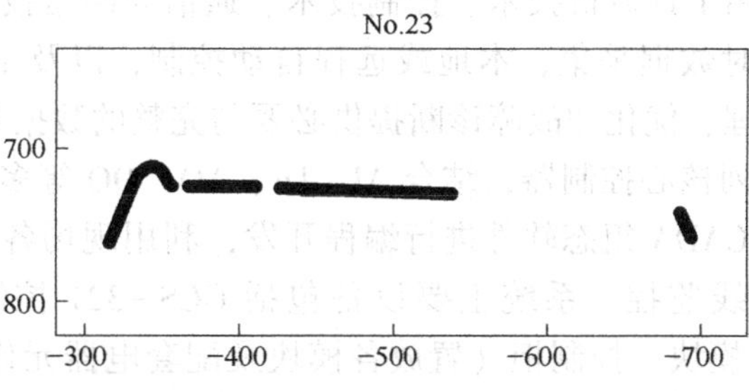

图 4.108　实时断面对话框

第5章 流水线控制系统

流水线控制系统包括平板台车牵引与定位控制系统、预应力筋智能张拉控制系统、混凝土蒸汽养护控制系统、蒸养窑自动码垛控制系统及模型（产品）在线检测系统，并将各系统集成于中央控制系统，实现流水线运行的统一控制。

5.1 中央控制系统

基于流水线功能需求，将流水线中央控制分为过程控制模块和工序控制模块。过程控制模块具有设备状态监控及限位显示、流水节拍参数设置及运行监控、各工序信息的传输、误操作报警与故障处理、历史数据收集与归档等功能；工序控制模块具有各工序设备控制、工艺参数设定与运行、数据的采集与分析评定等功能。

基于对生产线控制功能需求分析，中央控制系统应该具有过程控制和直接控制两大模块。过程控制模块具有设备状态监控及限位显示，工艺参数设置与监控显示，张拉、养护、放张等工艺参数自动收集与归档，工艺参数数据分析及优化，等等。直接控制模块具有生产线现场设备控制，生产过程参数采集与产量统计，设备状态数据采集与处理，操作错误报警与紧急事件处理，与上位机实时通信，返回生产线设备状态，等等。

1. 结构设计

中央控制系统是整条生产线的关键环节，关系到轨道板生产的效率、质量及安全。根据轨道板生产线的功能需求，中央控制系统采用SCADA系统（supervisory control and data acquisition，监控与数据采集系统）实现。SCADA系统是一类功能强大的计算机远程监督控制与数据采集系统，它综合利用了计算机技术、控制技术、通信与网络技术，完成了对测控点分散的各种过程或设备的实时数据采集，本地或远程自动控制，以及生产过程的全面实时监控，为安全生产、调度、管理、优化和故障诊断提供必要与完整的数据及技术手段。

采用Supcon-G3系列核心控制器，结合AI、DI、AO、DO等多类型信号处理模块，通过GCS-Contrix软件及VxSCADA组态软件进行编程开发，利用现场各工位的多种传感器模块实施检测、数据处理和在线监控。系统主要设备包括GCS-321控制器模块、AI-311模块、AO-311模块、DO-311模块、控制柜（置放各模块及配套电器元件）、位移传感器、应力传感器、操作柱及系统服务器等（包括操作台、主机、交换机）。

设备主要布局为张拉工位控制柜（共计4个，位于中控室）、振动工位控制柜（共计1

个，位于中控室）、放张工位控制柜（共计4个，位于放张工位处）、脱模工位控制柜（共计1个，位于中控室）、位移传感器（分布在每个工位中）、压力（应力）传感器（分布在张拉、脱模工位中）、操作柱（分布在各个工位处）、操作台及服务器（位于中控室）。

现场所有传感器通过电信号采集至各对应控制柜，同时各控制柜内的控制模块通过以太网相连，将数据集中采集至服务器统一处理。以太网的高速传输能力最大保证了系统通信的可靠性和实时性。流水线控制系统拓扑图如图5.1所示。

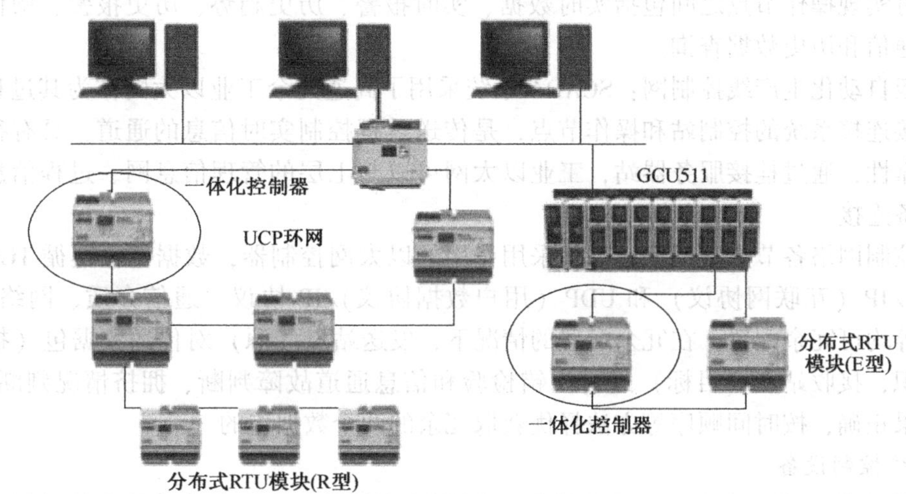

图5.1 流水线控制系统拓扑图

2. 系统总体方案

根据系统结构和功能分析，将中央控制系统在结构上分为3层，即轨道板自动化生产线控制网、轨道板自动化生产车间信息网和管理信息网，如图5.2所示。

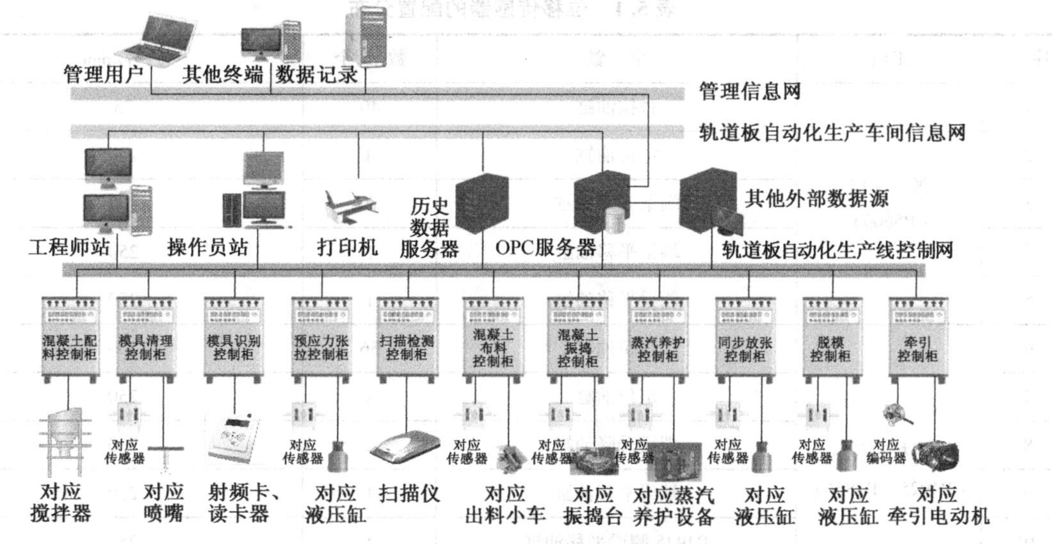

图5.2 中央控制系统结构图

管理信息网：采用通用的以太网技术，用于工厂级的信息传送与管理，实现全厂综合管理。该网络通过服务器站获取系统运行中过程参数和运行信息，同时向下传送上层管理计算机的调度指令和生产指导信息。管理信息网采用大型网络数据库，实现信息共享，并将各个装置的控制系统连入企业管理信息网，实现工厂级的综合管理、调度、统计、决策等。

轨道板自动化生产车间信息网：轨道板自动化生产车间信息网采用C/S（客户机/服务器）网络模式（对应SupView软件包）或对等C/S网络模式（对应AdvanTrol-Pro软件包）。该信息网可实现操作节点之间包括实时数据、实时报警、历史趋势、历史报警、操作日志等实时数据通信和历史数据查询。

轨道板自动化生产线控制网：SCADA系统采用了高速冗余工业以太网作为其过程控制网络，它直接连接系统的控制站和操作节点，是传送过程控制实时信息的通道，具有很高的实时性和可靠性，通过挂接服务器站，工业以太网可以与上层的管理信息网、过程信息网及其他厂家设备连接。

过程控制网络各节点的通信接口均采用专用的以太网控制器，数据传输遵循TCP（传输控制协议）/IP（互联网协议）和UDP（用户数据协议）/IP协议。通信介质、网络控制器、驱动接口等均可冗余配置，在冗余配置的情况下，发送站点（源）对传送数据包（报文）进行时间标识，接收站点（目标）进行出错检验和信息通道故障判断、拥挤情况判断等处理；若校验结果正确，按时间顺序等方法择优获取冗余的两个数据包的一个。

3. 系统控制设备

（1）传感器布置。中央控制系统是通过在不同工序部位设置高精度位移传感器、压力传感器和温度传感器，以实现对预应力筋的张拉、放松及蒸汽养护等控制。位移传感器主要布设在机械液压设备上，用于精确控制张拉千斤顶的位移动作（张拉伸长值控制）；压力传感器主要布设在张拉工位的张拉装置（张拉力控制）和脱模工位的压紧装置上；温度传感器主要布设在蒸养线不同温度控制区域，实施温度的监控。传感器的配置分布见表5.1~表5.3。

表5.1 位移传感器的配置分布

序号	工位	位　置	数量/个	行程/mm
1	张拉工位（P5600）	张拉油缸	40	75
2		定位油缸	4	250
3		端梁升降油缸	2	700
4		端梁平移油缸	1	250
5		侧梁平移油缸	1	250
6	张拉工位（P4925、P4856）	张拉油缸	56	700
7		定位油缸	4	250
8		端梁升降油缸	2	700
9		端梁平移油缸	1	250
10		P4925侧梁平移油缸	1	250
11		P4856侧梁平移油缸	1	250

续表

序号	工位	位　置	数量/个	行程/mm
12	振动工位	定位油缸	4	100
13	放张工位（P5600）	定位油缸	4	250
14		1#端梁升降油缸	2	700
15		2#端梁升降油缸	2	700
16		1#端梁平移油缸	1	250
17		2#端梁平移油缸	1	250
18		1#侧梁平移油缸	2	250
19		2#侧梁平移油缸	2	250
20	放张工位（P4925、P4856）	定位油缸	4	250
21		1#端梁升降油缸	2	700
22		2#端梁升降油缸	2	700
23		1#端梁平移油缸	1	250
24		2#端梁平移油缸	1	250
25		1#侧梁平移油缸	2	250
26		2#侧梁平移油缸	2	250
27	脱模工位（P5600）	定位油缸	4	250
28		脱模油缸	3	650
29		压紧平移油缸	4	350
30	脱模工位（P4925、P4856）	定位油缸	4	250
31		脱模油缸	3	650
32		压紧平移油缸	4	350

表 5.2　压力传感器的配置分布

序号	工　位	位置	数量/个	量程/kN
1	张拉工位（P5600）	张拉油缸	40	0~120
2	张拉工位（P492、P4856）	张拉油缸	56	0~120
3	脱模工位（P5600）	压紧油缸	4	0~40
4	脱模工位（P4925、P4856）	压紧油缸	4	0~40

表 5.3　温度传感器的配置分布

序号	工　位	位置	数量/个	量程/℃
1	蒸汽养护窑	生产车间	1	0~80（无线传输）

续表

序号	工　位	位置	数量/个	量程/℃
2	蒸汽养护窑	板芯	1	0~80（无线传输）
3	蒸汽养护窑	板面	1	0~80（无线传输）
4	蒸汽养护窑	静置区	2	0~80（有线传输）
5	蒸汽养护窑	升温区	6	0~80（有线传输）
6	蒸汽养护窑	恒温区	16	0~80（有线传输）
7	蒸汽养护窑	降温区	8	0~80（有线传输）

（2）控制柜布置。根据流水线的工位工况情况，现场布设10个弱电控制柜，数量及分布位置见表5.4。

表5.4　控制柜布置的分布位置

序号	工　位	位置	数量/个
1	P5600张拉工位控制柜	中控室	2
2	P4925和P4856张拉工位控制柜	中控室	2
3	振动工位控制柜	中控室	1
4	P5600放张工位控制柜	放张工位旁	2
5	P4925和P4856放张工位控制柜	放张工位旁	2
6	脱模工位控制柜	中控室内	1

控制柜含空开、接线端子、保险丝、24 V DC开关电源、GCU一体化控制器模块、GCU信号采集模块、继电器、安全栅、交换机等电子元器件，现场所有传感器的电信号均通过电缆线接入对应的控制柜接线端子处；同时控制器输出的控制信号也通过相应柜内接线端子接至现场的强电控制柜、控制阀等执行机构处。

（3）服务器配置。中央控制系统配置1台主工程师服务器、4台操作员站服务器和1台视频监控服务器。服务器是人机界面的直接承载平台，所有远程操作、曲线查看、报表生成等工作均通过服务器处完成，其中主工程师服务器和操作员站服务器采用双屏扩展配置，如图5.3所示。

（4）人机工作界面。基于GCS-Contrix及VxSCAD A组态软件，实现中央控制系统对机组流水线所有工位的数据采集显示和命令操作的可视化的模拟人机工作界面，如图5.4所示。通过人机工作界面可以随时查看调用各关键工位的历史数据和时时数据，实现流水作业有效控制。

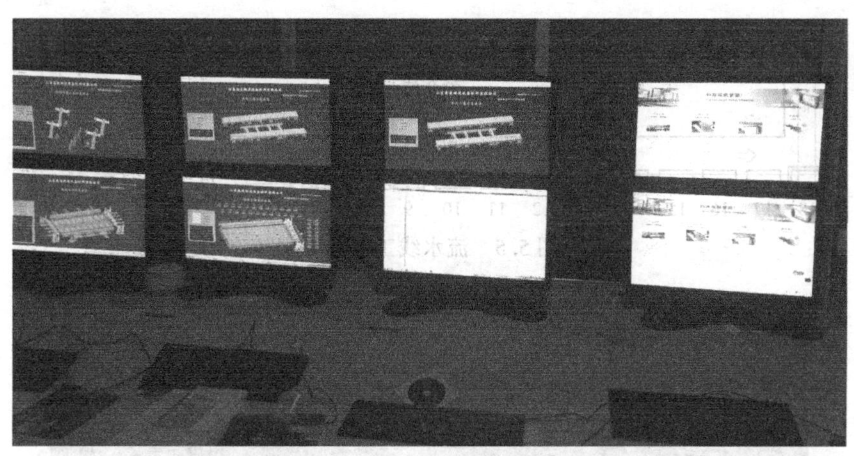

图 5.3 双屏扩展服务器

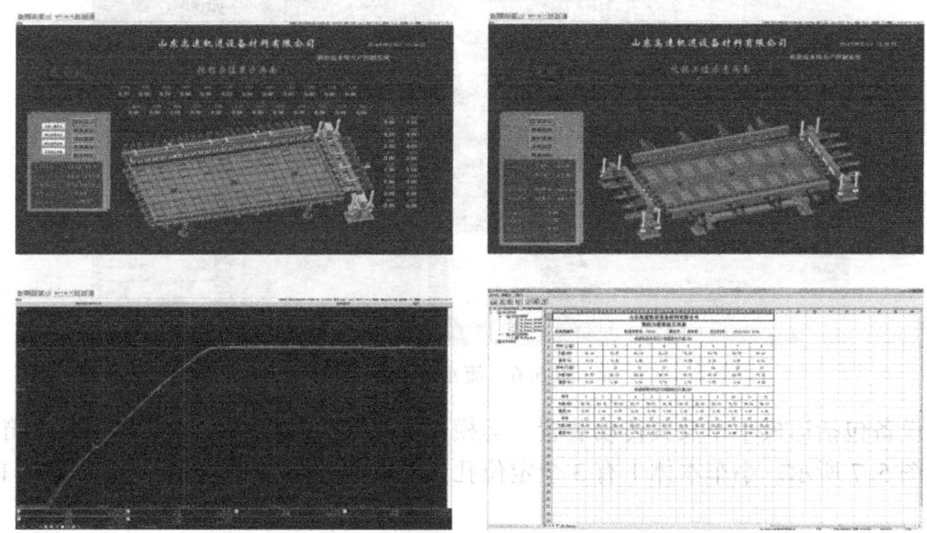

图 5.4 中央控制系统人机工作界面

5.2 平板台车牵引与定位控制系统

5.2.1 牵引设备结构设计

除了蒸汽养护外，轨道板的操作全部在一条流水线上完成，模型放置于小车上，小车安装车轮，小车牵引模型在轨道上向前方运行。将动作在流水线上分解为 14 个工位，18 个#位置，即 1#蒸养出板，2~3#放张、4#预留、5~6#脱模、7#清模及喷脱模剂、8#安装导管、9#钢筋入模、10~11#装张拉杆、12#预留、13~14#张拉、15#测量、16#振动、17#预留、18#进蒸养。流水线工位分工如图 5.5 所示，流水线全景如图 5.6 所示。

图 5.5 流水线工位分工

图 5.6 流水线全景

牵引设备包括运模小车及其传动装置。运模小车设计为框架结构，梁截面采用箱型截面，其构造如图 5.7 所示。小车本体 1 有 3 个定位孔，改变定位销2 的位置，可以适应P5600、

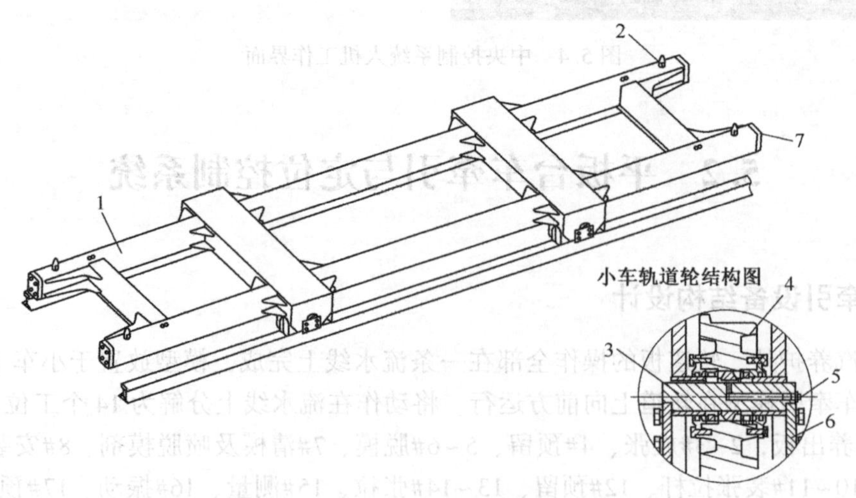

图 5.7 运模小车构造

1—小车本体；2—定位销；3—轮轴；4—轨道轮；5—油杯；6—压板；7—橡胶撞块

P4925、P4856 三种模具的配合。小车轨距为 1 435 mm，轮距为 2 600 mm，车轮直径为 250 mm，小车高为 300 mm，长为 6 250 mm，宽为 1 680 mm，重为 1.78 t。

牵引力计算，要使运模小车轮子在钢轨上滚动，牵引力必须克服车轮与钢轨之间的摩擦力，包括滚动摩擦力和滑动摩擦力。车轮受力简图如图 5.8 所示。

根据理论力学摩擦静力学分析原理，由平衡方程 $\sum M_A(F) = 0$，可求得

$$F_{滚} = \frac{M_{max}}{R} = \frac{\delta F_N}{R} = \frac{\delta}{R}P$$

由平衡方程 $\sum F_x = 0$，可以求得

$$F_{滑} = F_{max} = f_s F_N = f_s p$$

式中：$F_{滚}$ 为滚动摩擦力；$F_{滑}$ 为滑动摩擦力；δ 为滚动摩阻系数；R 为车轮半径；f_s 为静摩擦原数；P 为车轮及轮上所有压力荷载。

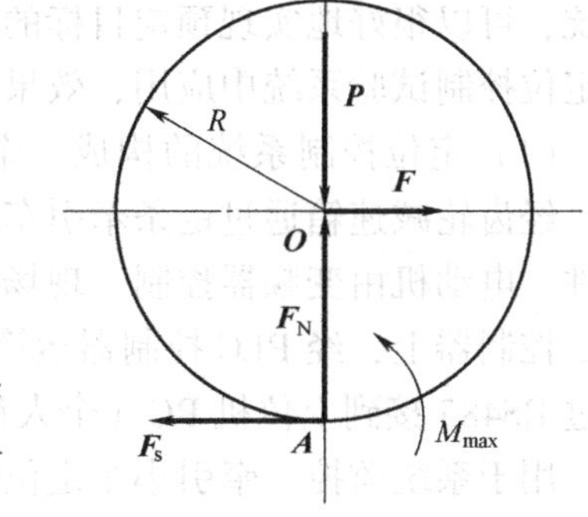

图 5.8　车轮受力简图

钢质车轮与钢轨之间滚动摩阻系数为 0.05 mm，钢与钢之间的静摩擦系数是 0.15，车轮半径 R 为 125 mm，车轮及物体总重计算，小车 1.78 t，模型 12.5 t，轨道板 8 t，则总重量 22.28 t，加上其他小型构件合计约 24 t（240 kN）。将这些数据代入上面摩擦力计算公式，求得

$$F_{滚} = \frac{0.05}{125} \times 240 = 0.096(\mathrm{kN})$$

$$F_{滑} = 0.15 \times 240 = 36(\mathrm{kN})$$

$$F_{滚} < F_{滑}$$

滑动摩擦力大于滚动摩擦力，说明牵引力要大于滑动摩擦力才能让小车在钢轨上运动，推动一辆小车需要牵引力大小 36 kN。一条流水线上共有 16 辆小车，那么需要提供总牵引力大小为 16×36=576（kN）。

5.2.2　牵引定位设计

牵引小车自动定位控制是流水机组法生产工艺中非常重要的环节之一。尤其是自动放张、起板、自动张拉三个工位，需精确定位，才能使设置在轨道旁边的举升装置的油顶尖头，顶入轨道板模具上定位孔进行举升等动作。因此，牵引小车需要高精度的位置控制。

1. 牵引小车拖动设计

小车靠传动装置驱动向前运行，传动装置采用链条传送，安装于两根钢轨中部，在传动链条上设置突起斜块，链条运动时，突起斜块与运模小车接触，推动小车向前移动。牵引定位原理示意如图 5.9 所示。每辆小车后面均设置一个突起斜块，间隔 9 m。

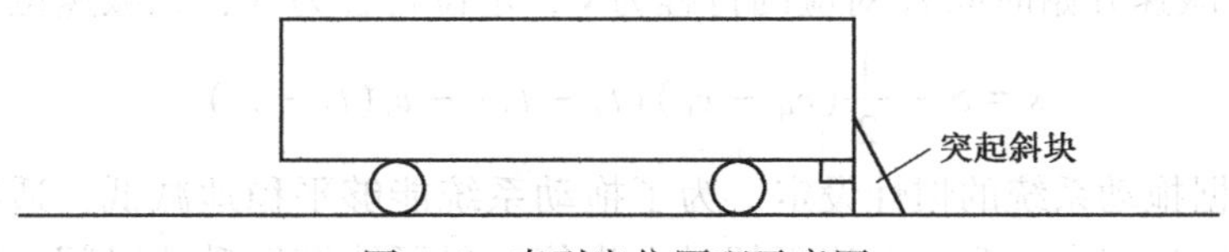

图 5.9　牵引定位原理示意图

2. 定位控制

传统的电动机定位控制一般采用直流或交流伺服技术来解决，但造价维护成本比较高。而一般的生产线采用PLC控制器进行控制，并利用接近开关实现定位，其定位精度又难以达到要求。

本方案采用PLC控制器结合编码识别技术和变频控制技术，构建自动定位的半闭环控制系统，可以很好地实现预定目标的高效自动行走控制和准确定位。该控制方案在小车自动行走定位控制试验系统中应用，效果良好。

（1）定位控制系统的构成。牵引小车沿轨道做直线往复运动，其行走由交流电动机驱动，经齿轮减速箱通过链条牵引车体。电动机主轴上装有光电编码器，作为行走定位的检测元件。电动机由变频器控制。现场检测信号、变频器的执行命令和操作面板的指令等均接到PLC控制器上，经PLC控制器运算后，发出控制命令给变频器，驱动小车行走，PLC控制器通过RS485接到上位机PC（个人计算机），上位机PC中安装了实时数据采集与监控组态软件，用于系统监控。牵引小车定位控制系统框图如图5.10所示。

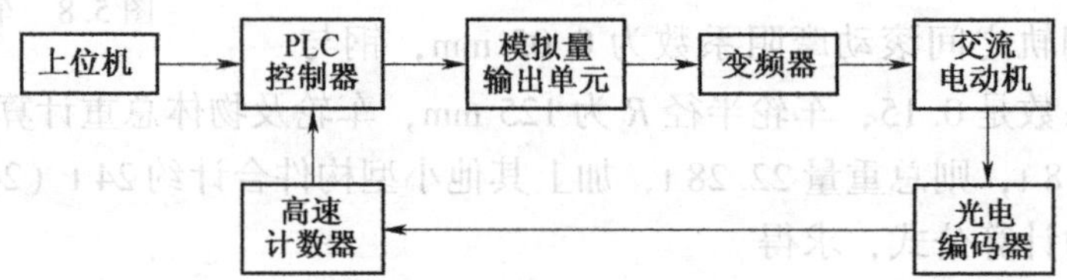

图5.10 牵引小车定位控制系统框图

（2）定位控制算法。在一般位置控制系统中，定位控制过程分为4个阶段，即恒加速阶段、高速运行阶段、高速减速阶段和低速爬行阶段，定位控制速度曲线如图5.11所示。图中，$0\sim t_1$ 为恒加速阶段，$t_1\sim t_2$ 为高速运行阶段，$t_2\sim t_3$ 为高速减速阶段，$t_3\sim t_4$ 为低速爬行阶段。速度控制采用VVVF（可变电压、可变频率）调速方案，升降速方式均采用线性方式。

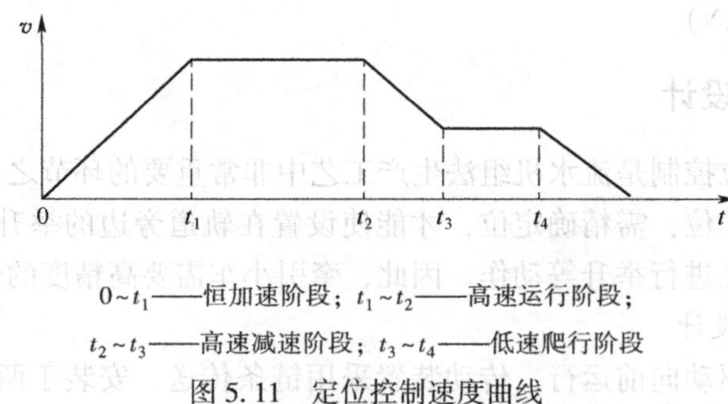

$0\sim t_1$——恒加速阶段；$t_1\sim t_2$——高速运行阶段；

$t_2\sim t_3$——高速减速阶段；$t_3\sim t_4$——低速爬行阶段

图5.11 定位控制速度曲线

为了能实行准确定位控制，需要估计在何位置开始进行减速。设牵引小车的高速为 v_{H}，爬行速度为 v_{L}，减速开始时间 t_2 对应的行程为 s，定位行程为 S，则减速位置行程为

$$s = S - \frac{1}{2}(v_{\mathrm{H}} - v_{\mathrm{L}})(t_3 - t_2) - v_{\mathrm{L}}(t_4 - t_3) \tag{5.1}$$

爬行时间根据拖动系统的惯性设定。为了拖动系统能够平稳地减低，适当选择降速的时间。同样，在升速过程中，升速电流不超过允许值，尽可能缩短升速时间。升降速时间和方

式均在变频器中设定。

在实际工业系统中，对牵引小车来说，由于各托盘库、装卸料站所处的位置不同，则小车运行的距离有长有短。为此，用光电编码器和高速计数器来测定实际的位置，并与计算位置进行比较，当比较结果一旦大于 s 时，小车减速进入低速爬行。开始减速的设定位置 s 的选取非常重要，s 选得过小，则系统低速运行的距离过长；s 选得过大，则易引起超调。s 需经反复试验后设定，使小车行走基本无超调，定位精度在±0.5 mm之内。

5.3 智能张拉控制系统

传统矩阵法生产工艺，预应力筋张拉采用单根预张拉至张拉力控制值的30%，然后再整体张拉至张拉力控制值。该张拉工艺难以实现对每根预应力筋的时时张拉控制，易导致张拉力和伸长值较大误差。流水线张拉采用单根预应力筋时，通过设置一一对应的力传感器和位移传感器控制张拉过程，可较好地控制张拉力和伸长值。张拉控制系统结构如图5.12所示。

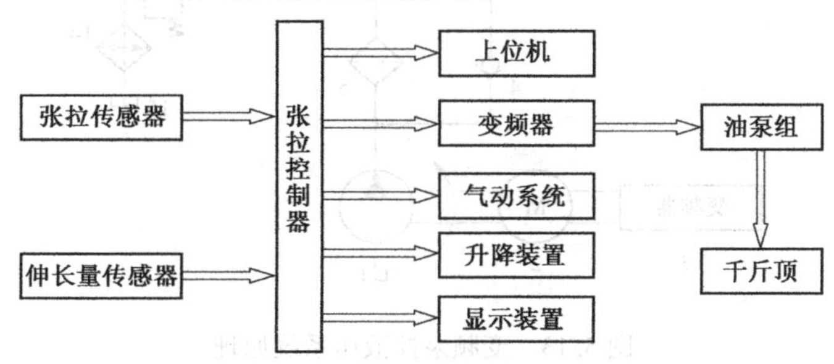

图5.12 张拉控制系统结构

1. 传感器设置

轨道板预应力筋张拉需满足“双控”质量要求，即单根张拉力误差≤10%，总张拉力误差≤3%，伸长值误差≤10%。为实现张拉力和伸长值的精确量测，分别采用高精度力传感器和位移传感器进行测定。

高精度力传感器安装在每个张拉油缸与承力板之间，通过自身承受压力值实时量测预应力筋张拉力值。位移传感器固定于液压油缸缸体外侧，位移张拉杆前端与液压油缸活塞杆前端用一块安装铁片工装予以固定，从而可以实时反馈油缸活塞杆的位移伸出值。

如何保证模型内各根预应力筋张拉（特别是伸长值）同步是控制张拉质量的关键因素。目前，自动化张拉设备按系统构成主要分为阀控液压系统和泵控液压系统。阀控液压系统复杂，但控制精度高，响应快、发热量大；泵控液压系统简单，能量利用效率高、发热量小，抗污染能量强，成本低，工程环境适应性较强。

流水线预应力筋张拉采用泵控液压系统，要求满足张拉控制精度高、超调量小或者无超调、稳态误差小、张拉同步率要求高等。但由于系统控制压力大，且包含了变频器、电动机以及液压系统多个环节，导致整个系统存在较大惯性和非线性环节。因此，需要采取合理的控制算法，消除上述不利因素，提高控制系统的动态性、稳态性和鲁棒性。

2. 张拉泵控系统

根据系统技术要求，考虑系统压力控制精度、稳态误差、同步率以及持荷保压下压力稳定性等均有较高要求；并综合考虑设备应用工况与成本等因素，张拉泵控系统采用以液压缸流量控制实现压力间接控制的“变频泵控液压系统”，能较好地满足技术要求与环境适应性。变频泵控液压系统原理如图 5.13 所示。

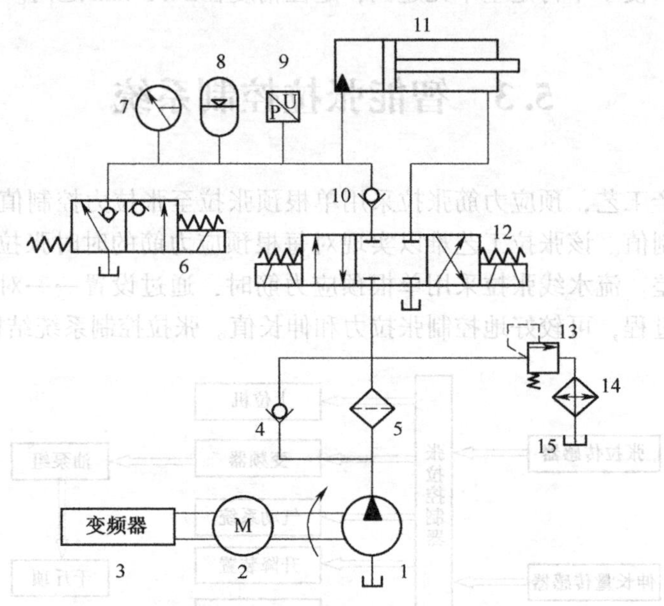

图 5.13 变频泵控液压系统原理

1—定量泵；2—三相异步电动机；3—变频器；4—单向阀；5—过滤器；6—电磁球阀；
7—压力表；8—蓄能器；9—压力传感器；10—止回阀；11—液压千斤顶；12—电磁换向阀；
13—溢流阀；14—冷却器；15—油箱

变频泵控液压系统以千斤顶输出张拉力为控制目标，实现张拉力的加载、持荷过程。启动张拉时，张拉油缸压力传感器检测液压千斤顶的输出压力，经过标定后的线性关系转换为力值后与设定值进行比较；产生控制电压并通过变频器控制电动机调整电动机转速，进而控制进入液压千斤顶高压腔的液压油量，达到控制千斤顶输出张拉力的目的。

变频控制构成负反馈闭环控制系统，可以根据设定加载曲线控制张拉施力过程，通过“自抗扰控制算法”实现步进式压力输出，使预应力钢筋缓慢而均匀地受力张拉，有效地保证了各根钢筋张拉速率保持同步。变频液压控制原理如图 5.14 所示。

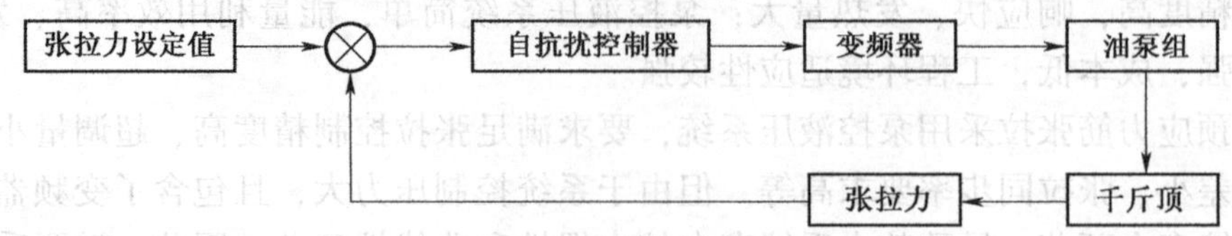

图 5.14 变频液压控制原理

由于液压泵、变频器等元件都具有非线性特征，为简化设计按照变频器–电动机环节和泵控–液压千斤顶环节按照线性化建立数学模型。

变频器–电动机环节：建立变频器输入控制电压与电动机转速的关系，其线性化处理为

$$w = 2\pi k_f u_c / p_m = \pi k_f u_c \tag{5.2}$$

式中：w 为电动机轴转动速度；u_c 为控制电压；k_f 为伏频系数；p_m 为电动机极数（此处根据系统所选变频电动机取值为2）。

泵控–液压千斤顶环节：建立控制电压和输出力之间的关系，其线性化处理为

$$F = \frac{\left(\frac{m}{K_s}S^2 + \frac{B}{K_s}S + 1\right)Ku_c}{\frac{V_t m}{\beta_e A_t}S^3 + \left(\frac{V_t B}{\beta_e A_t} + \frac{mC}{A_t}\right)S^2 + \left(\frac{V_t K_s}{\beta_e A_t} + \frac{BC}{A_t} + A_t\right)S + \frac{K_s C}{A_t}} \tag{5.3}$$

式中：$K = \pi D_p K_f K_s$，$C = C_{tp} + C_{tc}$；D_p 为泵排量；w 为电动机转速；C_{tp} 为泵泄漏系数；P_h 为工作负载压力；A_t 为液压千斤顶活塞面积；y 为液压千斤顶活塞位移；C_{tc} 为液压千斤顶泄漏系数；V_t 为液压千斤顶高压腔容积；β_e 为油液的弹性模量；F 为实际输出力；m 为活塞、活塞杆及负载的质量；B 为活塞与缸壁及负载的等效阻尼；K_s 为液压千斤顶及负载的等效弹性系数。

3. 自抗扰控制系统

自抗扰控制系统针对经典 PID（比例、积分、微分）控制器的缺点，通过“跟踪微分器”“非线性组合”和“扩张状态观测器”改进措施，充分利用“非线性状态误差反馈”的非线性效应来设计控制器，有效地加快了收敛速度，提高了控制系统的动态性能。

自抗扰控制器包含三个部分：①以设定值 v 为输入安排过渡过程部分；②以系统的输出 y 和输入 u 来跟踪估计系统状态与扰动部分（扩张状态观测器）；③非线性状态误差反馈控制律和扰动补偿过程部分。以二阶受控对象为例，其结构框图如图 5.15 所示。

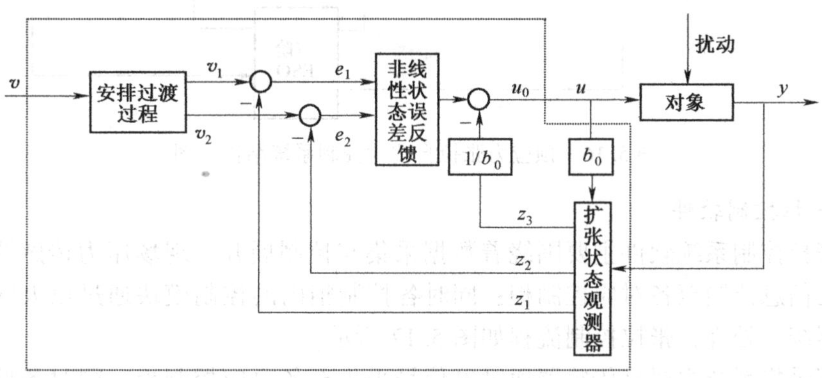

图 5.15 自抗扰控制结构框图

自抗扰控制系统采用的张拉自抗扰控制器设计如下。

（1）设计跟踪微分器（TD）。根据张拉力设定值设计二阶跟踪微分器（TD）。一是通过调节 r 的大小可以安排适当的过渡过程；二是能够得到生成控制律所需要的张拉力设定值的一阶微分量。为了运算方便，TD 采用线性阶跟踪微分器，具体算法如下：

$$
\begin{aligned}
v_1(k+1) &= v_1(k) + hv_2(k) \\
v_2(k+1) &= v_2(k) + h\{-r_1^2[v_1(k) - F_d] - 2r_1v_2(k)\}
\end{aligned} \tag{5.4}
$$

式中：F_d 为所需输入的张拉力指令，所得的 v_1 为对 F_d 安排的过程，v_2 近似于 v_1 的微分，可调参数为 r_1，h 为计算机采样步长。

（2）设计扩张状态观测器（ESO）。作用于千斤顶的"加速度"为

$$
\begin{cases}
e_1 = z_1 - y \\
\dot{z}_1 = z_2 - \beta_1 e_1 \\
\dot{z}_2 = z_3 - \beta_2 \mathrm{fal}(e_1,\ a_1,\ \delta) + f_0 + b_0 u \\
\dot{z}_3 = -\beta_3 \mathrm{fal}(e_1,\ a_2,\ \delta)
\end{cases} \tag{5.5}
$$

（3）设计非线性状态误差反馈控制律（NLSEF）。

$$
\begin{cases}
e_1 = v_1 - z_1,\ e_2 = v_2 - z_2 \\
u_0 = \beta_1 \mathrm{fal}(e_1,\ \alpha_{01},\ \delta) + \beta_2 \mathrm{fal}(e_2,\ \alpha_{02},\ \delta)
\end{cases} \tag{5.6}
$$

$$
u = (u_0 - f_0 - z_3)/b_0
$$

式中：β_1 和 β_2 为增益系数，控制量组成类似于 PD（比例、微分）的形式，不同的是将比例和微分的线性组合换成了非线性形式。预应力张拉自抗扰控制系统结构框图如图 5.16 所示。

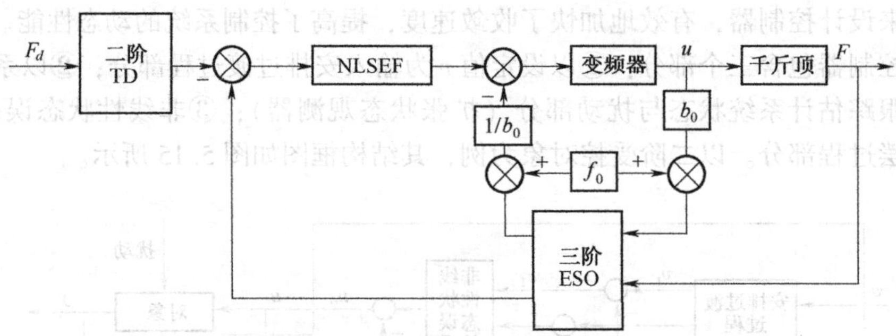

图 5.16　预应力张拉自抗扰控制系统结构框图

4. 智能张拉控制软件

预应力张拉控制系统软件主要围绕着数据采集与控制展开。现场压力传感器、位移传感器等将所采集信息传输至各对应控制柜；同时各控制柜内的控制模块通过以太网将数据集中采集至服务器统一处理，张拉控制流程如图 5.17 所示。

测量数据采集系统主要是传感器通过电信号采集至各对应控制柜，同时各控制柜内的控制模块通过以太网相连，将数据集中采集至服务器统一处理。利用 GCS-Contrix 软件及 VxS-CADA 组态软件，张拉工况的数据采集显示和命令均可通过人机界面显示并操作。

选择一个空模型进行设备性能测试和评价，试验操作步骤如下。

第 1 步：张拉就位。模型运行至准确位置后，纵向张拉横梁向下移动、横向张拉横梁水平移动至设定位置，钢模依靠底部 4 个油缸同步顶升实现准确定位，并完成张拉机械手与张拉杆嵌入连接，进入等待张拉状态。

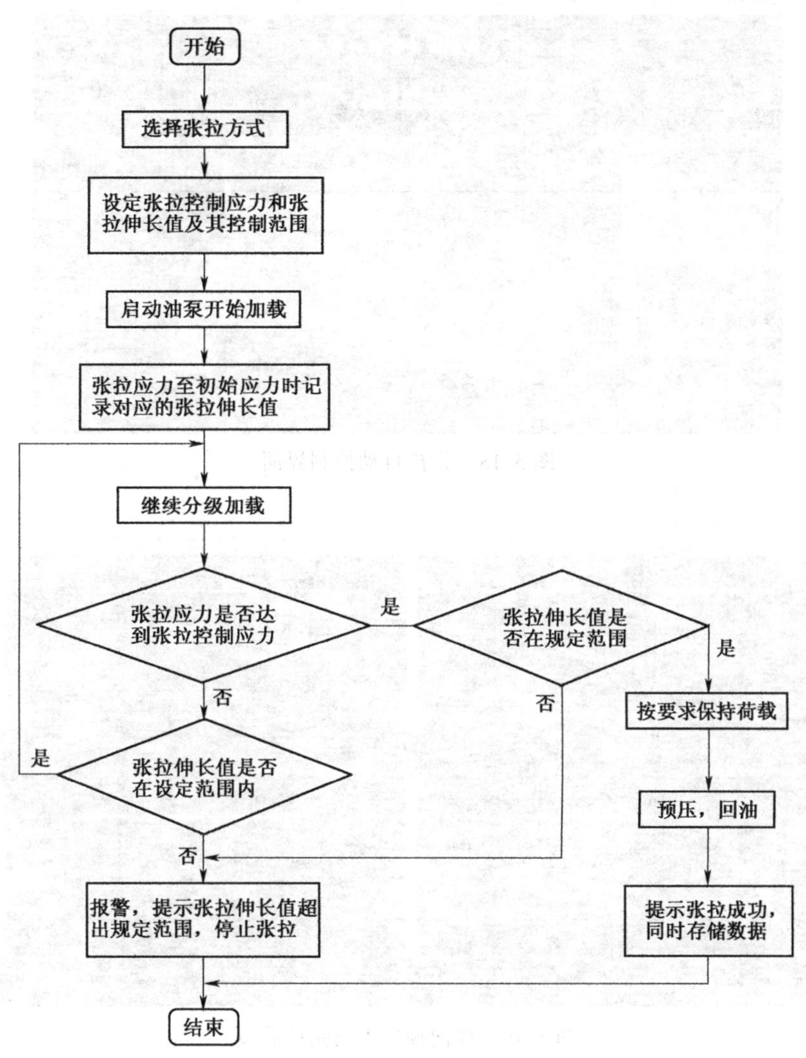

图5.17 张拉控制流程

第2步：预张拉。张拉前每个张拉油缸会先完成各自的空行程（未带力行程），之后开始单根单端同步张拉，并以张拉力值作为控制。

第3步：正常张拉。预应力张拉应均匀，加载速率不应大于4 kN/min，至设计张拉力值80 kN后保持荷载1 min，气缸自动压紧楔形插板并反复三次，以此保证张拉力值完成锁定。实测单根张拉力与设计张拉力偏差不应大于±3%。

第4步：数据采集与处理。张拉状态数值及曲线可在中控室SCADA软件人机界面上进行查看，并自动生成张拉记录。图5.18所示为张拉自动控制界面，图5.19所示为横向预应力筋张拉曲线，图5.20所示为纵向预应力筋张拉曲线，表5.5为预应力张拉测试数据。

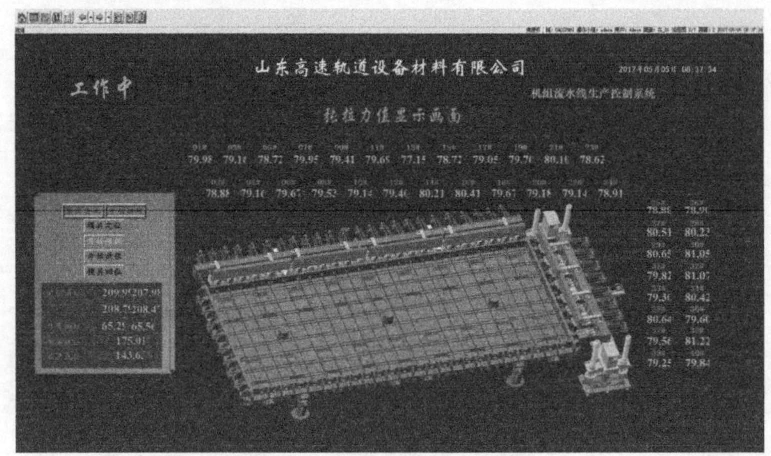

图 5.18　张拉自动控制界面

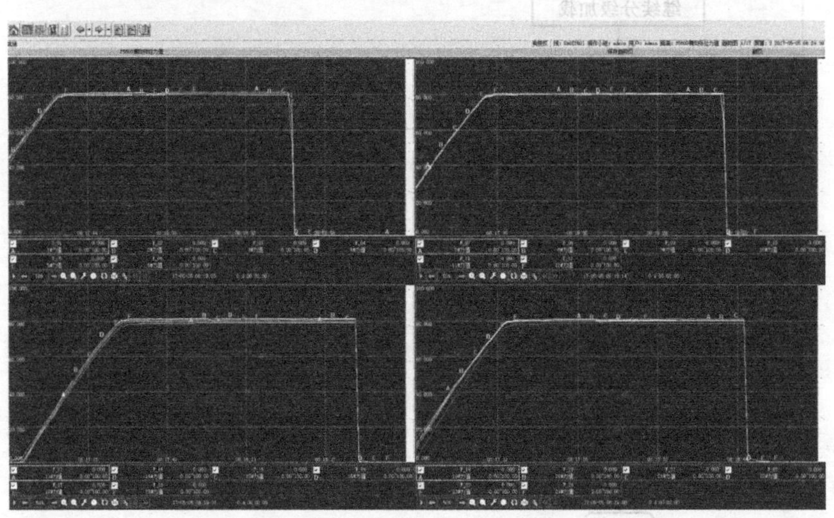

图 5.19　横向预应力筋张拉曲线

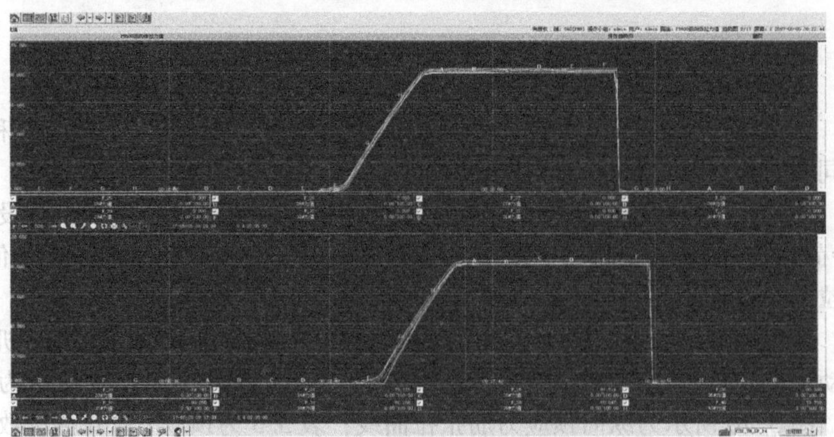

图 5.20　纵向预应力筋张拉曲线

表 5.5　预应力张拉测试数据

轨道板纵向预应力筋张拉力值								
序号（上层）	1	2	3	4	5	6	7	8
力值/kN	80.09	78.56	81.05	79.73	79.09	80.65	79.20	79.88
序号（下层）	9	10	11	12	13	14	15	16
力值/kN	79.60	80.39	81.05	81.06	79.13	79.93	80.70	79.40

轨道板横向预应力筋张拉力值												
序号	1	2	3	4	5	6	7	8	9	10	11	12
力值/kN	80.26	78.77	79.27	78.94	78.68	79.89	80.21	79.89	79.39	79.24	80.11	79.72
序号	13	14	15	16	17	18	19	20	21	22	23	24
力值/kN	79.28	80.30	79.24	79.93	78.58	79.88	79.90	79.39	80.23	79.24	80.24	79.02

从表 5.5 测试数据可以看出，该套张拉设备性能稳定，张拉测试数据精度较高，完全满足轨道板技术条件要求。

5.4　养护控制系统

1. 养护参数

蒸汽养护促进混凝土浇筑初期产生一系列物理、化学及力学变化，加快其内部结构形成，实现早强快硬目的。轨道板流水线生产通过蒸汽养护可有效地缩短混凝土养护时间，在保证产品生产质量的前提下提高流水线生产效率。

蒸汽温度影响水泥的水化速度，温度越高，水化速度越快，但水化进行过程的总体规律并未发生根本改变，只是各水化期的时间随温度的升高而缩短，随养护时间的延续，温度对水泥水化程度的影响效果逐渐降低。蒸汽养护也存在不利影响，由于温度升高，水泥的水化速度加快，混凝土内部温度升高，与表面的温差越来越大，引起混凝土结构的内部应力，造成开裂和强度损失。因此，合理控制混凝土蒸汽养护期不同阶段温度是保证流水线生产的关键因素。

混凝土蒸汽养护分为静置阶段、升温阶段、恒温阶段和降温阶段 4 个阶段。静置阶段为轨道板浇注成型后及蒸汽养护开始前在常温环境下静置一段时间，使混凝土具有一定的强度以抵抗升温过程变形。

升温阶段：轨道板结构强度及性能主要是在升温阶段形成的，但升温速率控制不当易造成混凝土构件开裂，因此升温速率一般不超过 15 ℃/h。

恒温阶段：轨道板恒温温度越高，恒温养护时间越长，其早期强度发展越快；但过高恒温温度和较长热养时间会导致轨道板芯部和表面温度过高，影响后期强度增长和耐久性，因此蒸汽养护恒温温度最高不宜超过 45 ℃。

降温阶段：蒸汽养护降温速率过快，会导致轨道板芯部和表面产生较大温差，引起的过大温度梯度应力使混凝土开裂，因此降温速率不宜超过 10 ℃/h。

综合考虑混凝土强度增长和流水线生产效率，确定轨道板蒸汽养护静置、升温、恒温和降温控制曲线，如图 5.21 所示，即轨道板在静养区放置 3~4 h ，在升温区放置 2~4 h，在恒温区放置 6~10 h ，在降温区放置 2~4 h。

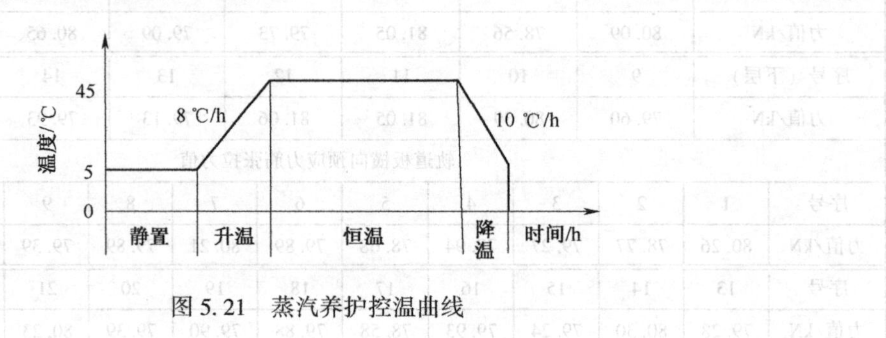

图 5.21 蒸汽养护控温曲线

2. 功能需求

为实现对蒸养线温度的精确控制，要求控制系统应具有以下功能。

（1）控制功能。需对蒸养窑工艺参数进行实时控制和显示，便于操作人员通过控制系统在上位机中直接控制各回路的开关控制，调整养护温度和时间；当出现异常情况能够及时报警，便于工作人员采取相应的措施。

（2）在线实时监控功能。实现运行监视功能、实时和历史曲线显示、报警提示功能等。运行监视用模拟工作流程图的形式对生产过程进行显示，模拟图上实时模拟开关状态、养护状态；同时模拟图上还要包括蒸汽供给系统、阀门控制系统、温度测量与控制过程等。

（3）储存与分析功能。时时测量工艺参数（温度、湿度、时间）并绘制实时曲线，进行实测曲线与控制曲线对比分析；超过限值及时预警，便于工作人员及时处理。

（4）运行档案管理。建立包括工艺参数、运行状况、报警记录等运行档案，并随时查阅、分析判断生产状况。

3. 监控系统设计

目前，蒸汽养护温度控制系统一般采取集中控制和集散控制两种方式。集中控制由上位机集中控制蒸养窑的养护过程，并在上位机中存储、显示、处理各个蒸养窑的数据；集散控制由放置在蒸养窑附近控制器控制蒸养窑的养护过程，而上位机只是负责向控制器发送养护参数，并接收、管理蒸汽窑的温度数据。

本流水线蒸养窑温度控制采用集散控制方案，即分散控制、集中管理，该系统结构如图 5.22 所示。

系统对蒸养窑温度控制主要是通过控制蒸汽阀门开合度来实现的，根据系统各个部分作用不同，将整个系统分为控制层和管理层两部分。控制层可以接收管理层发送的养护参数，对蒸养窑实施控制，也可以直接在控制层中的温度采集控制器上设置参数，直接实施控制；管理层主要安装软件工控机，控制下位机的运行情况，并实时采集、显示和储存控制层的温度数据。

蒸养窑温度控制系统现场控制层，主要由控制器、温度传感器、电磁阀、喷淋设备、风机等组成，实现对蒸养窑的温度实时控制。温度控制流程如图 5.23 所示。

（1）温度传感器布置。为准确检测轨道板温度，设置 3 个无线接收温度传感器，用于轨

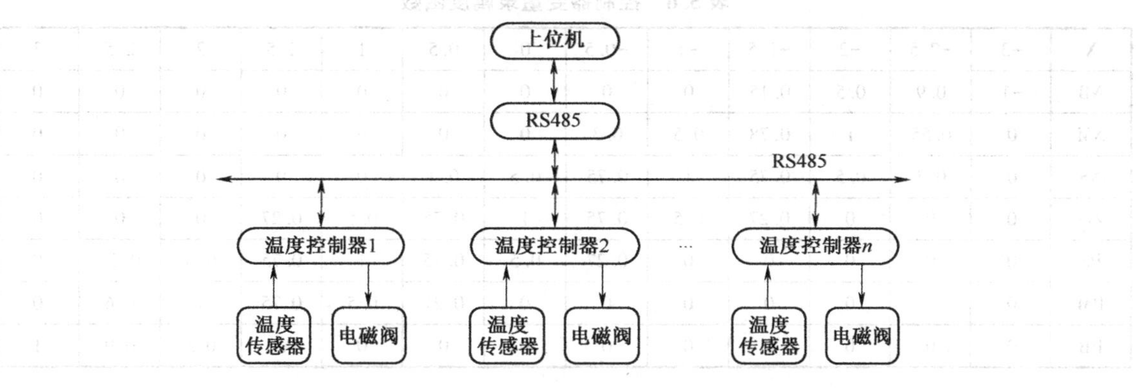

图 5.22　蒸养窑温度控制系统结构图

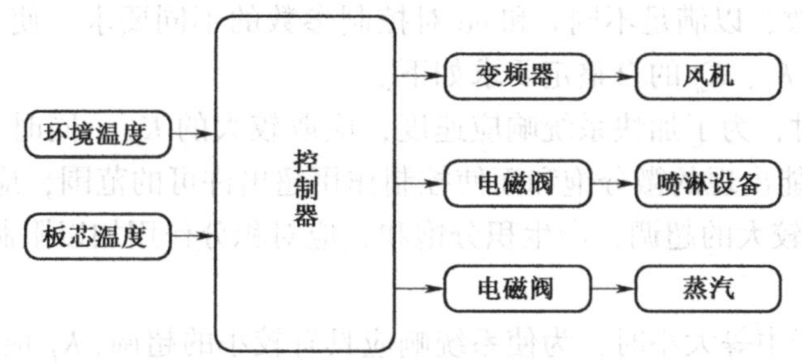

图 5.23　温度控制流程

道板蒸汽养护实时监控。其中，板芯温度 1 个（通过工艺试验，埋设在距承轨台面 15 cm 位置处），板顶面 2 个，其余采用有线温度传感器采集蒸养窑内温度。选取传感器最高值为蒸汽养护实际温度，控制蒸汽管道电磁阀开合。

有线温度传感器布置在蒸养线上方，其中静置区布置 2 个、升温区布置 6 个、恒温区布置 16 个、降温区布置 6 个。

（2）温度控制算法。为适应流水机组法生产工艺要求，采用先进的"模糊 PID 控制算法"设计出"风幕蒸养控温系统"，进一步减小蒸汽养护过程中的温度误差，提高控制精度。

蒸汽养护温度模糊控制系统的设计过程如下：首先，确定模糊控制器的输入/输出变量；其次，将输入量转化为模糊量供模糊逻辑系统使用；最后，模糊逻辑决策器根据控制规则决定模糊关系 R，应用模糊逻辑推理算法得到模糊 PID 控制器的 P、I、D 三个模糊控制参数，经过解模糊计算得到 PID 控制参数。

第 1 步：输入/输出变量确定。根据蒸汽窑温度控制设计和现场实测，确定影响蒸养窑温度的主要因素是进气量和蒸汽压力。考虑蒸养窑蒸汽压力在养护期间基本维持不变，确定实测温度值 T 与设定温度值的偏差 $e=T-T_0$ 作为模糊控制器的一个参数，取偏差变化率 ec 为另一个参数，控制器输出量为第 3 个控制参数。

第 2 步：输入/输出变量模糊化。模糊控制器的输入与输出 e、ec、ΔK_p、ΔK_i、ΔK_d 模糊集合的论域均取 {−3，−2，−1，0，1，2，3}。模糊结合为 { NB，NM，NS，ZO，PS，PM，PB }，e、ec、ΔK_p、ΔK_i、ΔK_d 的隶属度函数见表 5.6。

表 5.6　控制器变量隶属度函数

X	−3	−2.5	−2	−1.5	−1	−0.5	0	0.5	1	1.5	2	2.5	3
NB	−1	0.9	0.5	0.15	0	0	0	0	0	0	0	0	0
NM	0	0.55	1	0.78	0.5	0.3	0	0	0	0	0	0	0
NS	0	0.3	0.5	0.75	1	0.75	0.5	0.3	0	0	0	0	0
ZO	0	0	0	0.27	0.5	0.75	1	0.75	0.5	0.27	0	0	0
PS	0	0	0	0	0	0.27	0.5	0.75	1	0.75	0.5	0.27	0
PM	0	0	0	0	0	0	0	0.27	0.5	0.75	1	0.6	0
PB	0	0	0	0	0	0	0	0	0	0.1	0.5	0.9	1

第 3 步：模糊控制规则设计。参数自整定模糊 PID 控制器是在找出不同时刻 P、I、D 三个参数与 e 和 ec 之间的模糊关系，在运行中通过不断检测 e 和 ec 的值，根据模糊控制原理对 3 个参数进行实时修改，以满足不同 e 和 ec 对控制参数的不同要求，使被控对象有良好的动静态性能。参数 K_P、K_i、K_d 的自整定要求如下。

当偏差 $|e|$ 较大时，为了加快系统响应速度，应取较大的 K_P，同时为了避免由于开始时偏差 e 的瞬时变化可能出现的微分饱和而使控制作用超出许可的范围，应取较小的 K_d；同时为防止系统响应出现较大的超调，产生积分饱和，应对积分作用加以限制，通常取 $K_i=0$，即去掉积分作用。

当 $|e|$ 和 $|ec|$ 处于中等大小时，为使系统响应具有较小的超调，K_P 应取较小值，K_i 取值要适中。

当 $|e|$ 较小接近设定值时，为使系统有良好的稳态性能，应增加 K_P 和 K_i 取值；同时为避免系统在设定值附近出现震荡，当 $|ec|$ 较小时，K_d 可取较大值；当 $|ec|$ 较大时，K_d 应取较小值。

偏差变化率 $|ec|$ 的大小表明偏差变化的速率，$|ec|$ 值越大，K_P 的值取值越小，K_i 取值越大。

根据以上调整规则，确定 ΔK_P、ΔK_i、ΔK_d 控制规则表，分别见表 5.7~表 5.9。

表 5.7　ΔK_P 控制规则表（1）

ΔK_P ec \ e	NB	NM	NS	ZO	PS	PM	PB
NB	PB	PB	PM	PM	PS	ZO	ZO
NM	PB	PB	PM	PS	PS	ZO	NS
NS	PM	PM	PM	PS	ZO	NS	NS
ZO	PM	PM	PS	ZO	NS	NM	NM
PS	PS	PS	ZO	NS	NS	NM	NM
PM	PS	ZO	NS	NM	NM	NM	NB
PB	ZO	ZO	NM	NM	NM	NB	NB

表 5.8 ΔK_i控制规则表（1）

ΔK_i / e / ec	NB	NM	NS	ZO	PS	PM	PB
NB	NB	NB	NM	NM	NS	ZO	ZO
NM	NB	NB	NM	NS	NS	ZO	ZO
NS	NB	NM	NS	NS	ZO	PS	PS
ZO	NM	NM	NS	ZO	PS	PM	PM
PS	NM	NS	ZO	PS	PS	PM	PB
PM	ZO	ZO	PS	PS	PM	PB	PB
PB	ZO	ZO	PS	PM	PM	PB	PB

表 5.9 ΔK_d控制规则表（1）

ΔK_d / e / ec	NB	NM	NS	ZO	PS	PM	PB
NB	PS	NS	NB	NB	NB	NM	PS
NM	PS	NS	NB	NM	NM	NS	ZO
NS	ZO	NS	NM	NM	NS	NS	ZO
ZO	ZO	NS	NS	NS	NS	NS	ZO
PS	ZO	ZO	ZO	ZO	ZO	ZO	ZO
PM	PB	NS	PS	PS	PS	PS	PB
PB	PB	PM	PM	PM	PS	PS	PB

第 4 步：模糊控制合成推理与解模糊。由参数自整定模糊 PID 控制器的输入和输出可知，它属于二维输入/三维输出模糊控制系统，输入为 e 和 ec，输出为 P、I、D 三个调整参数。根据模糊理论进行算法合成，求得相应的 ΔK_P、ΔK_i、ΔK_d 的三个控制表。具体算法如下。

对于输入为 E，EC，输出为 ΔK_P 的控制系统，其控制规则为

$$\text{If } E = E_i \text{ and } \mathrm{EC} = \mathrm{EC}_j \text{ then } K_P = K_{pij} \tag{5.7}$$

$$i=1,\ 2,\ \cdots,\ m$$

$$j=1,\ 2,\ \cdots,\ m$$

其中 E_i，EC_j，K_{pij} 分别定义在 E，EC，K_P 上的模糊集，式（5.7）用 $E_i=\mathrm{EC}_j$ 到 K_{pij} 的模糊关系 R 来描述，即

$$R = U_{ij}(E_i \times \mathrm{EC}_j) \times K_{pij} \tag{5.8}$$

根据模糊数学理论，“×”运算含义由下式确定

$$\mu_R(E,\ \mathrm{EC},\ K_P) = v[\mu_{Ei}(E) \hat{}\mu_{Ecj}(\mathrm{EC}) \hat{}\mu_{Kpij}(K_P)] \tag{5.9}$$

如果偏差和偏差变化率取 E 和 EC，则模糊控制器给出的控制量变化由模糊推理合成规则算出：

$$K_P = (E \times \mathrm{EC}) \circ R \tag{5.10}$$

根据所得 K_P 的模糊规则就可以按式（5.7）把相应的模糊关系 R 求出来，接着就可根据输入 E 和 EC 利用式（5.10）求出 K_P 的调整表。

以上计算推理结果是一个模糊结合，或者说是隶属函数，但实际中必须获得一个确定的值才能去控制被控过程。需要通过解模糊判决来得到一个实际值，本项目解模糊采用最大隶属度法，得到 ΔK_p、ΔK_i、ΔK_d 模糊调整控制规则表，分别见表 5.10~表 5.12。

表 5.10　ΔK_p 控制规则表（2）

ΔK_p / e / ec	−3	−2	−1	0	1	2	3
−3	3.0	3.0	3.0	1.0	1.0	0.0	0.0
−2	3.0	3.0	2.0	2.0	1.0	1.0	0.0
−1	2.0	2.0	2.0	1.0	1.0	−1.0	−1.0
0	2.0	2.0	1.0	0.0	−1.0	−2.0	−3.0
1	1.0	1.0	0.0	−1.0	−1.0	−2.0	−3.0
2	0.0	0.0	−1.0	−1.0	−2.0	−3.0	−3.0
3	0.0	0.0	−2.0	−1.0	−2.0	−3.0	−3.0

表 5.11　ΔK_i 控制规则表（2）

ΔK_i / e / ec	−3	−2	−1	0	1	2	3
−3	1.0	−3.0	−3.0	−1.0	−3.0	−3.0	1.0
−2	1.0	−3.0	−3.0	−1.0	−3.0	−3.0	1.0
−1	0.0	−2.0	−2.0	−1.0	−2.0	−2.0	0.0
0	0.0	−1.0	−1.0	−1.0	−1.0	−1.0	0.0
1	0.0	2.0	1.0	0.0	1.0	2.0	0.0
2	1.0	3.0	1.0	1.0	3.0	3.0	1.0
3	1.0	3.0	2.0	2.0	3.0	3.0	1.0

表 5.12　ΔK_d 控制规则表（2）

ΔK_d / e / ec	−3	−2	−1	0	1	2	3
−3	1.0	−3.0	−3.0	−1.0	−3.0	−3.0	1.0
−2	1.0	−3.0	−3.0	−1.0	−3.0	−3.0	1.0
−1	0.0	−2.0	−2.0	−1.0	−2.0	−2.0	0.0
0	0.0	−1.0	−1.0	−1.0	−1.0	−1.0	0.0
1	0.0	2.0	1.0	0.0	1.0	2.0	0.0
2	1.0	3.0	1.0	1.0	3.0	3.0	1.0
3	1.0	3.0	2.0	2.0	3.0	3.0	1.0

第5步：模糊控制表调用。由 E、EC 及 K_P、K_i、K_d 的模糊子集隶属度，再根据各模糊子集隶属度赋值表和各个参数模糊调整规则模型，运用模糊合成推理设计出 PID 的调整矩阵，将控制矩阵存入程序存储器中供查询。

在实际运行中 P、I、D 的 3 个参数调整算式如下：$E_i \times \mathrm{EC}_j$

$$K_P = K_P' + \{E_i,\ \mathrm{EC}_j\}_p \tag{5.11}$$

$$K_i = K_i' + \{E_i,\ \mathrm{EC}_j\}_i \tag{5.12}$$

$$K_d = K_d' + \{E_i,\ \mathrm{EC}_j\}_d \tag{5.13}$$

式中：K_P、K_i、K_d 是 PID 的参数，K_P'、K_i'、K_d' 是 K_P、K_i、K_d 的初始参数，它们通过常规方法得到。在运行过程中，通过计算机测控系统输出响应，并实时计算出偏差和偏差变化率；然后将它们模糊化到 E、EC，通过查询模糊控制规则表即可得到 K_P、K_i、K_d 三个参数调整量，完成对控制器参数的调整。

4. 监控测试

蒸养窑温度实测曲线如图 5.24 所示。由实测曲线可以看出，升温区升温速率为 4.0~4.5 ℃/h，恒温区温度为 41.0~43.0 ℃，降温区降温速率为 1.5~2.0 ℃/h，完全满足蒸养窑指标技术要求。图 5.25 所示为蒸养窑各养护区域温度时程曲线。

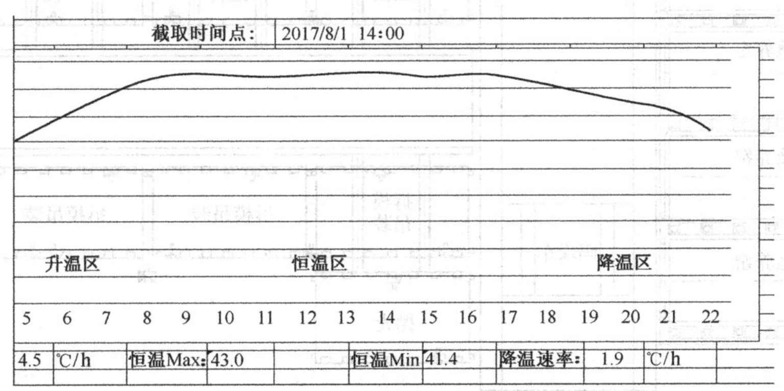

图 5.24 蒸养窑温度实测曲线

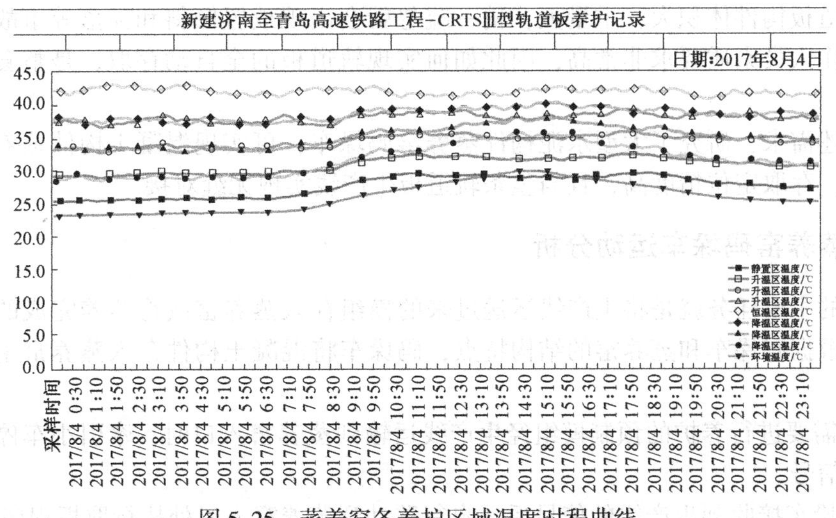

图 5.25 蒸养窑各养护区域温度时程曲线

5.5 蒸养窑自动码垛控制系统

在轨道板自动化生产线生产中，将轨道板放置在充满蒸汽的蒸养窑中，可以加速轨道板的硬化速度，在短时间内使新浇筑的轨道板达到工程使用的要求，从而大大减少轨道板的生产工期，提高轨道板的生产效率。

为了大批量生产，最大限度地节约空间，节约能源，蒸养窑可设计为对称多列立式结构。在立体蒸养窑的底层设立2~3个开放性窑位，用于将生产线上需要蒸养的湿板运输到蒸养窑码垛车上，或者将蒸养窑码垛车上蒸养完毕的轨道板运输到生产线上，借此将蒸养窑码垛车与生产线连成一个整体，实现轨道板的流水线生产，如图5.26所示。

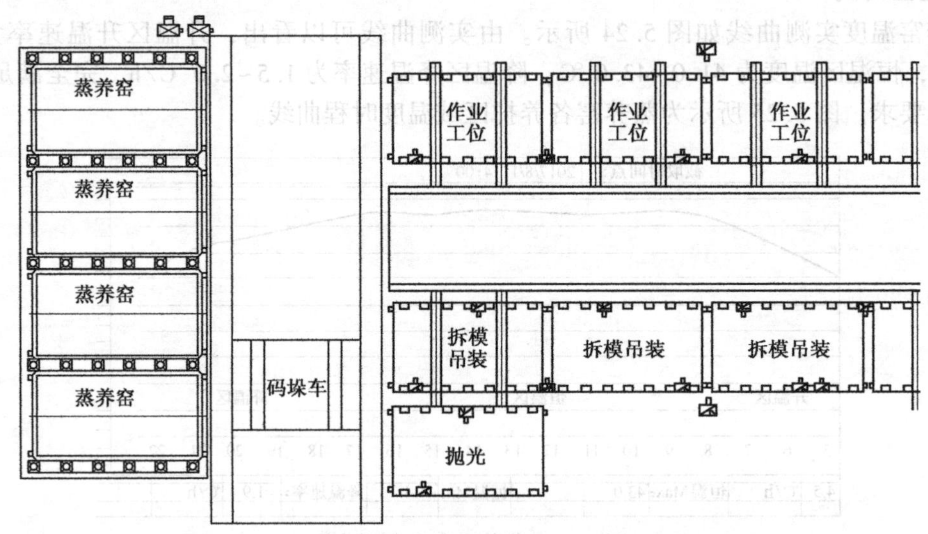

图5.26 蒸养窑与生产线布置平面图

由于轨道板构件体积大，重量大，稍一疏忽就会出现放置倾斜和掉落等事故，安全隐患很大，对操作人员素质要求非常高，因此如何实现轨道板的全自动存取，是整套立体蒸养窑的技术关键。

基于上述需求，研究了大型水泥构件蒸养窑码垛车，可实现混凝土构件蒸养过程的全自动存取操作，存取定位精度高，且与整条轨道板生产线实现无缝对接。

5.5.1 蒸养窑码垛车运动分析

码垛车的主要任务就是将生产线运送过来的模组存入蒸养窑或将蒸养完成的构件从蒸养窑中取出。根据码垛车和蒸养窑的结构特点，码垛车将混凝土构件存入蒸养窑主要动作流程如下。

(1) 当需要进行养护的预制模组经生产线运输到蒸养窑入口时，牵引小车停止转动并向码垛车输出信号。

(2) 码垛车接收到生产线的信号后，自行移动到蒸养窑入口处执行取板程序。

（3）当预制模组完全进入码垛车并到达指定位置时，码垛车上的驱动电动机停止转动并等待；操作人员确认预制模组型号后选择特定的蒸养窑并向码垛车发送目标位置和存取动作信号。

（4）码垛车接收到信号后判断目标位和现在位置的关系，然后执行横向移动和纵向移动。

（5）码垛车通过传感器和拉绳编码器来确定自身的位置，当车体到达指定目标后，开始执行抬门动作程序。首先通过液压系统驱动抬门卡爪伸出，并插入蒸养窑窑门表面的定位槽内；其次抬门电动机启动，抬门电动机驱动液压卡爪向上移动，从而将蒸养窑窑门依次向上抬起，当液压卡爪达到指定位置后停止动作，此时蒸养窑窑门被完全打开。

（6）码垛车接收到窑门打开的信号后，开始执行存板动作程序，位于托架平台四角的驱动电动机开始将预制模组送入蒸养窑内；由于蒸养窑内高温高湿，没有驱动，所以当预制模组边缘离开托架驱动电动机后将无法继续前进，此时需要顶推机构将预制模组推进蒸养窑内。

（7）当预制模组边缘离开驱动电动机后，码垛车执行顶推动作程序，首先顶推旋转电动机驱动顶推卡爪旋转90°，此时卡爪刚好卡入预制模组边缘；其次顶推电动机驱动顶推杆向前运动，将预制模组完全推进蒸养窑内；顶推杆回位，然后关闭蒸养窑窑门。

码垛车将混凝土构件从蒸养窑取出动作流程如下。

（1）当需要将养护好的预制模组从蒸养窑取出时，混凝土预制生产线控制系统向码垛车发出取板信号。码垛车接收到取板信号后判断目标位和现在位置的关系，然后执行横向移动和纵向移动，使码垛车的托架对准要取板的窑口。

（2）码垛车通过传感器和拉绳式旋转编码器来确定自身的位置，确认托架到达指定位置后开始执行抬门动作程序。首先通过液压系统驱动抬门卡爪伸出，并插入蒸养窑窑门表面的定位槽内；其次抬门电动机启动，抬门电动机驱动液压卡爪向上移动，从而将蒸养窑窑门依次向上抬起，当液压卡爪达到指定位置后停止动作，此时蒸养窑窑门被完全打开。

（3）码垛车接收到窑门打开的信号后，开始执行取板动作程序。首先顶推电动机驱动顶推杆向前运动，当顶推杆向前运动到位后，顶推旋转电动机驱动顶推卡爪旋转90°，此时卡爪刚好卡入预制模组边缘，然后顶推杆向后运动，将预制模组从蒸养窑内拉出；当顶推杆回到初始位置后，已经将预制模组的一部分拉到托架水平驱动机构的辊轮上，旋转电动机驱动顶推卡爪反向旋转90°，使顶推卡爪与预制模组脱离。

（4）位于托架平台四角的驱动电动机开始反转，驱动预制模组向后运动，当预制模组完全进入码垛车并到达指定位置时，水平驱动电动机停止转动。

（5）确认预制模组和顶推机构完全离开蒸养窑后，关闭蒸养窑窑门。

（6）码垛车移动到卸板工位，将混凝土构件卸下后再次回到初始位置待命。

码垛车各动作的执行机构由三相交流电动机驱动，在运行中需要频繁地对各设备进行速度调节，来保证大惯量运动时码垛车的稳定性。综合考虑码垛车的实际需求，最终确定通过PLC控制器控制各个电动机所对应的变频器来进行速度控制和转矩控制，选用开环有级调速运行模式，即手动设定几个固定的运行频率（如高速、中速、低速3种运行频率，根据使用的不同规格或品牌的变频器及配套的变频电动机选择设定不同梯度的运行频率），以达到调速、定位停准的目的。

5.5.2 蒸养窑码垛车控制系统设计

轨道板蒸养窑码垛车正常工作时需要完成主框架往复行走、轨道板托架升降、轨道板送入取出、托架顶推杆伸出和缩回等动作。其中主框架往复行走和轨道板托架升降动作属于大惯性负载，既要保证动作位置准确，又要尽可能缩短动作时间，需要采用变频调速驱动方式。蒸养窑码垛车各个动作要遵守严格的逻辑顺序，被控设备多且分散，控制点数多，控制功能比较复杂，安全保护措施要求严格，因此，对自动控制系统的设计提出了很高的要求。

整个控制系统设计为车架主站控制系统、提升托架控制系统、地面子站控制系统三大部分，车架主站控制系统作为控制系统的核心，负责全部的逻辑运算并通过总线通信方式托架升降变频器；提升托架控制系统则负责处理主站的控制命令和所有托架平台搭载的设备动作与反馈信号；地面子站控制系统搭载人机交互界面，负责接收用户指令并传递给车架主站。码垛车总体控制方案如图 5.27 所示。

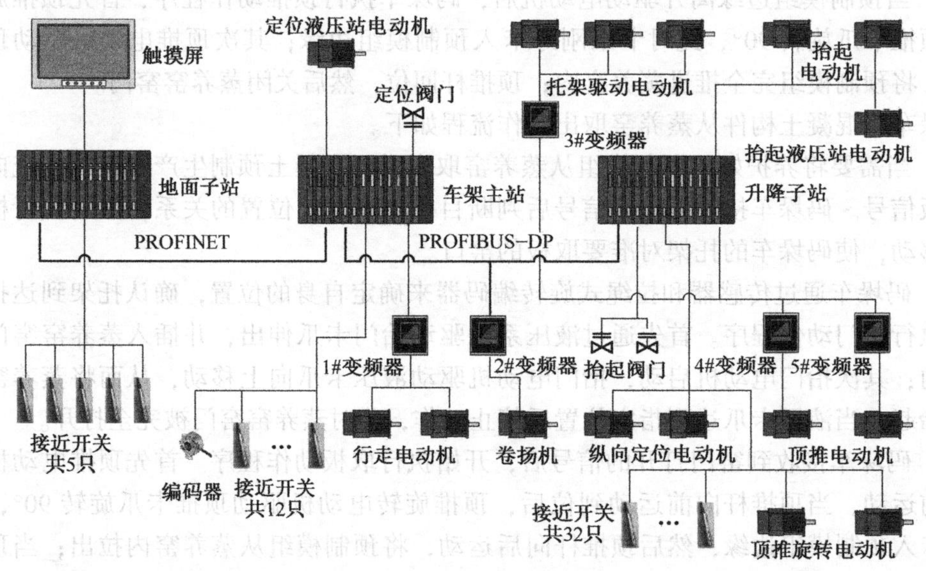

图 5.27 码垛车总体控制方案

轨道板蒸养窑码垛车正常工作时的功能包括完成主框架往复行走、轨道板托架升降、轨道板送入取出、托架顶推杆伸出和缩回等动作，每个动作都有相应的执行机构和定位检测装置。控制系统的任务就是协调控制这些机构，按照工艺流程设定的动作顺序和互锁要求完成预定控制任务。为了便于设备的安装、调试和检修，需要设置手动和自动两种工作方式，码垛车上所有设备均应配有手动工作方式。手动工作方式主要用于调试和检修，在手动工作状态下，可以通过按钮或触摸屏单独操作每个机构，如行走、升降、抬门等动作；自动工作方式用于正常生产阶段，在自动工作方式下，码垛车响应轨道板生产线主控制器发来的指令，并自动完成轨道板蒸养的存取过程，实现与整条生产线的无缝对接，协调作业。

主框架往复行走为直线往复运动，行程根据蒸养窑的水平宽度设置。主框架往复行走由普通三相交流异步电动机带动，行走最大速度为 0.3 m/s。根据蒸养窑设置的不同，需要在不同位置停靠，主框架准确对位是实现混凝土构件存取顺利完成的前提。

载有混凝土构件时主框架的整体重量大约30 t，属重载大惯量系统，实现准确定位非常困难，为了保证行走速度和定位精度，通过变频器实现多段调速控制，最后采用爬行速度接近目标位置，利用两个传感器判断主框架停止位置与目标位置的关系，实现自动再定位。

为了实现主框架往复行走的多段调速和准确对位，在主框架往复行走行程范围内设置多个位置传感器，如图5.28所示。

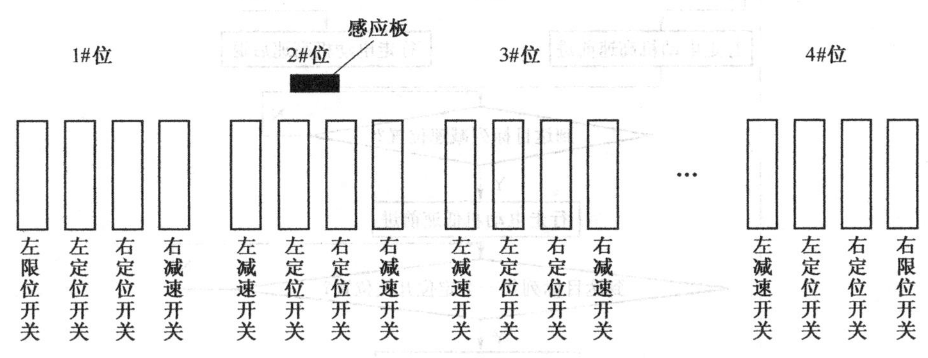

图5.28 主框架往复行走传感器布置示意图

为了达到快速、准确定位的目标，每个停止位置设置4个位置传感器，分别是左减速传感器、右减速传感器、左定位传感器和右定位传感器。最左边停止位不设左减速传感器，代之以左限位开关，作为主框架运行到最左边位置的极限保护，最右边停止位不设右减速传感器，代之以右限位开关，作为主框架运行到最右边位置的极限保护。在主框架上设有一个传感器感应板，其长度正好能够同时感应停止位置的左右定位开关。

1. 主框架往复行走的定位控制

（1）主框架往复行走与初次定位。假设主框架从左向右运行，需要在3#位停止，在到达左减速传感器时开始减速，在到达3#位的左定位传感器时减速到爬行速度，到达3#位右定位传感器位置时停止，然后根据停止后3#位左右位置传感器的状态进行判断，如3#位左右两个定位开关均有效，说明定位过程准确完成，如果只有一个定位传感器有效，说明定位不准，需要启动再定位过程，直到准确对位为止。主框架从右向左运行及在其他位置停靠过程与上述类似，不再赘述。主框架往复行走与初次定位控制程序流程如图5.29所示。

（2）主框架的过冲调整与再定位。当主框架要到达某一指定窑位停止后，PLC延时检测目标位左右传感器是否同时有效，若同时有效则定位准确，如果主框架因惯性产生过冲，目标位中左右传感器只有一个有效，即开始执行再定位程序；如果目标位的左传感器有效、右传感器无效，说明车架较目标位置偏左，程序会控制行走变频器以爬行速度向右运动，当收到目标位右传感器的反馈信号时，行走电动机立即停止并制动；如果目标位的右传感器有效、左传感器无效，说明车架偏右，程序控制行走变频器以爬行速度向左移动，当收到目标位左传感器的反馈信号后，行走电动机立即停止并制动，如果调整后再次产生过冲，左右传感器没有同时有信号，则再次进行回调程序，直到主框架停止时目标位的左右传感器同时有效，再定位结束。为了避免再定位时出现过冲现象，再定位爬行速度比上次定位爬行速度降低

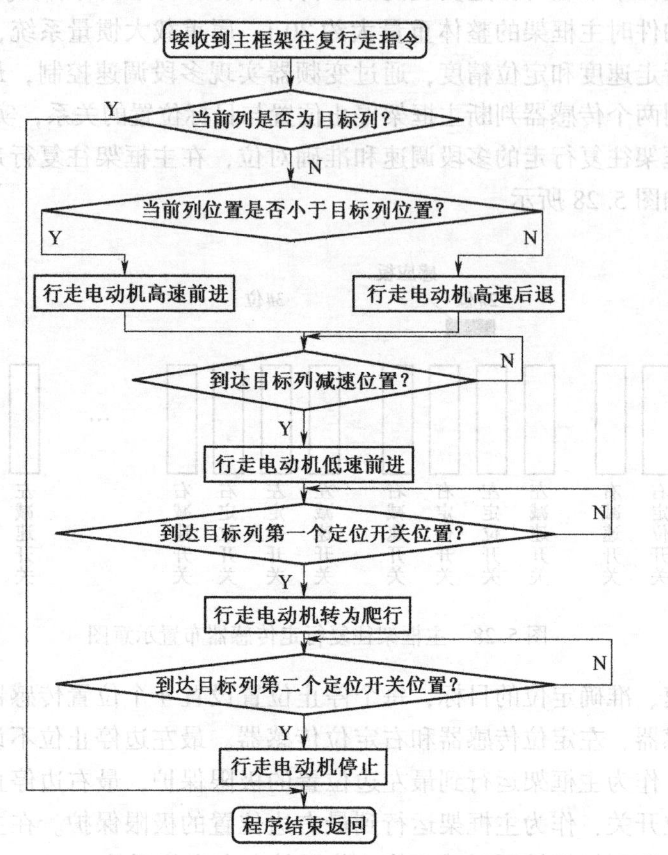

图 5.29 主框架往复行走与初次定位控制程序流程

30%，其程序流程如图 5.30 所示。

2. 托架升降的位置检测与平层控制

托架工作时需要托举着 20~30 t 重的混凝土预制板同步升降，所需动力比较大，为防止卷扬机在运行过程中出现失速、转矩不足等问题，采用高效电动机提供动力，通过变频器多段速控制，实现在不同层位置的准确停靠。托架在垂直方向的位置检测采用拉绳式旋转编码器实现，旋转编码器的数据通过现场总线上传到 PLC 控制器中。通过位置计算或现场测试得到每一层停止位置对应的旋转编码器数值，以此数值作为托架升降过程中位置判断的基准，根据托架当前位置值与托架目标层位置值的比较确定托架需要上升还是下降，同时计算出上升或下降的距离用于运动调速，根据设定的减速距离和目标层位置计算出减速点位置，根据设定的爬行定位距离，计算出开始爬行点位置，托架升降平层时，按照计算出的减速位置、开始爬行位置和目标位置控制托架高速运动、减速、爬行和停止。

为了避免存取混凝土预制板时托架产生位移或抖动，托架上设有定位销使之与主框架固定，定位销由液压缸驱动伸缩，伸出时可搭在主框架的支撑块上，对托架起到辅助固定作用。为了使定位销能够顺利伸出和缩回，在托架开始上升时，需首先上升一个高度后停止，使定位销能够离开支撑块以便顺利拔出，上升到目标层后，需多上升一定高度，以便定位销能够

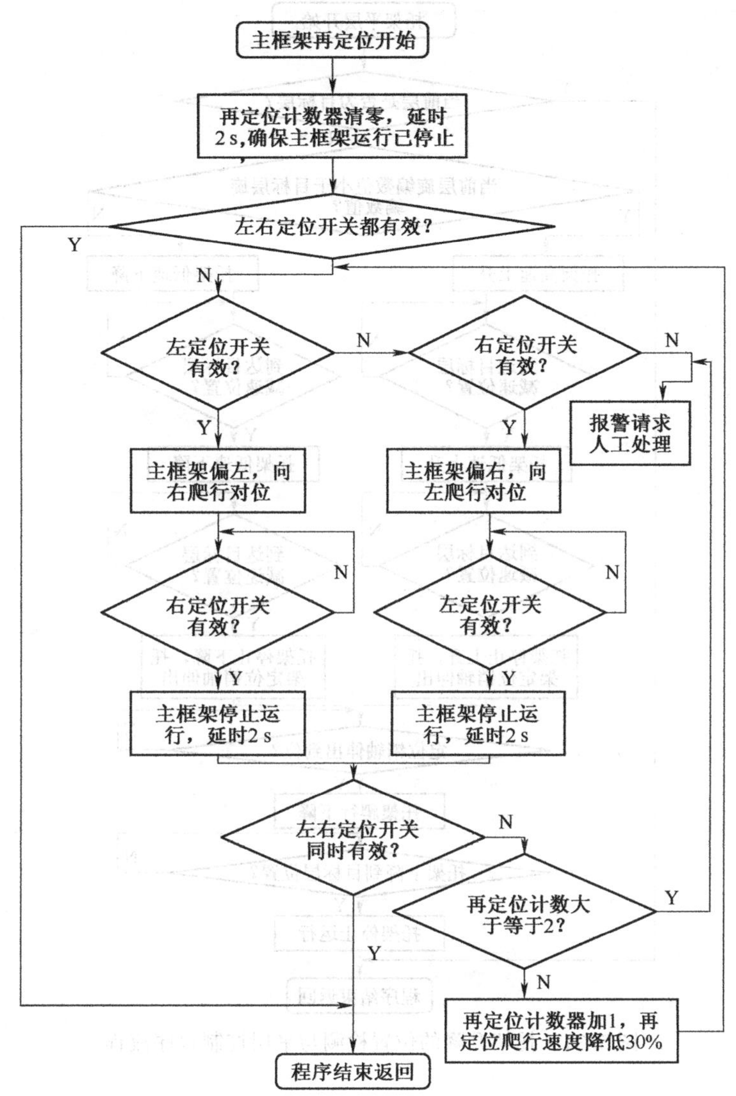

图 5.30　主框架的过冲调整与再定位程序流程

顺利伸出，然后托架再以爬行速度下降，使定位销恰好搭在主框架支撑块上时托架停止。当托架需要下降平层时，也需先上升一个高度后停止，使定位销能够脱离支撑块顺利拔出，定位销拔出后托架再下降，在到达目标层位置一定高度之上提前停止，定位销伸出，然后托架再以爬行速度下降，使定位销恰好搭在主框架的支撑块上时托架停止。这样既稳定了托架，又提高了托架平层精度。

托架升降的位置检测与平层控制程序流程如图 5.31 所示。

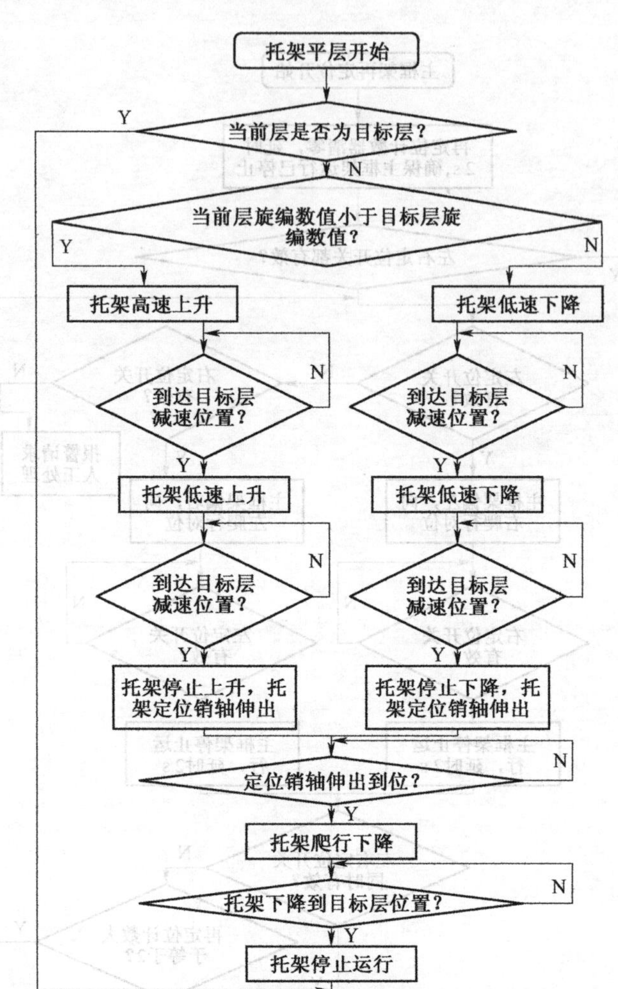

图 5.31 托架升降的位置检测与平层控制程序流程

第6章

蒸汽养护工艺

针对高速铁路 CRTSⅢ型轨道板流水线生产特点，重点开展蒸汽养护工艺与流水线生产工艺匹配性及对混凝土性能影响的研究，包括混凝土原材料选用及配合比设计、蒸汽养护工艺设计、蒸汽养护制度及对混凝土性能影响等。

6.1 混凝土配合比设计

CRTSⅢ型轨道板具有大面薄壁、抗振动、高强度和高性能的特点，因此在配合比设计研究中，采用固定胶浆体积、最小粗骨料混合空隙率、降低浆集比和水胶比、提高混凝土弹性模量等方法，达到轨道板混凝土设计要求。

1. 原材料选用

水泥采用 P. O 52. 5 级低碱普通硅酸盐水泥；细骨料规格为 2. 3~2. 8 mm 中砂；粗骨料采用 5~10 mm、10~20 mm 两种规格；拌制用水为地下饮用水；掺和料采用 TK-MA 型复合掺和料；外加剂采用聚羧酸高效减水剂，减水率不小于 25%、收缩率不大于 110%。

依据《高速铁路 CRTSⅢ型板式无砟轨道先张法预应力混凝土轨道板暂行技术要求（流水机组法）》（TJ/GW 156—2017）、《高速铁路 CRTSⅢ型板式无砟轨道先张法预应力混凝土轨道板》（Q/CR 567—2017）、《铁路混凝土工程施工质量验收标准》（TB 10424—2018）、《建设用砂》（GB/T 14684—2011）、《铁路混凝土》（TB/T 3275—2018）、《混凝土外加剂》（GB 8076—2008）和《聚羧酸系高性能减水剂》（JG/T 223—2007）对原材料的物理、化学和力学等性能指标进行检测。经检测，各项指标满足技术要求方可使用。

2. 配合比设计原则

针对 CRTSⅢ型轨道板大面薄壁、抗振动、高强度和高性能等特点，在混凝土配合比设计时采取以下原则。

（1）采用固定胶浆体积法优化混凝土配合比，降低浆集比，提高混凝土弹性模量，改善混凝土轨道板体积稳定性。

（2）选择良好的骨料级配和砂率，实现最小的粗骨料混合空隙率。

（3）复合掺加矿物掺和料，达到混凝土高性能的要求。

（4）选用高效减水剂，实现低水胶比，达到混凝土高强度。

3. 主要参数设计

粗骨料级配设计采用 5~10 mm 与 10~20 mm 两级规格，按照 0：100~50：50 比例范围进行掺配。通过组配后粗骨料的表观密度与振实堆积密度计算其振实空隙率，得出粗骨料组配比例与其振实空隙率关系曲线，如图 6.1 所示；确定二者掺配比例为 30∶70 时，其振实空隙率最小时合成级配曲线，如图 6.2 所示。

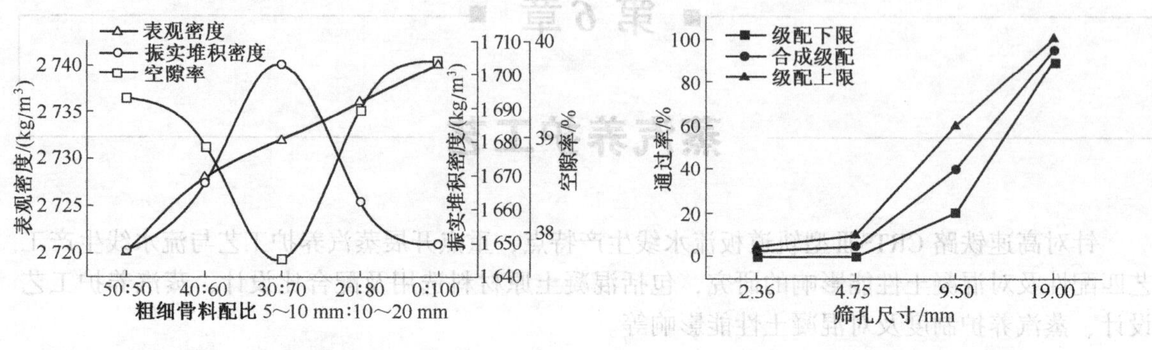

图 6.1 粗细骨料掺配关系　　图 6.2 粗骨料合成级配曲线

通过掺量对复合砂浆强度的影响确定 TK-MA 的最佳掺量。依据《水泥胶砂强度检验方法（ISO 法）》（GB/T 17671—1999）制备尺寸为 40 mm×40 mm×160 mm 的小梁试件，采用蒸汽养护 15 h 后，继续标准养护至 3 d、7 d、14 d、28 d，测定其抗压强度与抗折强度。TK-MA 不同掺配比例对复合砂浆强度指标的影响分别如图 6.3~图 6.6 所示。

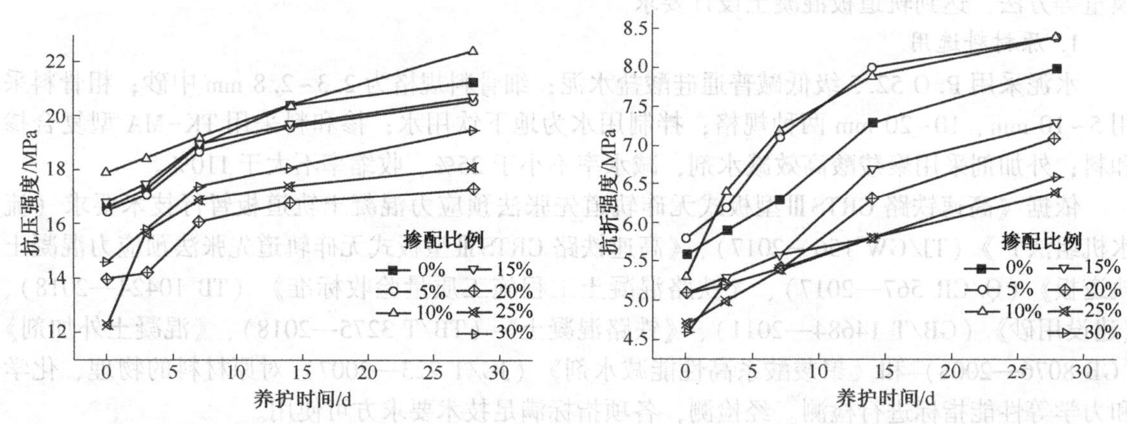

图 6.3 复合砂浆抗压强度增长曲线　　图 6.4 复合砂浆抗折强度增长曲线

通过以上分析可知，当 TK-MA 掺量为 10%时，蒸汽养护结束后复合砂浆的抗压强度最高，后期继续标准养护 28 d 也可以获得较高的抗压强度和抗折强度。因此，综合考虑蒸养条件及其对后期强度的影响，确定 TK-MA 最佳掺量为 10%。

根据配合比设计指导原则和方案，按照固定胶浆体积法进行配合比计算。在满足施工性能前提下，采用骨料振实紧密堆积原理，使骨料具有最小混合空隙率，减小浆集比来提高硬化后的混凝土性能。

经计算，确定 CRTSⅢ型轨道板 C60 混凝土实验室配合比见表 6.1。

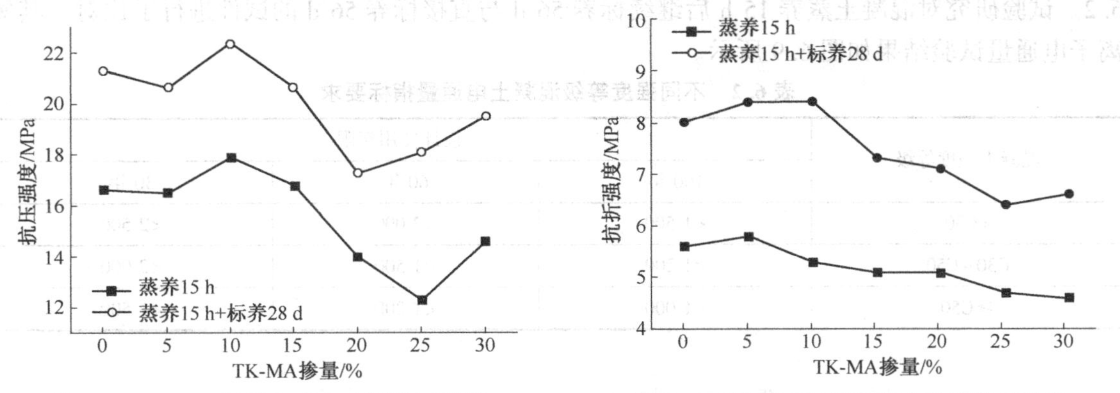

图 6.5 TK-MA 掺量与复合砂浆抗压强度　　图 6.6 TK-MA 掺量与复合砂浆抗折强度

表 6.1 CRTSⅢ型轨道板 C60 混凝土实验室配合比

水泥	掺和料	细骨料	粗骨料 5~10 mm	粗骨料 10~20 mm	外加剂	水	砂率/%	水胶比（W/B）
396	44	655	365	851	4.62	128	35	0.29

根据《普通混凝土力学性能试验方法标准》（GB/T 50081—2019），制备 150 mm×150 mm×150 mm 立方体试件和 150 mm×150 mm×300 mm 棱柱体试件，分别蒸养 15 h 和标养 28 d，测定混凝土试件抗压强度、轴芯抗压强度及其抗压弹性模量分别如图 6.7 和图 6.8 所示。

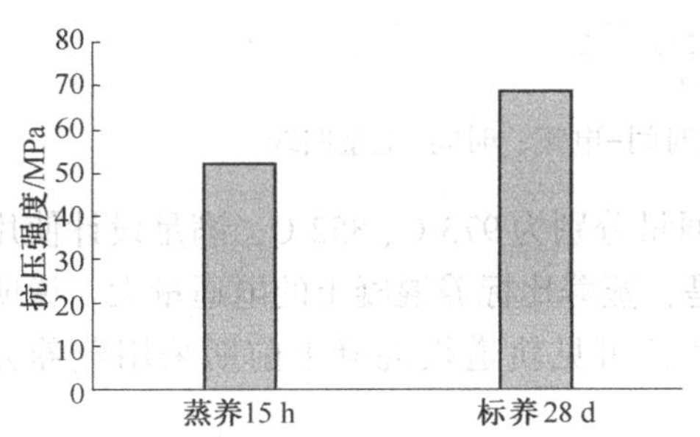

图 6.7 蒸养与标养混凝土抗压强度比较

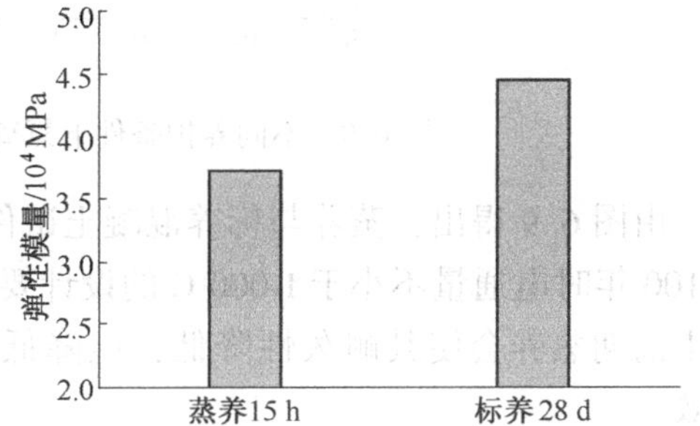

图 6.8 蒸养与标养混凝土弹性模量比较

由图 6.7 得出，轨道板混凝土经过 15 h 蒸养后，其抗压强度为 52.5 MPa，为设计强度的 87.5%，完全能够达到其放张时抗压强度不低于 45 MPa 的规定值。由图 6.8 知，轨道板混凝土蒸养 15 h 后，弹性模量为 3.80×10^4 MPa，大于 3.35×10^4 MPa，满足其放张要求规定值。

4. *混凝土耐久性试验*

为保证轨道板混凝土耐久性，根据轨道板的工程环境条件，主要研究评价了抗氯离子侵蚀的耐久性与混凝土的抗冻融指标。

（1）氯离子渗透性试验。根据《铁路混凝土工程施工质量验收标准》（TB 10424—2018）规定，混凝土耐久性试验采用标养 56 d 的标准圆柱体试件进行电通量或氯离子扩散系数试验。《铁路混凝土结构耐久性设计规范》（TB 10005—2010）对混凝土电通量指标要求见表

6.2。试验研究对混凝土蒸养 15 h 后继续标养 56 d 与直接标养 56 d 的试件进行了比对，其氯离子电通量试验结果如图 6.9 所示。

表 6.2 不同强度等级混凝土电通量指标要求

混凝土强度等级	设计使用年限		
	100 年	60 年	30 年
<C30	<1 500	<2 000	<2 500
C30～C50	<1 200	<1 500	<2 000
≥C50	<1 000	<1 200	<1 500

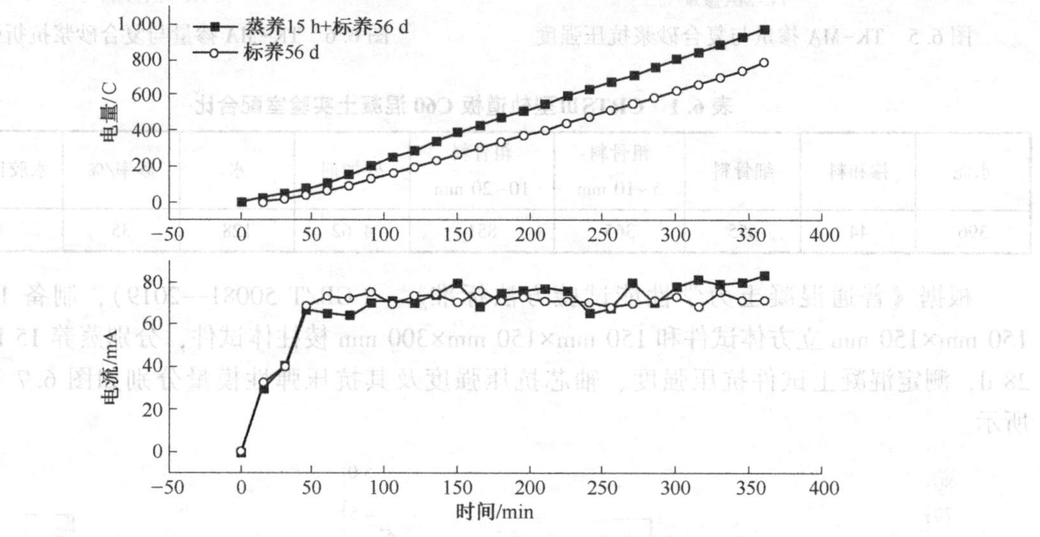

图 6.9 不同养护条件下氯离子电通量时间-电流、时间-电量曲线

由图 6.9 得出，蒸养与标养混凝土试件 6 h 电通量分别为 973 C、852 C，满足设计使用年限 100 年时电通量不小于 1 000 C 的设计要求。但是，蒸养比标养混凝土的电通量大，说明混凝土前期蒸养会使其耐久性降低，但降低幅度较小，可见轨道板混凝土前期采用蒸养方法有效。

《铁路混凝土结构耐久性设计规范》（TB 10005—2018）对混凝土氯离子渗透性指标要求见表 6.3，不同养护条件下混凝土氯离子扩散系数试验结果如图 6.10 所示。

表 6.3 氯盐环境下混凝土抗氯离子渗透性指标要求

混凝土强度等级	环境作用等级	设计使用年限	
		100 年	60 年
氯离子扩散系数 $D_{RCM}/(\times10^{-12}m^2/s)$	1.1	<7	<10
	1.2	<5	<8
	1.3	<3	<4

由图 6.10 得出，混凝土标养 56 d 比经蒸养 15 h 后再标养 56 d 的氯离子扩散系数稍低，说明前期采用蒸养会对混凝土后期耐久性产生一定不利影响，但影响程度较小，能够满足耐

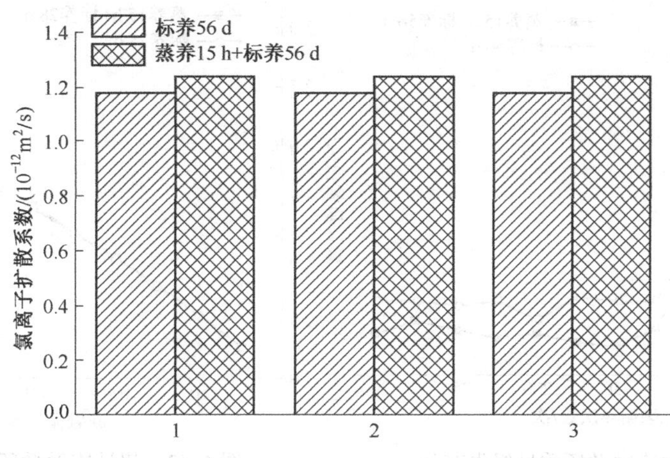

图 6.10 氯离子扩散系数试验结果

久性技术要求。

（2）抗冻性试验。《铁路混凝土结构耐久性设计规范》（TB 10005—2010）对轨道板混凝土抗冻性能指标要求见表 6.4。

表 6.4 冻融破坏环境下混凝土抗冻性能指标要求

评价指标	环境作用等级	设计使用年限		
		100 年	60 年	30 年
抗冻等级（56 d）	D1	≥F300	≥F250	≥F200
	D2	≥F350	≥F300	≥F250
	D3	≥F400	≥F350	≥F300
	D4	≥F450	≥F400	≥F350

参照《公路工程水泥及水泥混凝土试验规程》（JTG E30—2005）对轨道板混凝土进行抗冻性试验（快冻法）。混凝土冻融循环周期为 25 次，经 300 次冻融循环后其质量损失变化、累计冻融循环质量损失变化率分别如图 6.11 和图 6.12 所示，相对动弹性模量损失如图 6.13 所示。

由图 6.11 和图 6.12 得出，两种养护条件下混凝土试件冻融循环至 125 次后，随着冻融循环次数继续增加其质量损失均无明显变化。先蒸养 15 h 再标养 28 d 与直接标养 28 d 混凝土试件的累计质量损失率变化基本相同，二者均随着冻融循环次数的增加而增大，且大致呈线性关系。二者在经历 300 次冻融循环后，质量损失率分别为 2.81%、2.73%，均满足损失质量小于 5%的技术要求。

不同冻融循环次数相对弹性模量损失如图 6.13 所示。

由图 6.13 得出，与混凝土累计质量损失率随冻融循环次数的变化规律相同，混凝土相对动弹性模量也随其冻融循环次数的增加而增大。经过冻融循环后，混凝土先蒸养再标养 28 d 比标养 28 d 试件的相对动弹性模量损失率略高，但二者均小于 10%，满足混凝土相对动弹性模量损失小于 40%的技术要求。

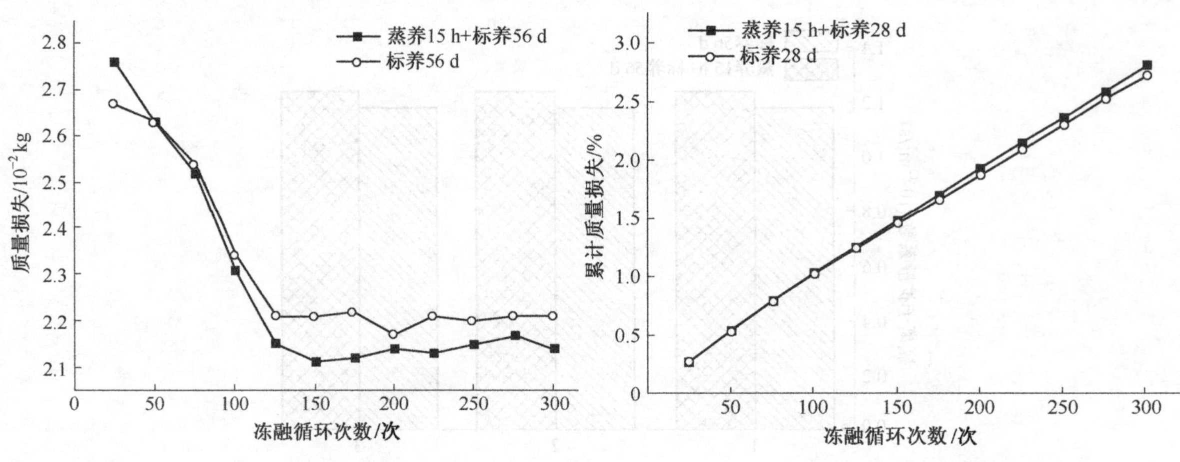

图 6.11 每 25 次冻融循环质量损失变化　　图 6.12 累计冻融循环质量损失变化

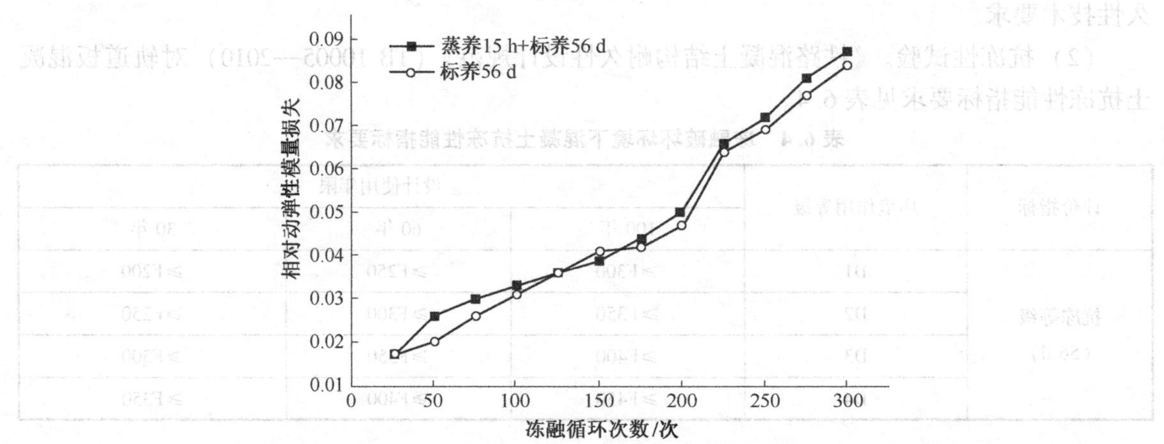

图 6.13 不同冻融循环次数相对动弹性模量损失

混凝土冻融循环试验前期，混凝土表层水泥浆体首先经受冻融，经过冻融循环后容易损坏，表现为冻融前期混凝土表面呈剥蚀状态；当冻融循环次数达到 125 次后，此时表层水泥浆剥落，混凝土内部骨料与水泥浆混合硬化后的固体结构较为致密，强度较大，冻融质量损失减小。混凝土经蒸养后再继续标养 28 d 与标养 28 d 试件的质量损失基本相同，说明前期蒸养 15 h 后对混凝土后期耐久性能影响不大。

6.2 蒸 养 参 数

CRTSⅢ型轨道板混凝土蒸养控制参数主要包括静置时间、升温速率、恒温时间与温度、降温速率等，通过研究蒸养参数对轨道板混凝土抗压强度影响，确定各阶段蒸养参数最佳范围，以提高轨道板混凝土的生产效率和产品质量。确定混凝土蒸养主要控制参数最佳范围的试验方案见表 6.5。

表6.5 CRTSⅢ型轨道板混凝土蒸养参数试验方案

参数编号	静置阶段	升温阶段	恒温阶段		降温阶段
	时间/h	升温速率/（℃/h）	时间/h	温度/℃	降温速率/（℃/h）
1	1	10	3	40	5
2	2	15	5	45	10
3	3	20	10	50	15
4	4	30	15	60	20

1. 静置时间

分别选取1 h、2 h、3 h、4 h四个静置时间，以蒸养混凝土抗压强度为指标，研究确定其最佳静置时间。以升温2 h、恒温10 h、降温3 h为室内试验基准蒸养参数，不同静置时间条件下，蒸养混凝土抗压强度的影响，如图6.14所示。

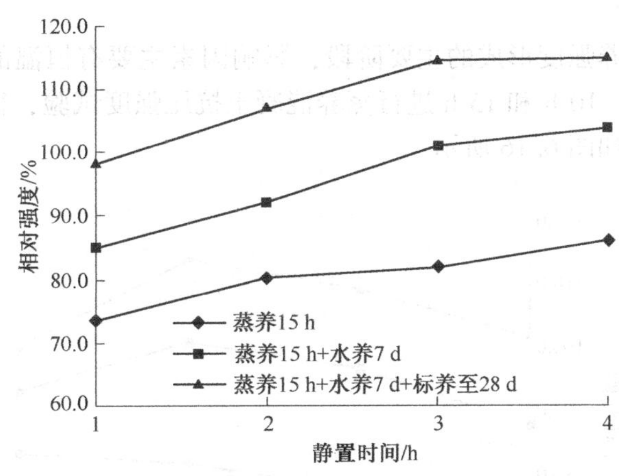

图6.14 静置时间对蒸养混凝土抗压强度的影响

由图6.14得出，随着混凝土静置时间的延长，后期在相同蒸养与龄期条件下其强度呈逐渐增长趋势。但是静置1 h后续蒸养15 h的混凝土抗压强度仅为设计值的73.5%，无法满足预应力混凝土放张强度要求；当静置时间≥2 h后蒸养15 h，混凝土强度可达到预应力混凝土放张时抗压强度不低于75%的放张要求，这说明蒸养混凝土的静置时间至少应大于2 h。

增加静置时间可以提高混凝土强度，但过长的静置时间会影响施工效率。为此，在满足预应力混凝土放张强度前提下，确定蒸养混凝土适宜的静置时间为2~4 h。

2. 升温速率

混凝土蒸养升温过程对混凝土热物理特性有重要影响。在其他参数相同的条件下，分别选取升温速率为10 ℃/h、15 ℃/h、20 ℃/h、30 ℃/h进行试验，得到升温速率对蒸养混凝土抗压强度的影响，如图6.15所示。

由图6.15得出，不同升温速度将影响蒸养混凝土的强度增长，当升温速度超过20 ℃/h时，蒸养混凝土28 d后其相对抗压强度将低于100%。可见，混凝土蒸养升温速率控制在15 ℃/h以内最佳。

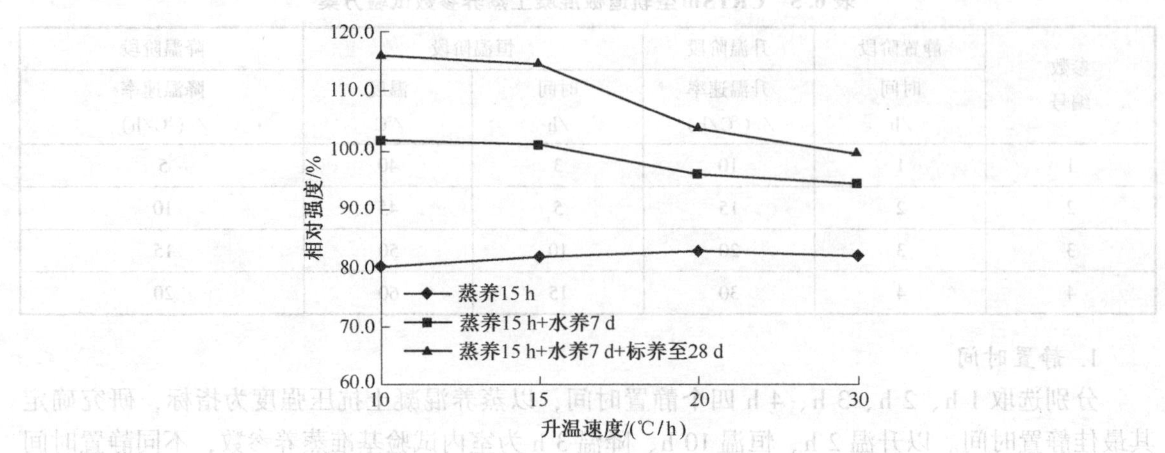

图 6.15 升温速率对蒸养混凝土抗压强度的影响

3. 恒温时间与温度

恒温期是混凝土蒸养强度形成的主要阶段，影响因素主要有恒温的时间和温度。分别选取恒温时间为 3 h、5 h、10 h 和 15 h 进行蒸养混凝土抗压强度试验，得到恒温时间对蒸养混凝土抗压强度的影响，如图 6.16 所示。

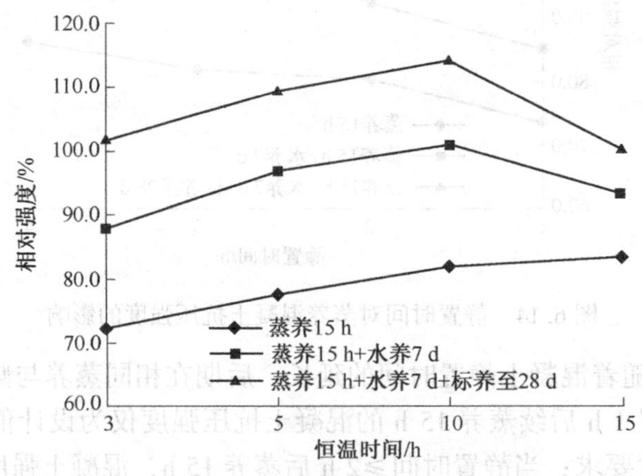

图 6.16 恒温时间对蒸养混凝土抗压强度的影响

由图 6.16 得出，延长恒温时间会明显提高蒸养混凝土的抗压强度，但恒温时间过长对蒸养混凝土后期强度发展有不利影响。当恒温时间超过 10 h 其后期抗压强度将大幅下降。为此，考虑流水线生产工艺对混凝土早期强度要求，同时兼顾轨道板后期强度发展，综合分析确定混凝土蒸养恒温时间为 7~10 h。

选取恒温温度为 40 ℃、45 ℃、50 ℃、60 ℃进行蒸养混凝土抗压强度试验，得到恒温温度对蒸养混凝土抗压强度的影响，如图 6.17 所示。

由图 6.17 得出，混凝土蒸养强度随恒温温度的升高而显著提高，但是当恒温温度超过 45 ℃时其后期抗压强度将明显降低。为确保蒸养混凝土后期强度发展，研究确定蒸养混凝土的适宜恒温温度不宜超过 45 ℃，试验数据显示 40 ℃为最佳恒温温度。

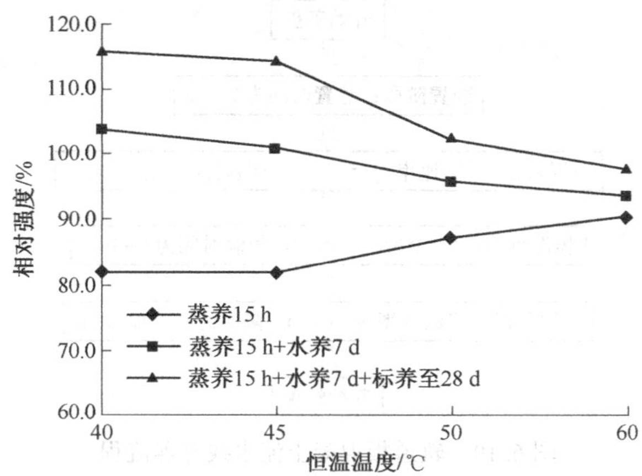

图 6. 17 恒温温度对蒸养混凝土抗压强度的影响

4. 降温速率

分别选取降温速率为 5 ℃/h、10 ℃/h、15 ℃/h、20 ℃/h 进行蒸养混凝土抗压强度试验，得到降温速率对蒸养混凝土抗压强度的影响，如图 6. 18 所示。

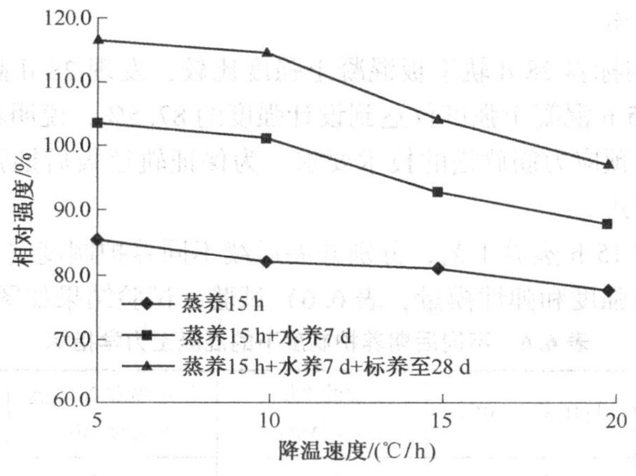

图 6. 18 降温速率对蒸养混凝土抗压强度的影响

由图 6. 18 得出，随着降温速率增加，混凝土蒸养各龄期抗压强度呈下降趋势。降温速率为 5 ℃/h 时蒸养混凝土抗压强度最高，降温速率为 20 ℃/h 时其相对强度最低，且继续养护至 28d 强度不能达到设计值要求。同时，降温速率过快会导致混凝土构件内表温差过大，引起构件表面开裂，降低结构耐久性。为此，将蒸养降温速率控制在 10 ℃/h 以内最佳。

综合以上分析，确定轨道板混凝土流水线蒸养流程如图 6. 19 所示。

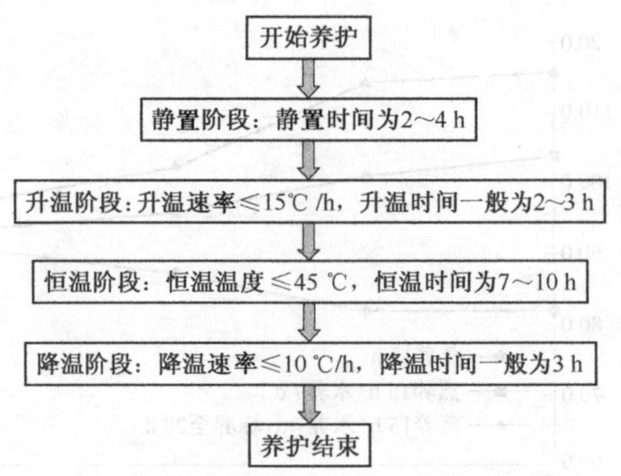

图 6.19　轨道板混凝土流水线蒸养流程

6.3　混凝土性能评价

1. 养护制度对力学指标影响

混凝土蒸养的目的是提高轨道板早期强度，便于尽早放松预应力筋，加快模型的周转使用，提高流水线生产效率。

通过对蒸养 15 h 与标养 28 d 轨道板混凝土强度比较，发现 28 d 龄期混凝土强度能够满足设计要求，而蒸养 15 h 混凝土强度仅达到设计强度的 87.5%，说明蒸养可以提高混凝土的早期强度，但只是满足预应力筋放松的技术要求。为保证轨道板后期强度增长，需要进一步研究确定其后期养护方式。

针对前期所确定的 15 h 蒸养工艺，分别开展后续不同养护制度（表 6.6）下轨道板混凝土力学性能指标（抗压强度和弹性模量，表 6.6）试验，试验结果如图 6.20~图 6.23 所示。

表 6.6　不同后期养护制度下的混凝土力学指标

编号	养护制度	抗压强度/MPa	弹性模量/10^4 MPa	继续喷淋 28 d 抗压强度/MPa	弹性模量/10^4 MPa
1	蒸养 15 h	49.1	3.63	60.4	4.09
2	蒸养 15 h+水养 3 d	53.2	3.94	64.6	4.40
3	蒸养 15 h+标养 3 d	51.3	3.70	61.4	4.12
4	蒸养 15 h+喷淋 3 d	54.8	3.75	59.6	4.09
5	蒸养 15 h+水养 7 d	60.7	4.17	68.7	4.53
6	蒸养 15 h+标养 7 d	57.7	3.96	63.5	4.40
7	蒸养 15 h+喷淋 7 d	55.2	3.86	60.3	4.10
8	蒸养 15 h+水养 14 d	64.5	4.40	69.2	4.60
9	蒸养 15 h+标养 14 d	59.7	4.30	64.8	4.49
10	蒸养 15 h+喷淋 14 d	56.8	4.06	59.2	4.10

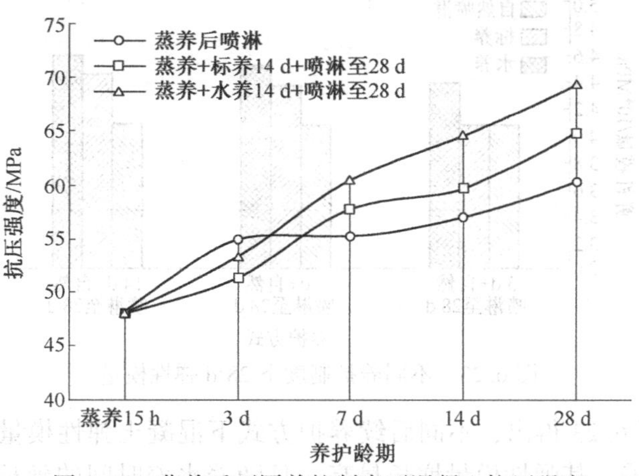

图 6.20 蒸养后不同养护制度下混凝土抗压强度

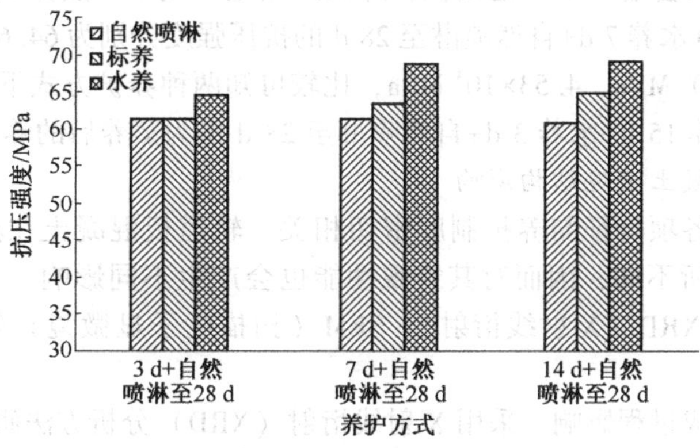

图 6.21 后续不同养护制度下 28 d 抗压强度

比较图 6.20 和图 6.21 可以得出，混凝土经蒸养后再进行不同方式的后续养护，其抗压强度的大小顺序为水养>标养>自然喷淋条件，且随着水养时间的延长，混凝土抗压强度增长越大。因此，从生产的可操作性出发，确定轨道板在经蒸养后再进行水养对其强度最有利。

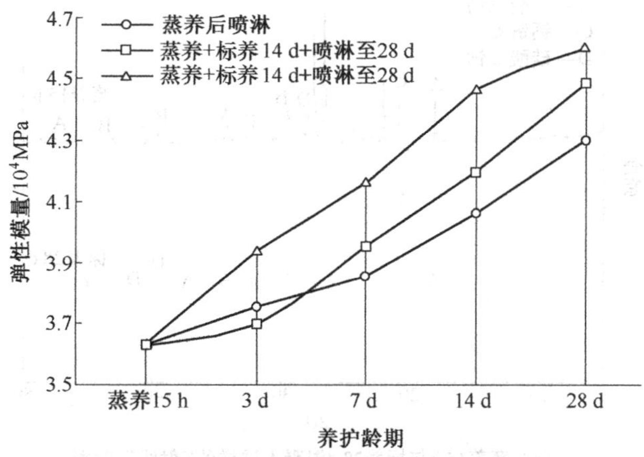

图 6.22 不同养护制度下混凝土弹性模量

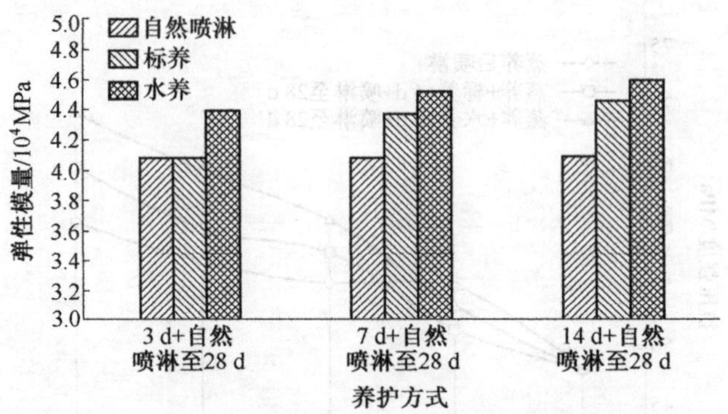

图 6.23　不同养护制度下 28 d 弹性模量

分析图 6.22 和图 6.23 得出，不同后续养护方式下混凝土弹性模量的大小顺序同上，混凝土蒸养后再进行水养，其弹性模量增长最高，且随着水养时间的延长而增大。但在实际生产中，过长的水养时间会增大水养池面积，降低产品生产效率。蒸养 15 h+水养 3 d+自然喷淋至 28 d 与蒸养 15 h+水养 7 d+自然喷淋至 28 d 的抗压强度分别为 64.6 MPa、68.7 MPa，弹性模量分别为 4.40×10^4 MPa、4.53×10^4 MPa，比较可知两种养护方式下指标的试验结果相差较小。为此，确定蒸养 15 h+水养 3 d+自然喷淋至 28 d 作为蒸养后的养护制度。

2. 养护制度对混凝土微观结构影响

混凝土水化产物各项特征与养护制度密切相关。轨道板混凝土在蒸养条件下的微观结构与标养条件下的有所不同，因而对其宏观性能也会产生不同影响。为揭示蒸养对混凝土结构微观影响，采用 XRD（X 射线衍射）、SEM（扫描电子显微镜）等测试手段分析其影响机理。

（1）水化产物形成过程影响。采用 X 射线衍射（XRD）分析方法研究蒸养对轨道板混凝土早期强度的影响，得到轨道板混凝土水化产物形成过程与养护制度的关系，如图 6.24 所示，其中图（a）、图（b）分别为蒸养 15 h 与标养 28 d、蒸养 15 h+标养 3 d+喷淋至 28 d 与蒸养 15 h+水养 3 d+喷淋至 28 d 混凝土试样的 X 射线衍射图。

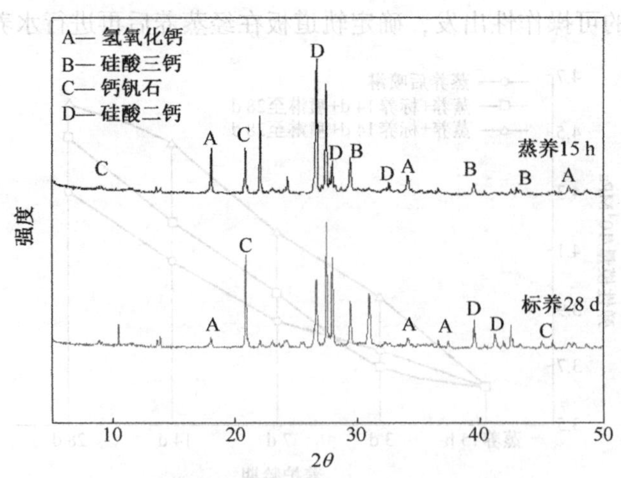

（a）蒸养15 h与标养28 d混凝土试样的X射线衍射图

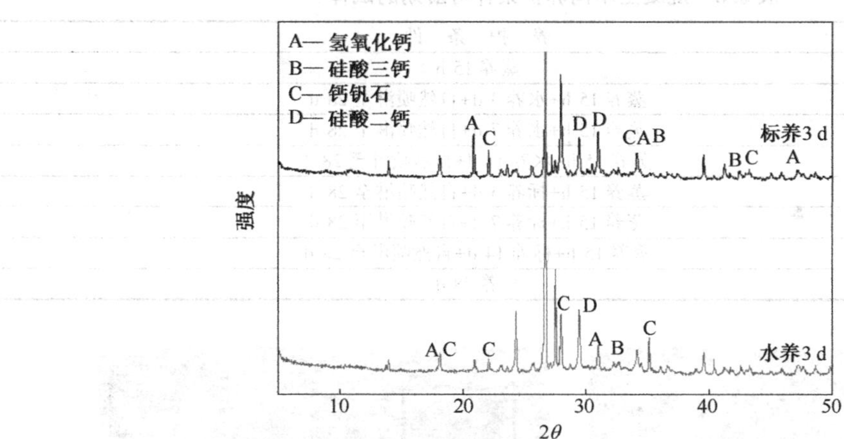

（b）蒸养15 h+标养3 d/水养3 d+喷淋至28d混凝土试样的X射线衍射图

图 6.24　不同养护制度下混凝土试样水化产物 XRD 图

利用衍射峰强度值变化来近似表征混凝土水化产物形成过程，表征结果见表 6.7。氢氧化钙 CH（d=2.6Å）、三硫型水化硫铝酸钙 Aft（d=9.7Å）。

表 6.7　典型混凝土试样 XRD 图衍射峰强度值（CPS）

养护制度	CH	Aft
标养 28 d	679	602
蒸养 15 h	543	545
蒸养 15 h+水养 3 d+喷淋至 28 d	725	447

由图 6.24（a）得出，蒸养 15 h 与标养 28 d 混凝土试样水化产物主要组成大致相同，均由少量未水化的水泥熟料矿物 C_3S、C_2S 及其水化产物 $Ca(OH)_2$（以下简称 CH）和钙矾石（Aft）组成，这表明蒸养过程不会改变混凝土水化产物的主要物相组成。图中 C_3S 衍射峰强度值变化特点显示，蒸养试样 C_3S 衍射峰强度值变化幅度明显高于标样试样，表 6.7 中各试样衍射峰强度也表明标养及蒸养混凝土试样的水化过程有较大区别，比较 CH 衍射峰强度值可以看出，蒸养试样 CH 衍射峰强度要低于标养试样，这说明蒸养制度下混凝土水化产物的形成主要集中于蒸养阶段，而标养条件下混凝土水化产物形成是一个持续不断的过程，这是蒸养混凝土早期强度远高于标养混凝土，而其后期强度增长缓慢甚至低于标养混凝土的主要原因。

分析表 6.7 得出，蒸养 15 h+水养 3 d+喷淋至 28 d 混凝土试样水化产物 CH 衍射峰强度值最高，由于 Aft 后期水化转化为单硫型水化硫铝酸钙（Afm），故其衍射峰强度值有所降低。图 6.24（b）也显示该养护条件下水化产物的衍射峰强度值明显增大，未水化的 C_3S 与 C_2S 衍射峰强度值明显降低，说明蒸养 15 h+水养 3 d+喷淋至 28 d 的养护制度对轨道板强度发展更有利。

（2）混凝土微观形貌影响。利用扫描电镜测试手段分别对表 6.8 中不同养护条件下混凝土微观形貌进行观测分析，得到扫描电镜（SEM）图像，如图 6.25 所示。

表 6.8 混凝土不同养护条件与龄期的试样

试样编号	养护条件
a	蒸养 15 h
b	蒸养 15 h+水养 3 d+自然喷淋至 28 d
c	蒸养 15 h+水养 7 d+自然喷淋至 28 d
d	蒸养 15 h+水养 14 d+自然喷淋至 28 d
e	蒸养 15 h+标养 3 d+自然喷淋至 28 d
f	蒸养 15 h+标养 7 d+自然喷淋至 28 d
g	蒸养 15 h+标养 14 d+自然喷淋至 28 d
h	标养 28 d

（a）混凝土蒸养15 h后SEM图像

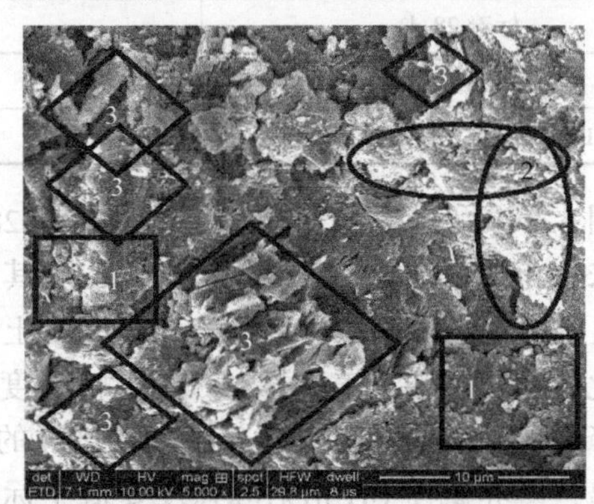

（b）混凝土蒸养15 h+标养3 d + 自然喷淋至28 d SEM图像

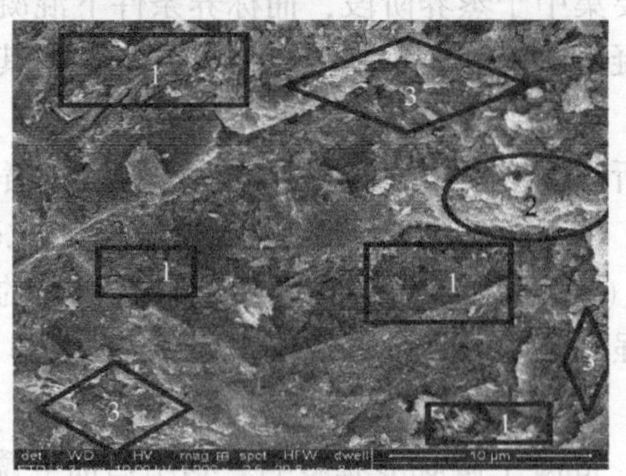

（c）混凝土蒸养15 h+标养7 d+自然喷淋至28 d SEM图像

（d）混凝土蒸养15 h+标养14 d+自然喷淋至28 d SEM图像

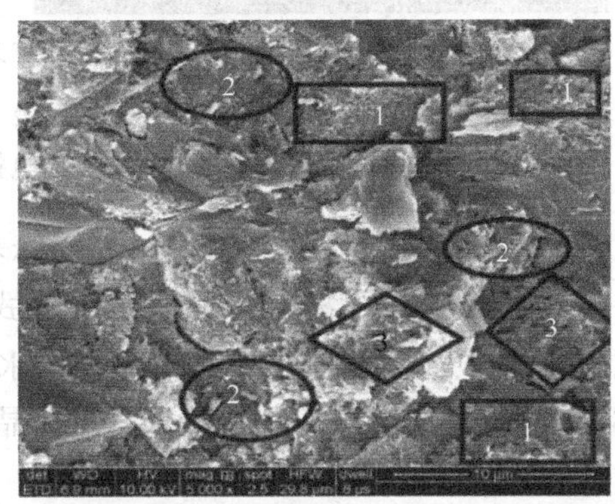

（e）混凝土蒸养15 h+水养3 d+自然喷淋至28 d SEM图像

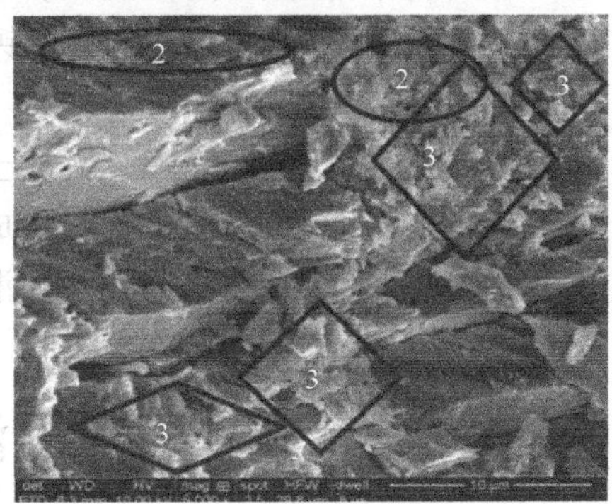

（f）混凝土蒸养15 h+水养7 d+ 自然喷淋至28 d SEM图像

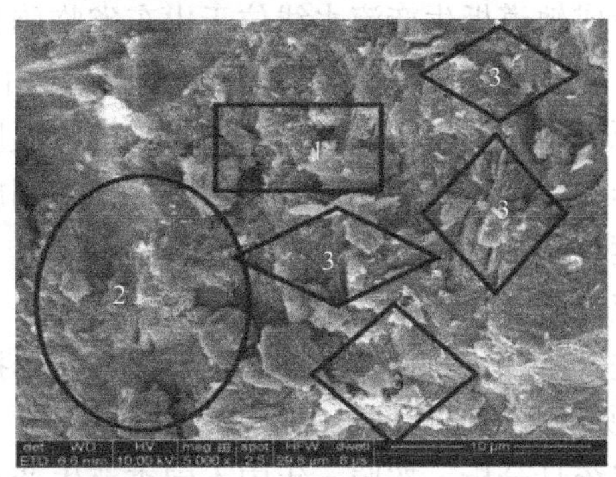

（g）混凝土蒸养15 h + 水养14 d + 自然喷淋至28 d SEM图像

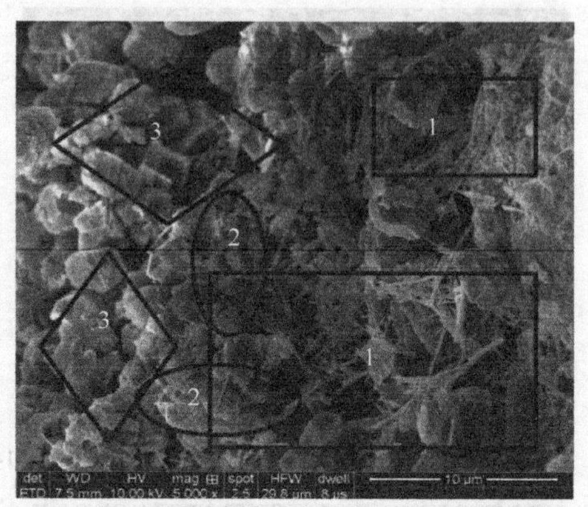

（h）混凝土标养28 d后SEM图像

（注：1 为针状钙矾石晶体；2 为 C-S-H 凝胶；3 为 CH 晶体）

图 6.25　不同养护制度混凝土试样扫描电镜 SEM 照片（左侧 1000 倍、右侧 5000 倍）

比较图 6.25（a）、（h）得出，蒸养 15 h 与标养 28 d 的混凝土试样水化产物均为针状钙矾石晶体、CH 晶体和 C-S-H 凝胶，说明蒸养方式不会改变混凝土的水化产物。由图 6.25（a）可知，混凝土试样通过蒸养 15 h 后水泥开始水化，已经形成针状钙矾石晶体，针状钙矾石晶体与 C-S-H 凝胶共同交联，六方板状的 CH 晶体也被凝胶包裹在一起，此时混凝土试件已经具有一定的强度。

比较图 6.25（b）、（c）、（d）得出，混凝土随着养护时间延长，水化程度也在不断加深。与图 6.25（a）相比，水化形成的针状钙矾石晶体增多，混凝土表层结晶结构更为紧密，后期强度进一步提高。

由图 6.25（e）、（f）、（g）得出，混凝土试样随着在水养时间的延长，针状钙矾石晶体生成量增加，同时结构也更为致密，而且形成的结晶结构比上述同龄期标养后的混凝土更加致密，这说明混凝土经水养后再进行自然喷淋后其强度更高。

6.4　蒸汽养护制度

已建成轨道板生产流水线位于山东省临朐县境内，该地区属于暖温带季风型半湿润大陆性气候，四季分明，各季节温度变化明显。由于季节气候的变化会导致轨道板生产用模型、混凝土原材料、混凝土拌和及入模与拆模等温度在一年四季有明显差异，这影响到轨道板生产时蒸养参数也随之变化。为此，需根据不同施工季节的气候变化，调节制定不同的混凝土养护制度。

在流水线不同养护区域设置温度传感器，对蒸汽养护温度场梯度变化进行监测、统计、分析，进一步优化轨道板在不同季节的最佳养护参数，确定不同季节轨道板的最佳养护制度。图 6.26 所示为轨道板养护温度变化曲线。

根据统计分析，按照一年中不同季节生产车间的环境温度，将轨道板的生产划分为“四

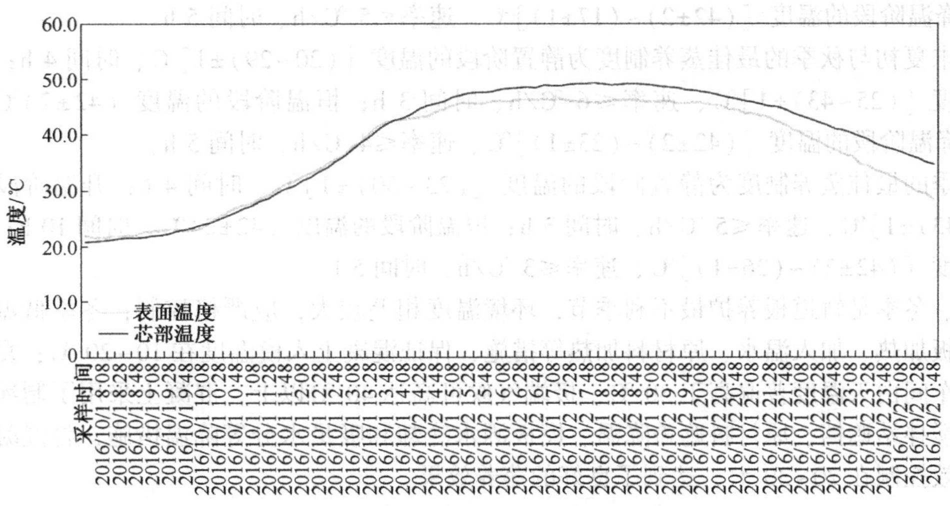

图 6.26 轨道板养护温度变化曲线

季节五时段”，即“初春+春末初夏+夏季+秋季+冬季”。春季划分为初春（3、4 月）、春末夏初（5、6 月）两个时段，夏季为 7～9 月，秋季为 10、11 月，冬季为 12、1、2 月。生产车间四季节五时段的环境温度分别为：初春 11.8～17.1 ℃、春末夏初 18.6～26.8 ℃、夏季 21.5～31.6 ℃、秋季 17.7～26.7 ℃、冬季 10.3～15.8 ℃。由此可见，各时段混凝土的入模温度均有差异。

为提高蒸养混凝土生产质量控制水平，综合考虑四季节五时段的环境温度、蒸养流水线流动节拍、风幕养护蒸汽扩散速度与温度散失梯度等影响因素，根据轨道板养护温度变化统计规律，将轨道板蒸养总时长调整控制在 22 h，其中，静置 4 h、升温 3 h、恒温 10 h、降温 5 h。不同时段流水线轨道板蒸养参数统计汇总见表 6.9。

表 6.9 不同时段流水线轨道板蒸养参数统计汇总

不同时段	静置阶段	升温阶段		恒温阶段	降温阶段	
	温度/℃	温度/℃	升温速率/(℃/h)	温度/℃	温度/℃	降温速率/(℃/h)
初春	13.2～19.4	19.8～42.8	5.7～7.3	40.5～43.8	42.7～16.4	3.8～5.1
春末夏初	20.7～29.0	25.4～42.8	3.3～5.5	40.5～43.8	42.7～23.6	1.9～3.7
夏季	23.8～29.7	28.2～42.9	3.0～4.9	40.5～43.8	43.7～26.9	0.9～3.0
秋季	19.8～28.9	24.9～43.4	3.0～5.8	40.5～43.8	43.0～22.8	1.9～3.8
冬季	12.8～17.3	19.7～43.3	6.0～7.7	40.5～43.8	43.0～18.1	1.9～4.8

通过比较分析表 6.9 得出，初春与冬季、春末夏初与秋季轨道板的蒸养参数变化较小，故进一步将一年中“四季节五时段”的蒸养制度优化调整为“同一蒸养时长不同蒸养参数”的 3 种最佳蒸养制度。

初春与冬季的最佳蒸养制度为：静置阶段的温度［(13～18) ±1］℃、时间 4 h；升温阶段的温度［(19～43)±1］℃、速率≤8 ℃/h、时间 3 h；恒温阶段的温度（42±2)℃、时间

10 h；降温阶段的温度［(42±2)～(17±1)］℃、速率≤5 ℃/h、时间 5 h。

春末夏初与秋季的最佳蒸养制度为静置阶段的温度［(20～29)±1］℃、时间 4 h；升温阶段的温度［(25～43)±1］℃、速率≤6 ℃/h、时间 3 h；恒温阶段的温度（42±2)℃、时间 10 h；降温阶段的温度［(42±2)～(23±1)］℃、速率≤4 ℃/h、时间 5 h。

夏季的最佳蒸养制度为静置阶段的温度［(23～30)±1］℃、时间 4 h；升温阶段的温度［(28～43)±1］℃、速率≤5 ℃/h、时间 3 h；恒温阶段的温度（42±2)℃、时间 10 h；降温阶段的温度［(42±2)～(26±1)］℃、速率≤3 ℃/h、时间 5 h。

夏、冬季是轨道板养护最不利季节，环境温度相差较大，应严格控制；冬季低温，主要采用模板加热、加入温水、原材料加热等措施，保证混凝土入模温度在 10～20 ℃；夏季温度较高，车间白天温度普遍高于 30 ℃，极端气候可高达 40 ℃以上，混凝土采用了制冰机加入冰水、搅拌站遮挡、原材料遮盖降温、模板洒水冷却和吸足水分等降温措施，将混凝土入模温度有效控制在 20～30 ℃，达到了良好的蒸养效果。

第 7 章

流水线信息管理系统

信息管理系统结合流水线信息化和智能控制需求，通过物联网技术，对流水线生产原材料、型模型号、生产设备、关键工艺参数等信息进行自动采集和处理，实现轨道板生产工序协同工作和有序管控。

信息管理系统应具备型模识别与生产协同、工艺参数数据采集与处理、设备状态数据采集与处理、产品资料电子存档和工厂生产调控等功能。

7.1　模型识别系统

针对流水线同时生产 P5600、P4925、P4856 三种不同规格的轨道板，需通过模型识别系统确定不同轨道板模型所需的钢筋骨架型号、预应力筋张拉与放松、混凝土浇筑与振捣等作业参数，实现流水线协同有序工作。

模型识别系统利用植入在模型上的 RFID（射频识别）特种标签，通过软件将 RFID 标签的 ID 号与型模绑定，作为型模识别的 ID 号；在清模工位上采用 RFID 读写器实时采集型模的 ID 信息，不同模型型号的 ID 信息上传至中央控制器；中央控制器将型模 ID 信息分别传输给牵引与传输控制系统、预应力筋张拉控制系统、混凝土拌和站、预应力筋放松控制系统，由各系统完成相应的工序作业控制。型模识别系统结构如图 7.1 所示。

RFID 标签包括低频、高频和超高频三种形式。考虑低频标签读测距过短，流水线选择高频和超高频两种芯片。

分别选择高频和超高频两种芯片模拟蒸汽养护与钢筋环境条件小测试其读/写性能。在蒸汽养护环境条件下（最高温度 55 ℃），高频和超高频两组标签读/写性能无明显差别；在钢筋环境下高频标签无法直接读出，而超高频标签表现出优秀的性能，钢材料环境对其影响小。因此，选择超高频（频段范围：860~960 MHz）RFID 标签。

为减小标签外部金属部件对其影响，采用特殊防磁性吸波材料进行封装，即保证其能可靠附着于模型金属表面，同时还可避免标签损伤，有效提高其工作稳定性。

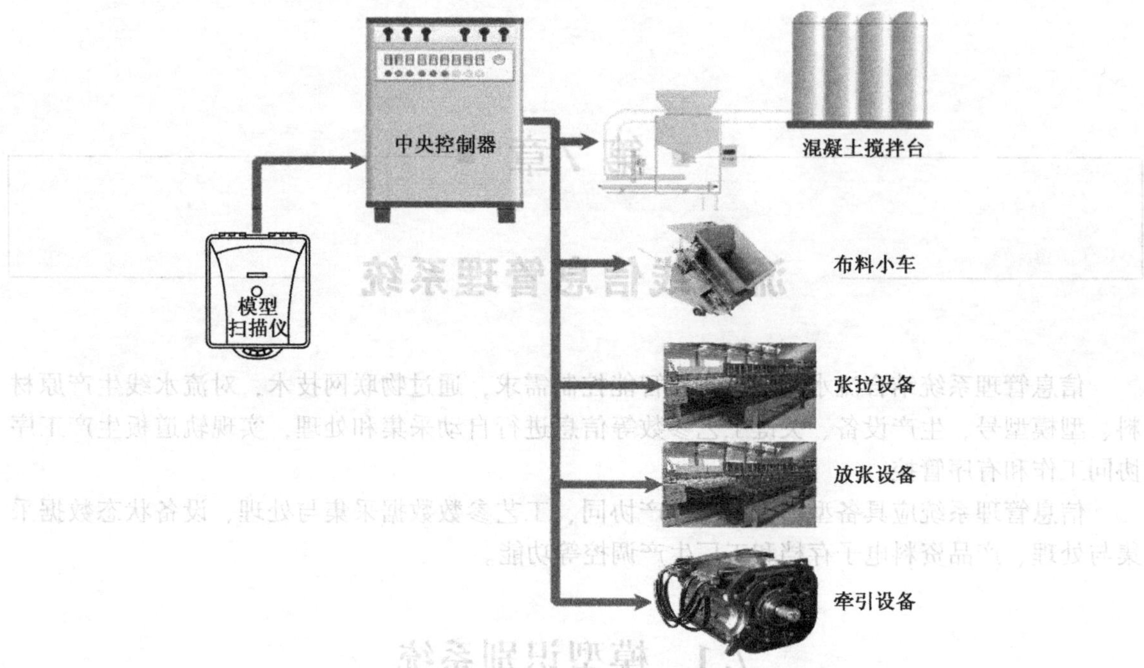

图 7.1 模型识别系统结构

7.2 信息管理系统

信息管理系统通过服务器站获取系统运行中的过程参数和运行信息，同时向下传送上层管理计算机的调度指令和生产指导信息。管理网采用大型网络数据库，实现信息共享，并将各个装置的控制系统连入企业信息管理网，实现工厂级的综合管理、调度、统计、决策等。

1. 系统设计原则

从安全性、稳定性、可扩展性和可管理性等方面进行系统设计，以“统一规划，分步实施，需求驱动，效率优先”为原则，将协同平台、互联网、物联网、蓝牙技术、RFID 电子标签技术、移动手机和平板电脑等技术和产品生产相结合；以局域网、“互联网+”和云服务模式，为轨道板生产过程管理提供系统性的信息化服务，实现轨道板生产统一管理。信息管理系统实现以下目标。

（1）以埋入板内 RFID 电子标签为媒介，实现生产、仓储、铺设、运维各个阶段的信息关联，并可追溯生产过程质量信息。

（2）改变碎片式信息管理模式，实现生产信息系统化管理。

（3）实现张拉、养护、放张等关键参数自动采集和自动生成检验批、制造技术证明书，改变手动记录的工作模式，提升工作效率及数据的准确性。

（4）具有信息查询、归档、统计和分析功能。

2. 协同平台架构

协同平台基于 SOA（面向服务的体系结构）基础架构，采用开放式“结构件”模型化框架；结合“插拔式”组合应用技术，以“协同管理”为核心，将业务软件系统的设计、开发、管理、应用和服务整体集成。信息管理系统协同平台架构如图7.2所示。

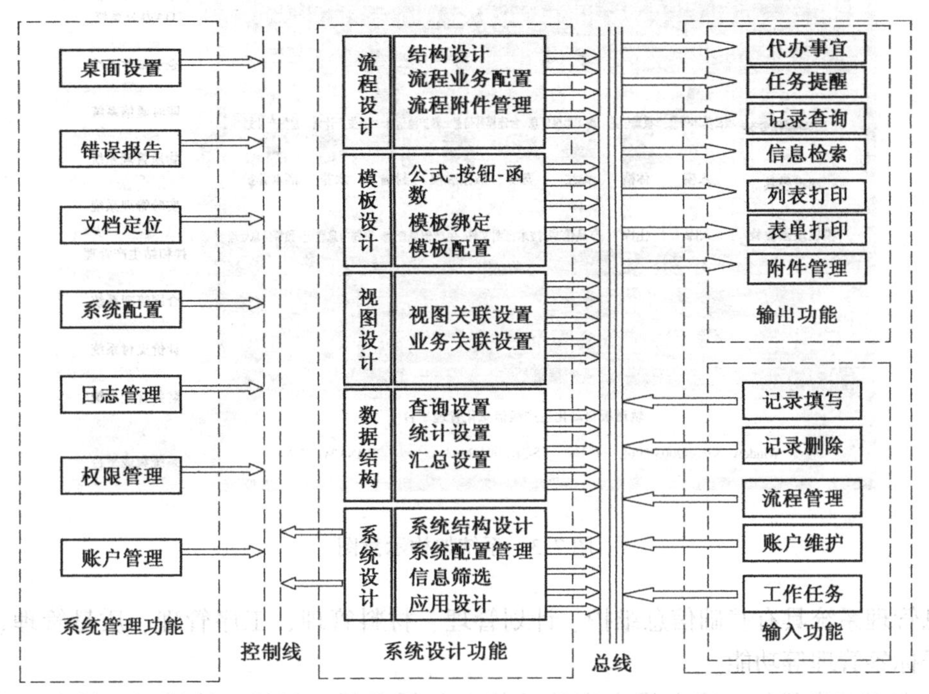

图7.2 信息管理系统协同平台架构

（1）系统管理功能。系统管理从整体性和共用性方面进行配置化操作管理，包括系统应用页面及菜单桌面设置、程序执行过程中错误报告、文档定位、系统配置、访问及操作日志管理、角色及数据权限管理、用户信息账号管理等。系统管理功能模块通过控制总线对系统设计功能模块的各个应用功能进行操作。

（2）系统设计功能。协同平台内置数据库对象设计器包括库、表、字段、默认值、公式、关键字、视图、触发器、存储过程、SQL（结构化查询语言）语句和函数等对象，可以实现流程、模板、视图、数据结构和系统结构的设计等功能应用。系统设计功能通过数据总线与输入/输出功能模块进行通信。

（3）输入/输出功能。输入功能模块集成了数据结构管理、业务视图管理、工作流管理、电子表单管理、组织结构管理和权限管理等配置性功能，支持记录填写、记录删除、流程管理、账户维护及工作任务定义等操作；输出功能模块集成了信息门户管理、消息管理、知识管理、报表管理和文件管理等各种成熟的应用开发工具，支持代办事宜、任务提醒、记录查阅、信息检索、列表打印、表单打印和附件管理等功能操作。

3. 系统架构

信息管理系统设计由8个单元组成，分别为硬件支撑平台、软件运行平台、系统支撑平台、工序管理平台、综合信息管理平台、系统集成平台、用户角色和访问方式。系统架构示意图如图7.3所示。

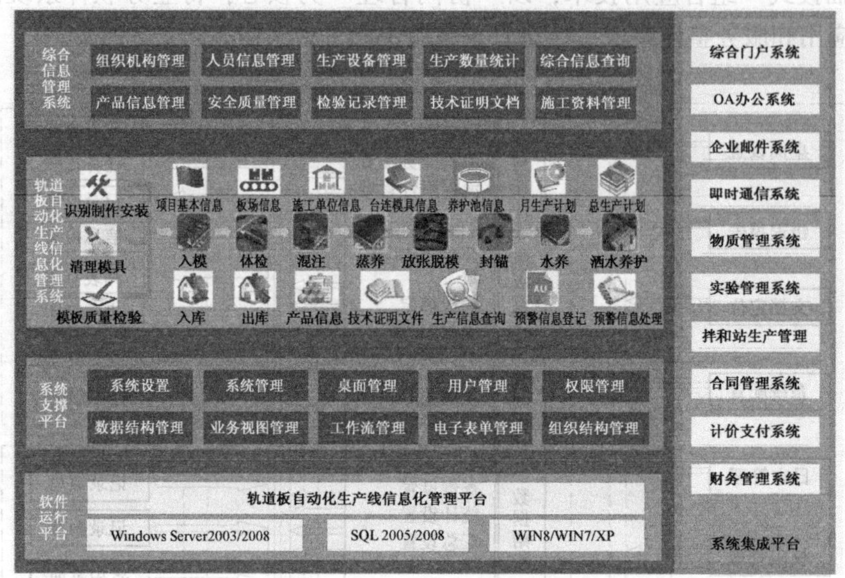

图 7.3　系统架构示意图

信息管理系统具有基础信息维护、计划管理、材料管理、工序管理、质量管理、产品储运和电子标签管理等功能。

（1）基础信息维护。流水线生产基础信息包括项目、板场、轨道板、设备、人员及用户、钢筋加工区、模具、养护池、成品存放区、供货区、产品生产、入库、出库等，系统操作通过导航图的方式进行切换。

（2）计划管理。生产计划包括总体计划和月度计划。总体计划包括计划开工年月和计划完工年月，以及对应年份生产各种型号轨道板的数量；月度计划包括每月份生产各种型号轨道板的数量。当实际进度与计划出现较大偏离时，系统将给予警示。

（3）材料管理。材料管理主要包括钢筋和混凝土用量，主要从产品材料总用量和单个构件用量进行管理，包括原材料入库、消耗、完成量、验收登记单等。

（4）工序管理。关键工序包括钢筋制作与安装、模板质量检测、钢筋笼入模、预应力张拉、绝缘检测、混凝土浇筑、混凝土蒸养、放张脱模、封锚、水养入池和洒水养护等。用手持设备扫描 RFID 电子标签进行确认，生成工序、产品信息等，实现产品、模具及台座的状态更新。

（5）质量管理。质量管理包括工程报验申请表、模型检验批质量验收记录表、钢筋（原材料）检验批质量验收记录表、钢筋（连接和安装）检验批质量验收记录表、钢筋骨架绝缘性能检测记录表、轨道板预应力施工记录、预应力（原材料、制作和安装）检验批质量验收记录表、预应力（张拉）检验批质量验收记录表、混凝土施工记录表、混凝土（原材料、配合比）检验批质量验收记录表、混凝土（施工）检验批质量验收记录表、混凝土（养护及强度）检验批质量验收记录表、混凝土放张脱模通知单、预应力（放张及封锚）检验批质量验收记录表、封锚砂浆施工记录表、混凝土蒸养采集记录表、预应力张拉采集记录表、放张记录表、轨道板绝缘检测报告、混凝土施工配料单等。

（6）产品储运。产品储运包括成品入库登记、报废登记、退回入库登记、成品出库登记和交接记录等。除入库和交接记录外，其均通过手持端APP操作完成。

（7）电子标签管理。RFID电子标签卡号与台座号、模型号、轨道板编号进行关联，完成信息初始化和备案后，预埋在钢筋骨架上，对7个关键生产环节进行扫描，实现记录信息的关联。

参 考 文 献

[1] TB 10621—2014 高速铁路设计规范 [S]. 北京：中国铁道出版社，2015.

[2] TK/GW 156—2016 高速铁路 CRTSⅢ型板式无砟轨道先张法预应力混凝土轨道板暂行技术要求（流水机组法）[S].

[3] 赵国堂．高速铁路无砟轨道结构 [M]. 北京：中国铁道出版社，2006.

[4] 高亮．轨道工程 [M]. 北京：中国铁道出版社，2010.

[5] 卢祖文．客运专线铁路轨道 [M]. 北京：中国铁道出版社，2005.

[6] 何华武．无砟轨道技术 [M]. 北京：中国铁道出版社，2005.

[7] 刘青春．CRTSⅢ型无砟轨道的垂向动力学分析 [D]. 兰州：兰州交通大学，2012.

[8] 何燕平．CRTSⅢ型板式无砟轨道疲劳特性研究 [D]. 成都：西南交通大学，2011.

[9] 江成，范佳，王继军．高速铁路无砟轨道设计关键技术 [J]. 中国铁道科学，2004，25（2）：42-47.

[10] 阎红亮．客运专线轨道结构选型研究 [J]. 铁道建筑，2005（2）：26-28.

[11] 张红平，魏周春，畅德师．严寒地区客运专线无砟轨道结构选型及关键技术研究 [J]. 铁道工程学报，2007（12）：162-165.

[12] 周毅．CRTSⅢ型板式轨道减振特性研究 [D]. 成都：西南交通大学，2011.

[13] 中国铁道科学研究院．盘锦至营口客运专线 CRTSⅢ型板式无砟轨道系统动力性能试验研究 [C]. 北京：中国铁道科学研究院，2013.

[14] 中国铁道科学研究院．高速铁路 CRTSⅢ型板式无砟轨道系统优化研究 [C]. 北京：中国铁道科学研究院，2013.

[15] 李保友，颜华．成都至都江堰铁路路基地段 CRTSⅢ型板式无砟轨道纵向连接设计 [J]. 高速铁路技术，2013（2）：71-75.

[16] 中国铁道科学研究院．成都至都江堰铁路无砟轨道综合试验 [R]. 北京：中国铁道科学研究院，2010.

[17] 王红亮．高速铁路 CRTSⅢ型无砟轨道板维修技术探讨 [J]. 高速铁路技术，2012（6）：61-64.

[18] 中国铁道科学研究院．CRTSⅢ型板式无砟轨道双向先张预应力混凝土轨道板试制及室内试验研究 [C]. 北京：中国铁道科学研究院，2013.

[19] 王安华．CRTSⅢ型板式无砟轨道耐久性研究 [D]. 北京：北京交通大学，2012.

[20] 李阳春．武汉至咸宁城际铁路 CRTSⅢ型板式无砟轨道技术 [J]. 铁道工程学报，2013（4）：51-55.

[21] 中国铁道科学研究院．先张法预应力混凝土轨道板设计方案研究 [C]. 北京：中国铁道科学研究院，2012.

[22] 黄大春．CRTSⅡ型无砟轨道轨道板模板的安装与调整技术 [J]. 铁道建筑，2010（6）：119-121.

[23] 刘学毅，赵坪锐，杨荣山，等．客运专线无砟轨道设计理论与方法 [M]. 成都：西南交通大学出版社，2010.

[24] 叶列平．混凝土结构（上册）[M]. 2 版. 北京：清华大学出版社，2006.

[25] 过镇海，时旭东．钢筋混凝土原理和分析 [M]. 北京：中国铁道出版社，2003.

[26] 包陈，王呼佳．ANSYS 工程分析进阶实例 [M]. 北京：中国水利水电出版社，2009.

[27] 谢丽丽，冯辉，刘立新，等．先张法预应力混凝土梁钢绞线预应力传递长度的试验研究 [J]. 建筑科学，2007（5）：34-36.

[28] 宋玉普，赵国藩．钢筋与混凝土间粘结应力-滑移关系的应力变分模型 [J]. 大连理工大学学报，1994（1）：59-67.

[29] 刘佩玺，徐永清，刘福胜．钢筋混凝土结构粘结滑移分析在 ANSYS 中的实现 [J]. 山东农业大学学报（自然科学版），2007，38（1）：125-130.

[30] 魏周春．用先张法解决预应力混凝土轨道板钢筋绝缘的难题［J］. 铁道标准设计，2010（6）：23-25.
[31] ZHANG SG. Study on technology system and system integration method of China high-speed railway［C］// Proceeding of the ASME Joint Rail Conference，2010，JRC 2010：501-506.
[32] 王其昌．CRTSⅢ型板式无砟轨道的现状与发展［R］. 成都：西南交通大学，2010.
[33] 李益进．铁路预应力桥梁超细粉煤灰高性能混凝土的研究与应用［D］. 长沙：中南大学，2005.
[34] 赵健，谭盐宾，李化建，等．蒸汽养护对高速铁路轨道板混凝土渗透性的影响［J］. 铁道科学与工程学报，2012，9（3）：8-12.
[35] 张恩龙，谢素芳，高春勇，等．CRTSⅡ型轨道板混凝土技术［J］. 混凝土与水泥制品，2009（3）：20-22.
[36] 刘洋．CRTSⅢ型轨道板预制关键工序质量控制研究［D］. 长春：吉林大学，2013.
[37] 李敏霞．大型混凝土箱梁蒸汽养护工艺与温度场研究［D］. 西安：西安建筑科技大学，2006.
[38] DOOLEY K，Anderson J A，LIU X H. Process quality knowledge bases［J］. Journal of quality management，1999，4（2）：207-224.
[39] 李吉林．高速铁路 CRTSⅢ型板式无砟轨道工程施工质量的管理与控制［D］. 成都：西南交通大学，2013.
[40] 朱高明．国内外无砟轨道的研究与应用综述［J］. 铁道工程学报，2008（7）：28-30.
[41] HANCHER D，LAMBERT S. Quality-based prequalification of contractors［J］. Journal of the trans potation research board construction，2002，1813（1）：260-274.
[42] IOANNIDES，A M，KOROVESIS，G T Analysis and design of doweled slab-on-grade pavement systems［J］. Transportation engineering journa，ASCE，1992，118（TE6）：745-768.
[43] 朱建立，任尚华，李兴旺．预制轨道板混凝土配制技术［J］. 铁道建筑，2010（8）：145-146.
[44] 栾心国，李余贤，丁永海．CRTSⅡ型轨道板（有挡肩）混凝土配合比设计［J］. 铁道标准设计，2010（3）：9-11.
[45] 曲丽娜，李培彦，郭永智．一种铁路轨道板掺合料的研制［J］. 21 世纪建筑材料，2010（5）：17-19.
[46] 王玲，高春勇，白杰．无砟轨道结构混凝土新材料的研究和应用［C］//2011 年混凝土与水泥制品学术讨论会 . 2011 年混凝土与水泥制品学术讨论会论文集．北京．中国硅酸盐学会，2011：338-345.
[47] 侯纪磊．CRTSⅡ型轨道板混凝土的创新试验研究［J］. 中外建筑，2015（5）：162-165.
[48] 夏吉军．京沪高速轨道板混凝土优化配制技术［J］. 中国水泥，2011（10）：65-68.
[49] 李艳敏，吴解放．磨细矿粉在 CRTSⅡ型板式无砟轨道板中的试验应用［J］. 混凝土，2013（2）：152-154.
[50] 肖元平．高速铁路双块式轨枕蒸汽养护工艺探讨［J］. 应用能源技术，2016（6）：4-6.
[51] 贺志荣，贾德华，杨格．高速铁路 CRTSⅡ型轨道板裂缝分析与预防［J］. 铁道建筑，2011（9）：115-118.
[52] 刘圣东．浅谈轨道板的蒸汽养护工艺［J］. 科技促进发展，2011（4）：137-137.
[53] 曾德强．早期养护方式对混凝土力学性能和耐久性的影响［D］. 重庆：重庆大学，2011.
[54] 彭波．蒸养制度对高强混凝土性能的影响［D］. 武汉：武汉理工大学，2007.
[55] 马春生，谷永磊．CRTSⅡ型轨道板混凝土技术与养护制度［J］. 铁道建筑，2011（4）：107-109.
[56] 张晓军，高美凤．基于 MCGS 的轨道板蒸汽养护监控系统［J］. 科学技术与工程，2008（11）：2989-2993.
[57] 尹志敏，王强，李德玉．轨道板蒸汽养生施工工艺研究［J］. 公路，2010（8）：164-168.
[58] 张先军，赵世运．严寒地区客运专线 CRTSⅠ型无砟轨道板制造蒸养阶段裂纹控制技术［J］. 国防交通工程与技术，2011（3）：49-51.

[59] 李敏霞，许宏伟，焦永刚．新建铁路无砟轨道板养护温度测控研究［J］．铁道建筑，2011（3）：109-111.
[60] 李敏霞，李义强，李申山．双块式无砟轨道生产线蒸汽养护系统设计［J］．工业安全与环保，2010（4）：45-47.
[61] 熊德辉．高速铁路CRTSⅢ型板式无砟轨道养护维修技术研究［D］．北京：中国铁道科学研究院，2014.